基于对话的
数学课堂教学研究

马珏 著

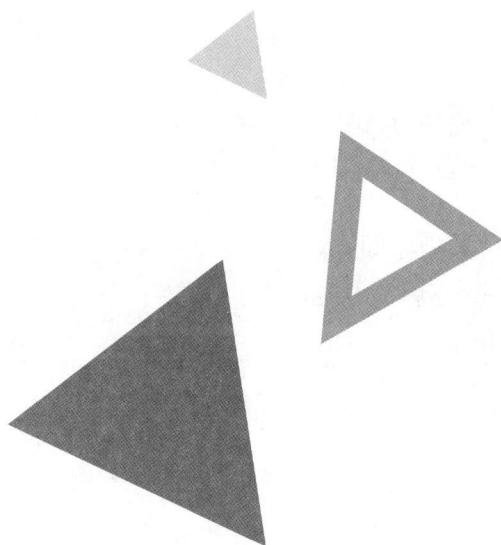

ZHEJIANG UNIVERSITY PRESS
浙江大学出版社

图书在版编目（CIP）数据

基于对话的数学课堂教学研究 / 马珏著 . — 杭州：
浙江大学出版社，2021.11
ISBN 978-7-308-21537-4

Ⅰ.①基 … Ⅱ.①马 … Ⅲ.①小学数学课—课堂教学
—教学研究 Ⅳ.① G623.502

中国版本图书馆 CIP 数据核字（2021）第 123042 号

基于对话的数学课堂教学研究

JI YU DUIHUA DE SHUXUE KETANG JIAOXUE YANJIU

马珏　著

责任编辑　平　静

责任校对　陈静毅

装帧设计　乐读文化

出版发行　浙江大学出版社

　　　　　　（杭州市天目山路 148 号　邮政编码 310007）

　　　　　　（网址：http://www.zjupress.com）

排　　版　杭州乐读文化创意有限公司

印　　刷　浙江省邮电印刷股份有限公司

开　　本　710mm×1000mm　　1/16

印　　张　15.5

字　　数　295 千

版 印 次　2021 年 11 月第 1 版　2021 年 11 月第 1 次印刷

书　　号　ISBN 978-7-308-21537-4

定　　价　68.00 元

序

"对话"课堂

　　课堂是实现教师理想,点燃学生梦想的地方。这个地方的主角永远是教师和学生,没有第三者。

　　不同师生之间,因为其互动方式的不同,经常会冠之以"××课堂",以表达教师心中的理想或点燃理想的方式。

　　对话,是教师、学生之间交流的主要方式,对话的主要展开形式是"问"与"答",在《学记》中谓之"叩问"与"待问"。

　　马珏并不是一个大家,而是扎根于小学数学课堂的美丽教师。在二十年的教学实践中,她总是在思考、践行与孩子的对话。她觉得与孩子的对话大有学问,"对话"的质量直接决定了课堂学习的质量。于是,她便痴心研究如何提高师生的对话质量,以及对话的展开方式。

　　每一位老师的善良都会萌动孩子的探索兴趣,每一位老师的努力都会换来孩子的成长笑容。

　　苏格拉底是十分重视师生"对话"的。在对话中启发了孩子的思维,史称为"产婆术"。

　　孔子先生是十分重视师生"对话"的。"对话"被记录为《论语》,"对话"的地方被称为"杏坛"。

　　所以,"对话"是古已有之的事情,但这些对话的主角都是成人了。

　　马珏老师的"对话"发生于儿童,这样的儿童"对话"体现了什么特点?且以"数学"学习为对话的显性目标,以人格成长为对话的终极目标,需要为有效"对话"提供哪些支撑材料? 怎样的"对话"才能让孩子挥着开心的翅膀走向深度思考?

这些问题,都是一位小小的西湖女子——杭州市求是教育集团的马珏老师所思考践行的。这是一件多么难得的事情。

教育的美好,正是由许许多多像马珏老师这样的研究者、探索者支撑起来的。

让我们对这样的研究者,致以深深的敬意!

正高级教师
浙江省数学特级教师
浙江省金华师范学校附属小学校长　俞正强

CONTENTS ｜ 目录

什么是数学课堂上的对话？

一、让课堂成为学习真正发生的地方

"让课堂成为学习真正发生的地方"是当前课堂教学转型的焦点。放眼世界,欧美各国的教学改革正在进行根本性、根源性的变化,重建"教师"的概念,重建"学生"的概念;重建"教"的概念,重建"学"的概念;重建"教材"的概念;重建"课堂"的概念,以及重建它们之间的相互关系。我国的教学改革在国际趋势的大背景下,提出:从"教师中心"转向"儿童中心",从"教"的中心转向"学"的中心,从"传递、讲解"转向"支援、帮助"。国内外研究表明,教学应该遵循学习的本质,尊重每个学习个体,致力于学科素养的发展,在这样的课堂中,学习的意义得到复苏,学生才能真正感受到学习的快乐。

在课堂教学改革的背景下,作为一名一线教师,在数学课堂教学中需要改变什么？我们要有一些理性思考。

教学目标的转变,从重知识传递变为重过程体验。传统的数学课堂中,教学目标追求"有效传递",考虑的是 40 分钟内如何让学生更好地理解教材上的知识,为了"快节奏、大容量",更多使用多媒体(教师)演示代替学生的操作活动;习惯性按照学科体系进行课时分割,很少基于学习系统进行主题整合。转型后的数学课堂,教学目标追求的是学生经历学习的过程,能像"小数学家"一样,对学习对象进行动手操作,对知识的发生发展进行还原,直观感知,抽象概括,获得丰富的活动体验。

教学过程的转变,从重统一推进变为重同伴协作。传统的数学课堂中,教学过程追求"同质":以整齐划一的"教师提问—学生回答—教师评价"推进教学进程;教师在课堂中有绝对的权威,忽视了学生是有个体差异的,需要有独立思考和合作分享的时间和空间。转型后的数学课堂,教学过程中教师把学生看成是独立的学习个体,组织学生互动和交往,让每个学生都有机会交流不一样的想法和见解,让学生在合作、讨论、辨析中不断地去修正、完善、拓展知识。

教学评价的转变,从重练习习得变为重内在建构。传统的数学课堂中,教学评价通过习题练习来判断学生掌握的情况,但这只是一个方面,学生是否对知识真正理解,内在如何进行建构,无法很好体现。转型后的数学课堂,教师运用不同的方法评价学生在学习过程中展现出来的多样表现,分析学生内化的理解程度和存在问题,促进知识的意义建构;学生调动自身的内在需求,用元认知思维不断反省自身,内心世界反复经历着建构、解构、重构的过程。

二、对话,在沟通中展开意义的探究

课堂的转型需要基于对学习的新认识。日本教育家佐藤学的"学习三位一体"理论中提出:所谓学习,是学生与作为教学内容的对象世界的接触与对话(创造世界);与在此过程中发展的同其他学生或教师认识的接触与对话(人际交往);与新的自我的接触与对话(完善自我)。

什么是对话? 对话,是通过和某个对象或他人,以及自我的沟通,表达、共享对知识的认识,展开意义探究的行为。数学课堂的学习内容具有思维性,学习方式需要探究性,学习目标注重建构性。在数学课堂上,学生将基于"三种对话实践"展开对知识的意义探究,获得真正的理解。

在《不规则物体的体积》课堂上,学生通过研究,知道了用"排水法"可以测量不规则物体的体积。教材在"回顾反思"环节,继续引发学生思考:用排水法可以测量乒乓球的体积吗? 由此培养学生的创新精神。在小学阶段,还没有学习球的体积计算,学生仍然用排水法来测量乒乓球的体积,却碰到了新的问题:乒乓球不能在水中完全浸没,它的体积又该如何测量呢? 对于学生来说这是一个新的挑战。他们与学习对象对话,自己动手做实验,探索测量的方法,在一次次尝试中不断更新认识。他们与学习同伴对话,在反馈交流中,有的学生提出可以借助手指、矿泉水瓶等将乒乓球压入水中;有的学生认为这样测量会有误差,可以用鹅卵石将乒乓球压入水底,上升部分水的体积减去鹅卵石的体积就是乒乓球的体积;还有的学生觉得这种方法虽然比较精确,但是操作麻烦,提出新的设想:是不是可以用"细沙"代替"水",将排水法的思路进行迁移,变成"排沙法",将乒乓球完全"埋没"来解决问题。他们与自身进行对话,在一次次的沟通、表达、共享中,不断对"不规则物体的体积测量"进行建构、解构、重构,在具体对象、情境的变化中体会数学思想方法的不变,加深对"转化"思想的理解。

从上述案例中可以看到,在数学课堂上,教师引领学生积极开展三种对话实践,促使学习走向深入,学习的意义将在课堂教学中得到复苏:学生的学习热情被点燃,学习不只是知识传授,更是心态养成,学生在和学习对象能动对话中,激发了良好兴趣、动机和态度,是一种情感性学习;学生的学习能力获得提升,学习不只是掌握新知,更是潜能激发,学生在和学习同伴的差异对话中,提升思考力、判断力和表达力,是一种挑战性学习;学生的学习观逐渐形成,学习不只是课堂中的获得,更是课堂外的应用,学生在和自我的内省对话中,明晰学习促进学科素养发展的价值,是一种体验式学习。

"三种对话实践"是学习的核心。接下来我们要继续思考,在数学课堂上:如何构建对话语脉,让对话自然发生,引领学生和学习对象能动对话,重构客观世界;如何构建对话结构,让对话不断生成,引领学生和学习同伴差异对话,重建伙伴关系;如何构建对话文化,让对话形成氛围,引领学生和自身内省对话,重塑内在自我。

(一)构建对话语脉:教学内容"主题中心"

践行对话的数学课堂构建了结构化、丰富化、活动化的对话语脉,教师对教学内容积极重组:课堂里的学习内容不是教材上去语脉的、抽象化的教学内容,而是精化数学结构、精选学习素材的学习主题;学生可以直接面对,通过观察、实验、操作等活动,运用概括化的概念和符号,建构学习对象的意义世界,并且构筑结构化的关系。"主题中心"的教学内容,引领学生与学习对象能动对话,重构客观世界。

(二)构建对话结构:教学组织"协同学习"

践行对话的数学课堂构建了自主性、平等性和支撑性的对话结构,教师对教学组织积极重置:课堂里的学习活动是在师生关系和生生关系中实现的;把课堂环境设计成自主性、合作性的场所,对学习起到支撑作用;在这个场所中,每个学生都感受到互相尊重的平等氛围,教师成为诱发思维的"脚手架",学习活动是一个你来我往,不停触动和生发的过程。"协同学习"的教学组织,引领学生与学习同伴差异对话,重建伙伴关系。

(三)构建对话文化:教学评价"多维表现"

践行对话的数学课堂构建了表现性、反思性、持续性的对话文化,教师对教学评价积极重构:课堂里的学习反馈不仅关注学生群体外在学习的"量"的变化,更加关注学习个体内化学习的"质"的变化;通过各种途径的表现,学生在学习中不断以自己为对象展开元认知思维,从内部调动学习的根源性需求,重新建构自身,这是一种问题解决过程中的反省性思维。"多维表现"的教学评价,引领学生与自身内省对话,重塑内在自我。

在小学数学课堂中如何实践"三种对话",促使学习走向深入,将在本书的第一章中具体进行阐述。

此外我们还应认识到，小学生的年龄特点决定了他们在数学课堂上进行"三种对话实践"不能是"抽象"的、"理性"的，而是需要借助挑战性的任务进行驱动，需要经历真实的问题解决过程，需要各种媒介的有效支撑，需要持续性的评价体系指导，这些都是开展积极对话的保障。任务驱动是为了让学生明确对话的目的，主动与学习对象进行对话；问题解决是为了让学生经历对话的过程，与学习对象、学习同伴和自我不断进行沟通、分享，进行意义探究；媒介支撑是为了营造对话的氛围，通过环境、媒体、工具等给予三种对话有效的支撑；持续评价是为了评估对话的成效，展现知识理解、同伴合作、自我建构的较好表现，让学习走向深入。

这四条路径如何为数学课堂中的积极对话提供保障，将在本书的第二章中具体进行阐述。

在行动研究的过程中，我们积累了一系列在数学课堂中展开对话实践的典型课例，内容涉及概念教学、问题解决、数学广角、拓展活动等，将在本书的第三章中具体进行阐述。

在这一章中，我们具体阐述在小学数学课堂上践行"三种对话"的策略。

- 主题中心，对话学习对象：学习内容变为学习主题，让对话自然发生，激发学生学习的兴趣和动机，促使学生与学习对象能动对话，重构客观世界。

- 协同学习，对话学习同伴：学习方式变为协同学习，让对话不断生成，激发学生学习的思考力、判断力和表达力，促使学生和学习同伴实现差异对话，重建伙伴关系。

- 多维表现，对话自我：学习目标变为智慧发展，让对话形成氛围，学生通过与自己的内省对话，明晰学习的意义、知识的价值，形成正确的学习观，重塑自我。

第一节　主题中心，对话学习对象

　　学生在数学课堂上围绕主题，与学习对象展开对话。教师设计凸显数学本质、符合学生兴趣的探究主题，可以分为两种类型：以教材上的内容作为主题，在对话中获取知识的理解；以学生感兴趣的拓展内容作为主题，在对话中积累活动的经验。教师应激发学生学习的兴趣和动机，促使学生与学习对象能动对话，重构客观世界。

一、设计教材主题，获取知识理解

　　将教材进行有机整合，突出结构性和方法性，形成学习主题。从学科单元、学段、领域的视角，结构加工，对接学生的认知结构；了解学生的前在状态、潜在状态，内容激活，对接学生的思维发展。在主题学习中经历知识的"再创造"，促进对知识的深入理解。

（一）结构加工：对接学生认知结构

　　在教学内容选择上进行结构加工，关注教材知识结构与学生认知结构的"对接"。根据学生对知识的认知和理解特点，对教材内容进行结构化重组，促进学生发现结构、灵活运用结构的结构化思维，更好地对知识进行迁移。

　　1. 单元视角下的结构加工

　　教材在编排单元时，有时候会把一个知识点分割成几个部分进行教学，体现了认知过程的循序渐进。在学习过程中，不少学生容易"只见树木，不见树林"，甚至有可能产生疑问和误解。因此，教师应从单元教学的视角进行结构加工，找到知识间的横向联结点，引导学生先搭建整体的知识框架，再在后续的学习中，深入开展各部分的研究，不断完善知识理解。

　　以人教版数学教材二年级下册《平均分》的教学为例。单元编排时，对"平均分"的认识分成三个部分进行教学。第一部分是"平均分的意义"，有等分和包含分两种情况，分两个例题进行教学。第二部分是"平均分的方法"，用一个例题进行教学：当物体数量较少时，可以一个个分；当物体数量较多时，可以先估计着分，再进行调整。第三部分是"平均分的结果"，有时正好分完，有时分而有余，为接下来学习表内除法和有余数除法做好孕伏。

　　按照教材内容依次开展教学，小步前进，学习难度确实降低了。但在学习时由于不能一览"平均分"的全貌，所以在学生的认知结构中，对平均分的认识是零散、割裂的，而不是系统的，容易产生疑惑。例如，在例1的学习中，学生知道等分是"平均分"；有了这样的先入为主，在例3的学习中，有的学生就想不通为什么包含分也是"平均分"。再例如，由于学习平均分时，提供的学习材料都是"正好分完"，有的学生在学习中就产生了误解："平均分"肯定是正好分完，不是正好分完的就不是"平均分"，这就成为今后学习有余数除法的障碍。为此，教师可以采取如下教学策略。

打破例题局限，将平均分的类型、方法、结果三部分整合在1个课时进行教学，用平均分的意义"每份同样多"进行横向联结。围绕"平均分的意义"这一学习主题，整体架构"平均分"的认知框架：通过"分糖"，学生知道要根据实际情况选择不同的方法进行平均分；通过"分萝卜"，学生感悟到平均分有两种情况；通过"分小正方体"，学生对平均分的结果有了全面的了解，为后期学习"表内除法"和"有余数除法"铺垫伏笔。（图1-1）

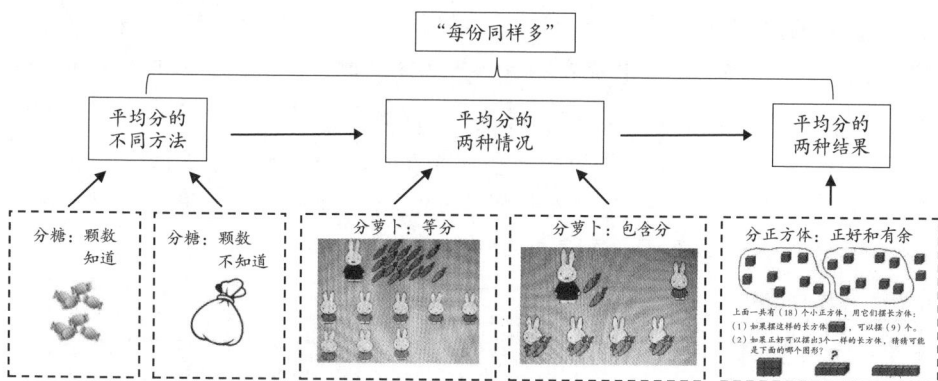

图1-1

2. 学段视角下的结构加工

教材在编排时，有一些知识不会让学生一次性学完，而是安排在不同的学段，体现认知的螺旋上升。而学生在认知时容易遗忘前期的学习，产生知识的交叉重复，形成知识断层。教师可以从学段教学的视角进行结构加工，把同一部分内容进行有机整合，找到知识间的纵向链接点，以此让学生的学习经验"一脉相承"，感受到知识的发生发展过程，更好地形成知识体系。

以人教版数学教材五年级下册《真分数和假分数》的教学为例。在这之前，教材在三年级上册编排了《分数的初步认识》，学生已经初步认识了"分子比分母小""分子和分母相等"的分数，五年级下册继续认识分数，对分数意义和性质进行再认识。在《真分数和假分数》内容前面，教材还编排了《分数与除法的关系》。

三年级教学"分数的初步认识"时,教材先安排了"几分之一"的认识,再安排了"几分之几"的认识,通过学习,学生已经初步感悟分数与平均分的关系,知道了几个"几分之一"就是"几分之几"。五年级进一步学习分数,在编排《真分数和假分数》这部分内容时,教材没有从学生对分数已有的认知结构出发,而是安排了一些图形,从"涂一涂"用分数表示阴影部分,"比一比"这些分数和"1"的关系来展开教学。因此,在学习过程中,学生很容易产生疑问:假分数不是分数,分子比分母大,取得的份数怎么可能比平均分的份数多呢? 此外,教材在编排《真分数和假分数》之前,还编排了《分数与除法的关系》,除法算式可以表示平均分的过程,分数可以表示平均分的结果。但由于学生这时还没有学习假分数,除法算式的结果最多表示到"$\frac{a}{a}$",就不能往下了,当学生提出疑问,像"5÷4"这样的除法算式的结果可不可以用分数来表示呢? 教师又该如何做出解答? 想要有效地解决这些疑问,教师可以采取以下教学策略。

对接三年级的认知结构,以"分数单位的累加"作为三年级和五年级教学的链接点,以"分数的意义"为主题展开学习:1个饼平均分给4个小朋友,每人分到几个饼? 2个饼呢? 3个饼呢? 4个饼呢? 5个饼平均分给4个小朋友,还能用分数表示结果吗? 从分1个饼到分9个饼,师生将分饼的过程同步记录下来,平均分的过程用除法算式表示,平均分的结果用分数表示。纵向观察,学生发现分数单位在不断累加,当累加到一定程度时,就会产生"假分数",与以前的分数学习一脉相承,完善分数的知识体系。同时,学生横向观察,得到"分数与除法的关系",与《真分数和假分数》的教学有机进行整合。(图1-2)

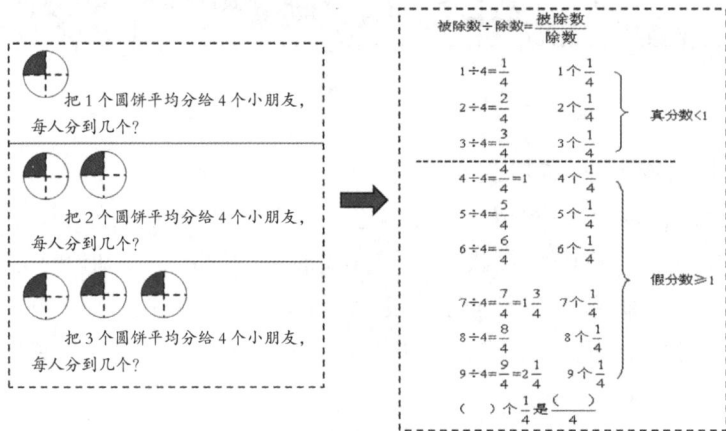

图1-2

3. 领域视角下的结构加工

教材在编排时,分为不同的知识领域,每个领域自成体系,使得学生形成的认知结构也相对独立,知识领域间缺少联系,很多时候需要从头学起,增加了学习的负担。其实,有一些知识看似属于不同领域,实则能找到相同的数学模型。教师应深入挖掘教材,找到知识间包含联系的融合点,使学生感受到知识可以不断创生,自主建构知识结构。

以人教版数学教材五年级上册的《植树问题》为例。"植树问题"原来是一个思维训练专项,有自己的知识体系:三种基本类型,以及不同变式。教材上依次呈现了不同类型的例题,在练习中出现变式。

教师往往把植树问题当成一个全新专题进行教学,按照教材编排,依次教学不同类型。因为思维含量大,类型多,还有灵活的变式,起点就比较高。学生以"新知"的角度进行学习,一种类型还能理解和应用,但是到后来,几种类型再加上变式一起出现,就越学越糊涂,错误频出,类型选择错误,数量关系混淆,普遍感觉难度比较大。针对这些问题,教师可以采取以下策略。

思考学生原有的认知结构中,什么可以成为学习植树问题的基础,从而降低学习难度。通过列表分析,可以发现植树问题和除法解决问题有关联。植树问题的解决过程在进行"平均分",可以用"除法"解决。因此,将植树问题看成是特殊的除法解决问题,以"除法解决问题"为主题展开学习,将原来的除法解决问题和特殊的除法解决问题(植树问题)进行对比,发现都是用除法解决,可以融入原有的除法模型;学生以前有过结合实际对"余数"进行处理的经验,现在要结合实际对"商"进行处理,根据两端情况判断,有时"商 +1",有时"商 −1",有时"商不变"。(图 1−3)

道路长度	（每隔 5 米种 1 棵）棵数			算式	数量关系
15 米	4	3	2	15÷5=3	
40 米	9	8	7	40÷5=8	总数 ÷ 每份数 = 份数
100 米	21	20	19	100÷5=20	
2000 米	401	400	399	2000÷5=400	
			......		
除法模型	棵数 = 商 +1	棵数 = 商	棵数 = 商 −1	商的处理	

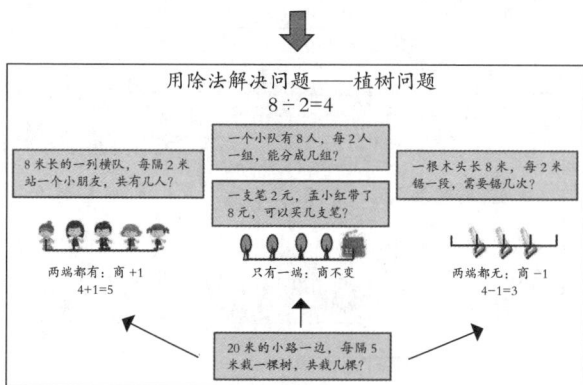

用除法解决问题——植树问题
8÷2=4

8 米长的一列横队，每隔 2 米站一个小朋友，共有几人？

一个小队有 8 人，每 2 人一组，能分成几组？

一支笔 2 元，孟小红带了 8 元，可以买几支笔？

一根木头长 8 米，每 2 米锯一段，需要锯几次？

两端都有：商 +1
4+1=5

只有一端：商不变

两端都无：商 −1
4−1=3

20 米的小路一边，每隔 5 米栽一棵树，共栽几棵？

图 1−3

(二)内容激活:对接学生思维发展

教师在教学内容呈现上进行生命激活,关注教材的知识结构和学生的内在需求"对接"。根据学生对知识的前在状态、潜在状态、生活经验、发展需要,对呈现形式进行激活化加工,经历知识的"再创造"过程,将文本知识转化为学生发展中的智慧。

1. 有意义的情境创设

教材在编写时会创设一些情境,目的是让学生借助情境理解抽象的数学知识。但有的情境离学生的现实生活比较远,不能调动生活经验;有的情境和学生前面的学习没有发生联系,不能调动学习经验。教师可以改编教材中的情境,营造学生熟悉的真实场所,即有意义的情境;积极调动学生已有经验,形成数学概念,归纳数学规律,建构数学模型,提炼解决一类问题的数学策略,进行知识"数学化"的"再创造"。

以人教版数学教材五年级上册的《植树问题》教学为例。教材上的 3 个例题和变式题,呈现的情境大部分是"植树"。

通过访谈,我们发现:很少有学生会去观察生活中是怎么植树的,生活经验不能支撑他们自主探索植树问题的不同类型;对于"棵数、间隔数、间距"这样的"术语",学生没有办法和以前学习的知识对应起来,学习经验不能支撑他们建构植树问题的模型,常常需要教师先做具体说明。怎样帮助学生轻松理解知识点,建构植树问题的模型呢? 教师可将简单情境变成真实场所,设计一组有意义的情境。

先出示学生自己编的"除法问题",唤起学习经验"求总量里面有几个几,可以用除法解决"。接着出示学生熟悉的"排队伍"和"锯木头"的生活情境,学生运用除法解决问题的学习经验,自觉用除法进行解决。根据生活经验,学生认为商并不是结果,要对商进行处理:"排队伍"两头都要站人,因此"商 +1";"锯木头"两头都不需要锯,因此"商 −1"。最后出示"植树问题"情境,学生主动迁移学习经验和生活经验,自主探究三种不同类型,建构植树问题的模型,顺利完成生活现象"数学化"的"再创造"。(图 1−4)

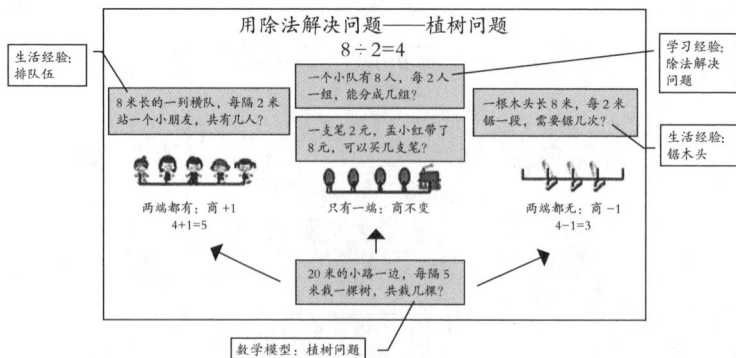

图 1−4

2. 挑战性的任务设计

教材在编写中会更多地呈现知识的现成结论，对于知识"来龙去脉"的过程展开较少，有的甚至没有。因而学生"知其然，不知其所以然"，在学习过程中有很多思考得不到解释。教师可以把教材中"隐藏"的知识形成过程予以还原，设计成学生感兴趣的真实任务，引领他们投入到提出问题、解决问题、反思问题的过程，感受智慧，实践智慧，生长智慧，进行知识"还原性"的"再创造"。

以人教版数学教材五年级下册中《不规则物体的体积》的教学为例。教材上的例题直接呈现了不规则物体的体积测量的方法：橡皮泥捏成了正方体，用公式可以计算出体积；梨放入量杯中，水面升高部分的体积就是梨的体积。

为什么要这样测量"不规则物体的体积"？测量的过程中要关注什么？用到了哪些以前学过的数学知识？除了这样测量，还有不同的方法吗？方法之间体现了哪些数学思想？这样的方法适合所有"不规则物体的体积"的测量吗？这些疑问，教材内容并没有展开。学生更需要参与知识的形成过程，自己去实践发现，概括总结。以下教学策略，可以有效引导学生进行自主探究。

教师将现成结论转变成探究过程，设计能驱动学生实践尝试的测量任务，提供不同特征的物体：橡皮泥、鹅卵石、铁钉、乒乓球等。学生可以自主选择测量对象，自主设计测量过程，自主交流测量方法，进行问题解决。完成任务后，通过讨论，归纳出一般策略：运用数学"转化"思想，借助"水"进行等积变形，将不规则物体的体积转化为规则物体的体积。对于一些特殊的物体，当运用排水法测量体积时，需要进行灵活处理，采取适宜的方法。例如：乒乓球(小学阶段不研究球的体积计算)在水中会浮起来，可以借助"沙"进行等积变形；还可以继续讨论冰糖的体积测量，冰糖在水中会融化，可以借助"油"进行等积变形。(图1-5)

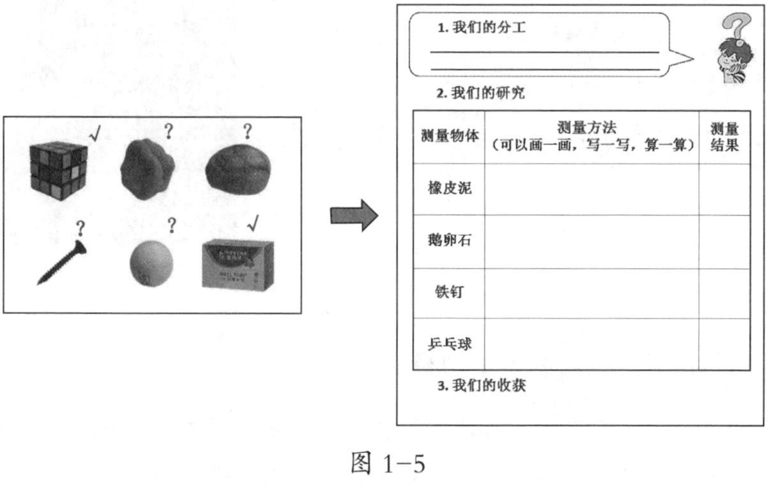

图1-5

3. 典型性的错误暴露

教材在编写中呈现的是前人经过反复实践的智慧结晶,对于学生在学习过程中可能出现的困难,以及错误成因的分析并没有呈现。教师可以把教材中"忽略"的学习障碍充分展现出来,让学生借助原有知识基础有依据地进行猜想和验证,分析错误原因,修正原有思考,得出准确结论,进行知识"修正性"的"再创造"。

以人教版数学教材二年级下册《图形的运动》单元的《剪小纸人》教学为例。教材上的例题呈现了剪"手拉手 4 个小纸人",但在"应该怎样做"这部分,没有充分展现学生会出现的各种典型问题。

学生运用对折剪一个小纸人没有问题,剪"手拉手的 4 个小纸人"则是一个挑战。在观察过程中,他们会猜想完成作品的方法,但是需要动手验证自己的方法是否准确。每个学生的思考过程不同,结果也会各式各样。教材没有预设学生在运用轴对称的知识剪小纸人的过程中可能遇到的学习障碍,并加以呈现,做出分析和指导。教师可以采取以下教学策略,将这一过程充分展现。

将静态文本变成动态思考过程,会暴露学生思维上的障碍。学生根据前面所学的"轴对称知识"剪过一个轴对称的小纸人。他们观察"4 个手拉手的小人",明确作品的特征:"有 4 个小人,手拉手;每个小人都是轴对称图形,4 个小人也是一个轴对称图形。"学生依据原有知识,提出剪 4 个小纸人的猜想:"怎么折?怎么画?怎么剪?"在实践中,出现了各种各样的问题。学生通过讨论,分析"问题出在哪儿,怎样才能解决",在这一过程中不断修正和完善方案,最终得出正确结论。(图 1-6)

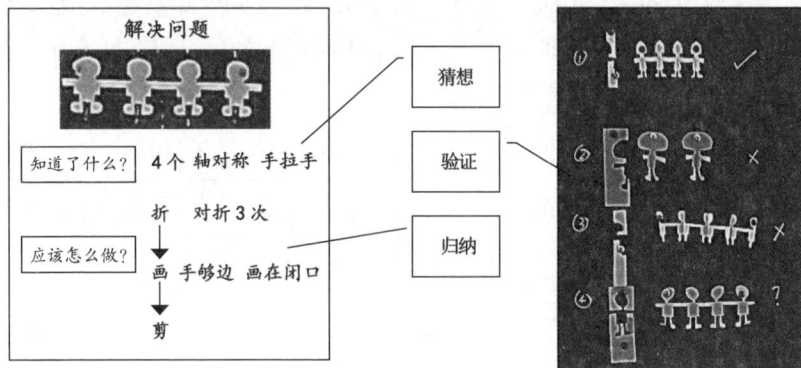

图 1-6

二、设计拓展主题,积累活动经验

将教材内容适当拓展,突出趣味性和活动性,形成学习主题。依据学生的认知兴趣和学习需求,按照与学习对象展开对话的主要活动方式的不同,形成四大类拓展主题:实验类主题、设计类主题、思维类主题、游戏类主题。

(一)实验类主题

实验类主题围绕"实验"开展活动,在动手操作过程中发现一些有趣的现象。例如,在第一学段我们设计了一节《谁多,谁少》的实验课,是一年级教材内容《比多少》的课外拓展内容。

用学生喜欢的绘本引入,在两兄弟的争论中,提出了3个实验主题:"谁的面粉多?""谁的牛奶多?""谁的沙子多?"(图1-7)

图 1-7

教师提供实验材料:橡皮泥(代替面粉)、水(代替牛奶)和一些沙子,以及实验工具:不同大小的容器、漏斗等。学生选择实验主题和实验材料,进行自主操作。学生交流实验中的发现,用不同方法进行比较,结果都是"一样多",初步感悟转化思想。

(二)设计类主题

设计类主题围绕"设计"开展活动,主要是用已学数学知识解释设计的原理,并能进行有创意的设计。例如,在第一学段我们安排了一节设计课《剪小纸人》,是对二年级教材中的拓展性内容《问题解决(轴对称图形)》的整合。

回顾已经学过的轴对称图形的知识,出示一幅剪纸作品(图1-8),请学生观察作品特点,出示设计主题:"这个作品是怎么剪出来的?"

图 1-8

学生在活动过程中,从"怎么折?""怎么画?""怎么剪?"三个问题出发,用轴对称图形的知识解释设计原理。学生运用设计原理自己设计图案,创意设计出像这样4个连在一起的轴对称图形。

(三)思维类主题

思维类主题围绕"思维"开展活动,主要是对有一定思维性的内容进行研究分析,得到一种规律性的结论。例如,在第二学段我们设计了一节思维课《涂色问题》,是对五年级教材中的拓展内容《图形探索》的整合。

在二阶、三阶、四阶的正方体表面涂上颜色,出示主题:"涂色问题"。研究涂色有哪几种情况,每种情况各有几个小正方体。(图1-9)

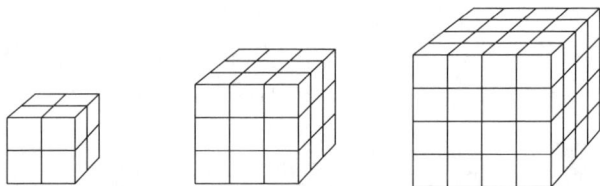

图 1-9

学生在活动中,从每种涂色情况的小正方体的位置分布和数量计算这两个方面对"涂色问题"进行分析。运用归纳法,学生得到 n 阶正方体的涂色规律,并能加以应用。

(四)游戏类主题

游戏类主题围绕"游戏"开展活动,主要是明确游戏规则,对游戏进行尝试,逐步梳理得出游戏取胜的策略。例如,在第二学段我们设计了一节游戏课《汉诺塔游戏》,是四年级一道思考题的课外拓展内容。

出示印度传说,引出主题:"汉诺塔游戏"。明确游戏规则。

将1号杆上的圆盘移到3号杆上,不改变圆盘的上下顺序。(图1-10)

(1)每次只能移动一个圆盘。(2)大圆盘不能放到小圆盘的上面。

3个圆盘至少移动几次?

图 1-10

学生在活动中尝试移动1个圆盘,2个圆盘,3个圆盘;在移动4个圆盘时,发现有困难,回过头对3个圆盘的移动过程进行梳理。通过观察和讨论,学生得到取胜策略,n个圆盘的移动次数借助"n-1"个圆盘的移动次数递推。

第二节　协同学习,对话学习同伴

在课堂上创设合作解决问题、交流共享认知的协同环境,教师可以运用两种策略:任务驱动,支持学生合作学习;规范制定,支持学生交互分享。协同学习的对话结构激发学生学习的思考力、判断力和表达力,促使学生和学习同伴实现差异对话,重建伙伴关系。

一、任务驱动,支持合作学习

教师依据教学目标,以问题解决为任务驱动,吸引全体学生参与进来。每一位学生运用自己的已有经验、认知水平和智慧解决问题,生成各种不同的原生资源;教师捕捉原生资源,进行判断归类,采集典型资源,作为学生的学习资源;用"并联"方式同时呈现学习资源,更好地支持接下来的合作学习。

(一)"放下去"获取原生资源

在课堂上,有的教师有预设的行进过程和答案,回避学生从"不理解到理解",从"错误到正确"的过程,对学生的原生状态视而不见。要改变这样的现状,需设计具有挑战的大问题情境,放手让学生在任务驱动下,获取各种原生资源。

以人教版数学教材四年级上册《除数是整十数的笔算除法》的教学为例。教师安排了以下环节:环节一,教师出示几道例题,学生尝试解决;环节二,教师重点示范讲解笔算除法的算理;环节三,学生巩固练习掌握笔算除法的算法。

在上述教学过程中,学生跟着教师亦步亦趋,所有资源都由教师提供,力求避免学生发生计算错误,导致思维空间狭小,目标定位在计算技能上。教材上则提供了学生计算的几种策略。可见,对于这样的除法计算,学生完全能自主表征,展现出不同的计算策略;同时,也可能产生典型的计算错误。这些原生资源都能转化为宝贵的学习资源,支持学生展开合作交流。教师可以采取以下教学策略。

设计指向"算理理解"的任务:请学生先独立思考,用算式、图等方式,自主表征"$92 \div 30$"的计算过程,让别人一看就明白是怎么计算的。(图1-11)

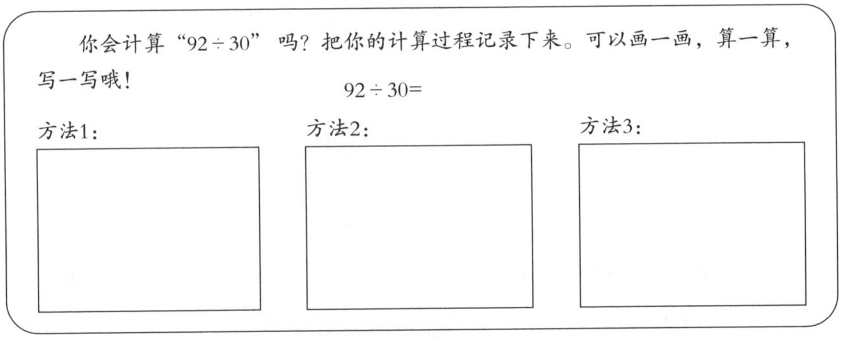
你会计算“92÷30”吗？把你的计算过程记录下来。可以画一画，算一算，写一写哦！
92÷30=
方法1：
方法2：
方法3：

图 1-11

（二）“收上来”归类典型资源

如果在课堂上，教师对原生资源不做处理就一股脑儿出示，就容易“走过场”，在指向目标时不能发挥很好的作用。要改变这样的现状，需将学生的原生资源采集上来，进行判断和选择，去掉重复和无关的资源，将剩下的资源按照不同的思维层次或思维角度进行归类，最终形成数量不多却有代表性的典型资源，用于承载知识意义。

以《除数是整十数的笔算除法》为例。学生在尝试解决“92÷30”时，出现了各种情况：各种各样的实物图，列竖式中有各种错误，用口算和估算的学生比较少。

教师对待这些原生资源缺少处理，直接问学生：你们是怎么计算的？谁来介绍一下计算的方法？学生一个个介绍。这样随机出示，资源凌乱，难以聚焦算理，容易造成同一层次方法重复介绍，不同层次方法思维颠倒。教师可以采取以下教学策略。

按照计算策略的不同将原生资源归为三类：第一层次，画图表征计算；第二层次，用口算、估算等方法计算；第三层次，用列竖式计算。通过分析判断，将以上这些原生资源区分为正确和错误的。（图 1-12）

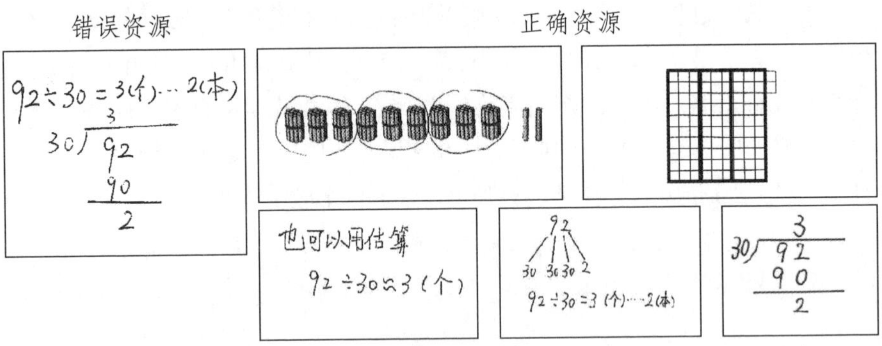
错误资源
正确资源
92÷30=3(个)……2(本)
也可以用估算
92÷30≈3(个)
92÷30=3(个)……2(本)

图 1-12

（三）"联起来"鉴别学习资源

课堂上，教师将典型资源进行"串联式"呈现，一个个地递进排列，从错误到正确，从较复杂或不是重点的策略，到简洁或是重点的策略。这样的呈现容易让学生只关注到"点"，不容易从整体上比较联系和区别。如果将"串联式"呈现改为"并联式"呈现，对典型资源先按类别整体感悟，接着进行局部讨论，最后进行整体沟通，这样就可以在沟通各种算法的"同"和"不同"中，对"算理"有更深入的理解。

继续以《除数是整十数的笔算除法》为例。教师对经过归类的典型资源进行排序，然后按照次序一幅幅地串联式呈现，带领学生逐个展开交流。（图1-13）

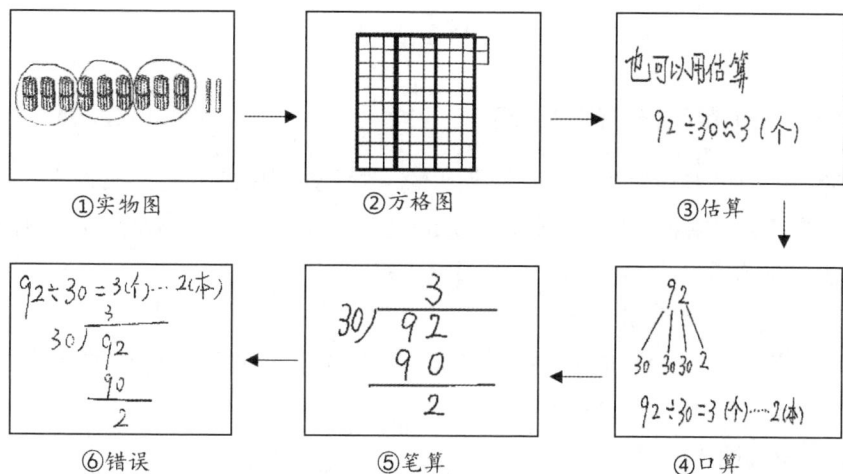

图 1-13

按照这样的呈现，在过程互动时要进行6个步骤的交流，会耗费大量的时间。学生只能跟随教师的步伐前进，没有选择权，还容易看了后面忘了前面，不易进行不同方法之间的相同算理沟通。为提升教学效率，教师可采用以下策略。

将典型资源整理后导入iPad，形成学习资源库。如图1-14（a）所示，进入界面，学生能同时看到6种计算方法，可以自主选择与自己不同的方法、最感兴趣的方法、最不容易理解的方法进行重点解读。学生不仅有充足的独立思考时间，给自己喜欢的方法点赞，感受计算策略的不同，还能同屏比较方法之间的联系，在上面画一画、写一写，留下思考的痕迹。如图1-14（b）所示，在解读的基础上，全班交流时聚焦：商的"3"在每种方法中表示什么意思？有效突破算理，这里的"3"表示92里面有"3"个30，所以商要写在竖式的个位上。

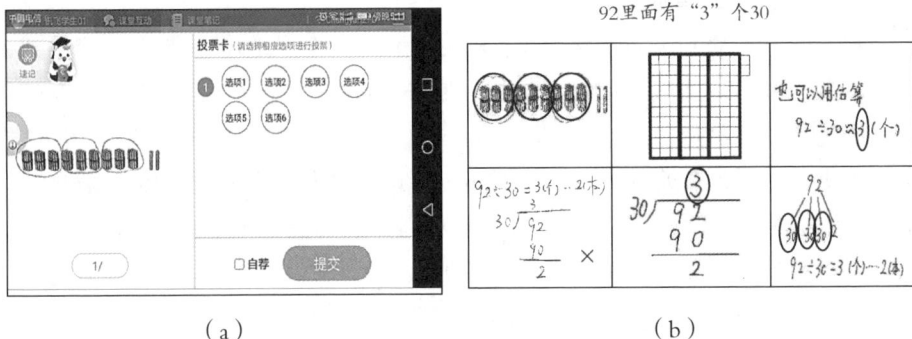

（a）　　　　　　　　　　　　　（b）

图 1-14

二、规范制定,支持交互分享

"交互分享"是伴随"任务驱动"而生的一个步骤,穿插在任务完成的过程中,也可能是在任务完成后。教师通过建立交互分享的组织,制定交互分享的样式,有效促进师生互动、生生互动,向着高质量的目标"深化"。

(一)建立交互组织

"学习圈+操作台"过程合力,"发布会+巴士站"过程共享,"长探究+资源库"过程升华,三种组织促进交互分享过程的有效性。

1."学习圈+操作台"

教学中,学生在教室里进行的是"插秧式"学习——座位固定,不能随时离开;伙伴固定,不能自行选择。为了促进过程生成,教师可以组织学生开展同伴协作过程合力:设立"学习圈",让不同风格的学生能在一起交流、合作;设置"操作台",让学生能自行选择。

以人教版数学教材五年级下册《不规则物体的体积》的教学为例。

师提问:怎样测量梨的体积?

生回答:放入水中。

教师拿出实物和工具进行演示。

师提问:你看到了什么? 能知道梨的体积吗?

生回答:上升部分水的体积就是梨的体积。

师提问:为什么上升部分水的体积就是梨的体积?

生回答:因为梨占据了水的空间,这部分水就上升了。

师评价:这种测量不规则物体体积的方法,将物体体积转化为可测量的水的体积,我们称为"排水法"。

师生一起看量杯的刻度，得到梨的体积。

以上教学过程，通过"教师提问—学生回答—教师评价"进行的是知识单向传递。如何改变这种情况？教师可以采用以下教学策略。

如图1-15（a）所示，设立"学习圈"，将中等生、优等生和学困生异质分组，放入一个有向心力的圈内。每个层次的学生身边都有一个异质学生和一个同质学生，在合作时能和同质学生一起产生共鸣，与异质学生进行思维碰撞。如图1-15（b）所示，设置"操作台"，将研究对象和实验工具放在操作台上，学生可以根据兴趣和思维层次自行选择。

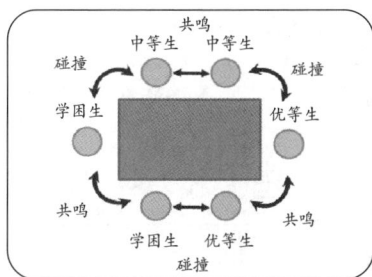

（a）

研究对象：
★橡皮泥体积（直接转化，用体积公式解决）
★★鹅卵石体积（不能直接转化，要借助排水法）
★★★铁钉体积（用排水法体积太小，要加大数量）
★★★★乒乓球体积（不能完全浸没，要和其他物体组合）
★★★★★冰糖体积（会与水产生反应，拓展到物理知识）
实验工具：
★刻度尺（直接测量数据，公式计算）
★★量杯（直接读取刻度，知道上升部分水的体积）
★★★长方体水槽（没有刻度，上升部分水的体积需要用长尺测量所需数据，再用公式计算）

（b）

图 1-15

2."发布会 + 巴士站"

教学中经常会出现"发言代表"的替代现象，每个学习个体的认识与表达的差异性没有受到尊重。为了促进过程互动，进行交流碰撞、过程分享，教师可以采取以下两个教学策略：组织"发布会"，调动学生交流的欲望，让每个学生通过自主探究积累的经验，获得的结论，都能得到发布的机会；布置"巴士站"，每个成果发布完，都会"开进站"，同一观点的碰撞放在一个站台内，下课后，学生还可以继续观看、思考，补充观点。

以《不规则物体的体积》教学为例。在测量乒乓球体积时，学生发现乒乓球会浮起来，不能完全浸没在水中。在讨论时，一名学生提出：可以用手指将乒乓球压入水中，再把手指在水中的体积减去。教师提问：这样可以吗？就没有继续讨论下去。下面有一个学生在小声嘀咕：手指在水中的体积不好测量啊，这样不太精确。每种不规则物体的体积都测量后，教师选择其中一种方法板书在黑板上；下课了，板书被擦掉，有一些学生还在交流：刚才铁钉的体积是怎么测量的，你还记得吗？我的方法好像更简单一些……

以上的课例反映出这样的问题:教学时,教师对结论比较重视,只要有学生发布准确的方法,教师为了所谓的"课堂效率",就不再"浪费时间"深入讨论下去,对不同学生的思考过程不重视;教学结束,没有留下讨论的痕迹,对学生的思考轨迹记录不关注。针对这些问题,教师可以采取以下教学策略。

如图1-16(a)所示,要求学生将探究过程记录在任务卡上。探究结束后,每个学生都能拿着任务卡,到展示台上来进行观点发布;发布后,其他学生可以向发布者提问,或提出不同观点,或进行观点补充;在生生碰撞的过程中,不断完善结论。如图1-16(b)所示,当一个专题讨论告一段落后,教师将学生发布的所有观点,依照发布的顺序"驶入巴士站",让学生能在课后看到讨论过程,引发继续思考。

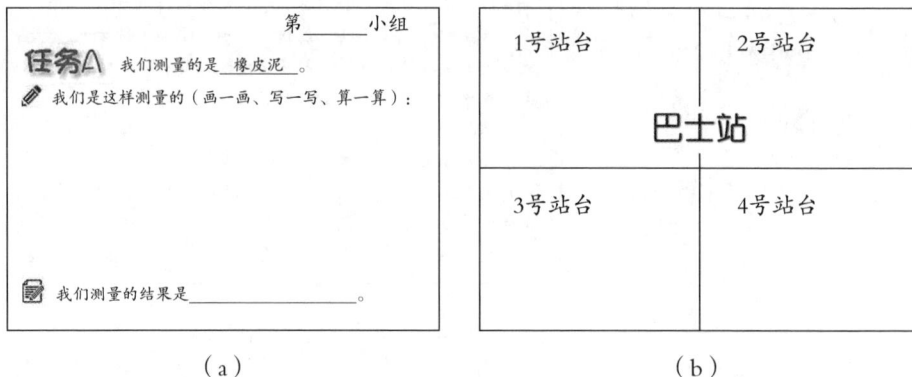

（a）　　　　　　　　　　　（b）

图 1-16

3."长探究＋资源库"

教师如果在教学中,时间上一味地追求40分钟的标准化,环节紧凑,就无法保证学生自主探索的时间;空间上单纯地局限在课堂,不能很好利地用多媒体的辅助打开学生视野,就会造成学生内心体验不足,难以收到良好的学习效果。为了促进过程互动,教师需要进行环境支撑过程的提升:在时间上,根据实际需要拉长探索时间,增强活动体验;在空间上,提前储备资源,现场及时捕捉,形成支撑学生攀登的有效环境。

以《不规则物体的体积》为例。在课堂上研究不同的不规则物体体积的测量,教师为了一节课完成,给学生独立探索的时间只有10分钟,很多组还没有研究完,时间就到了。在交流环节,听别的组汇报时,那些没研究完的同学因为没有实践过,所以无法产生共鸣和碰撞。当研究完的小组学生代表介绍铁钉的测量方法时,仅仅看示意图和听语言描述,有一些学生难以听懂;教师请这个组再演示一遍,可是花了很长时间,观看效果还是不理想。课末,教师总结出不规则物体体积的测量方法:运用水进行转化，上升部分水的体积等于不规则物体的体积。有的学生提出：有的物体会溶解在水中，那该怎么办呢？教师没能很好地解答。

以上课例所存在的问题是教师在教学过程中深受时空局限：为了保证时间，蜻蜓点水；无法走出课堂，视野狭窄，对于形成促进学生探求和交流活动的学习环境不够重视。要解决这样的问题，教师可以采取以下教学策略。

打破一节课 40 分钟的标准量，将两节课连在一起，形成长课时。在时间的分配上，保证自主探索时间至少有 20 分钟；在这段时间中，学生可以回头思考，可以反复研究，这样就有了个人质疑探究的时间。用 iPad 建设资源库。如图 1-17（a）所示，在学生研究时，及时用 iPad 捕捉学生测量铁钉的视频，如何放置铁钉更容易测量出体积，在反馈时回放，促进交流品质。如图 1-17（b）所示，预设学生困惑，制作"冰糖的体积该如何测量？"的微课，课末播放，拓展认知领域：物理上，将排水法变成"排油法"，冰糖就不会融化；称质量，在今后的学习中，用密度进行计算也能得到冰糖的体积。

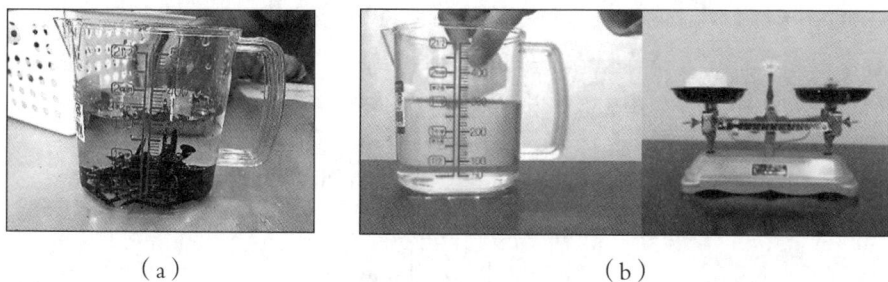

（a）　　　　　　　　　　　　（b）

图 1-17

（二）制定交互样式

制定师生共融式、生生互惠式、人机互动式三类样式，根据交互分享的特点选择合适的样式。

1. 师生共融式

当任务对学生而言有一定难度时，可以采用师生共融式开展协同学习。在完成任务前，教师需要"唤醒"学生已有的学习基础和生活经验，做好已有知识和新知识之间的联系，接下来，学生就能自主开展探究。

以拓展内容《有趣的进制》教学为例。在揭示研究任务前，教师和学生先进行交互讨论：出示计数器和格子图（图 1-18），在计数器和格子图上同时一个一个计数，将计数器上不同数位上的珠子和格子图上不同列上的点进行一一对应，明确了在"1列为9格"的格子图上，从右往左各列上的计数单位分别是"1，10，100，…"，相邻计数单位间"满十进一",可以根据需要在这样的格子图中不断地计数,唤醒"十进制"计数的规则,为后面学生自己研究不同规则计数(二进制、三进制……)埋下伏笔。

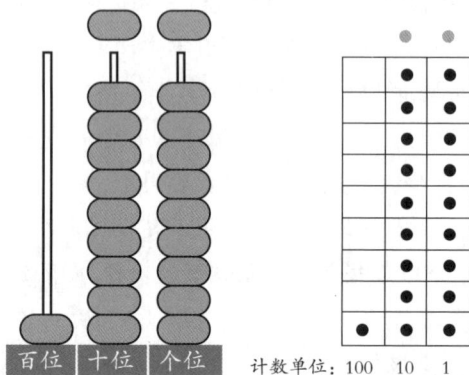

图 1-18

　　师:今天我们就来研究像这样在格子图中的"计数"。刚才我们是在一列是 9 格的格子图中"计数"。请你们看仔细了,变一变,现在一列只有 1 格了(图 1-19),这样的格子图又可以怎么计数呢? 如果这个点表示 1,那么接下来格子里的点分别表示几呢? 请你们像刚才用计数器演示的那样,动手摆一摆。

　　生进行自主研究。

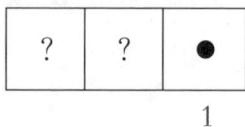

图 1-19

2. 生生互惠式

　　当任务对学生而言能准确理解和独立完成时,教师可以直接放手,采用生生互惠式的协同学习方式。在学习过程中,学生自主研究,自主分享,在不断的碰撞和讨论中逐步完善结论。

　　以拓展内容《剪小纸人》教学为例。教师放手让学生自己研究"4 个手拉手的小人怎么折? 怎么画? 怎么剪?",将研究过程中的作品全部展示出来,请学生在碰撞中辨析问题所在。(图 1-20)

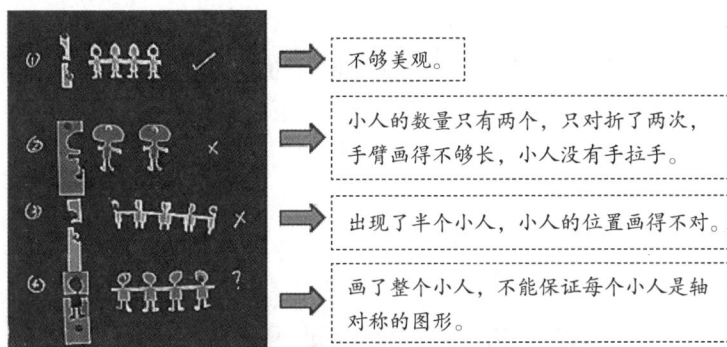

图 1-20

通过辨析,学生明晰了正确的设计方法原理。折法:要折3次,平均分成6份,一份半个小人,合成3个小人。画法:只能画半个小人,才能确保每个小人都是轴对称图形;半个小人画在闭口处,将小人手够到边,就不会断。剪法:要更加仔细和美观。

3. 人机互动式

有一些任务,教师运用 iPad 等多媒体设备,学生可以进行人机互动式的协同学习。在学习过程中,学生可以反复进行自主学习。多媒体设备及时给予反馈和帮助,还能收集信息,建立起学习资源库。

以拓展内容《填数游戏》教学为例。研究了如何在格子图中填数后,教师为每位学生都准备了一个 iPad 学生机。出示已经填好数的格子图,反过来思考,能否"拿掉一些数",还原出原来的"填数游戏"。如图 1-21 所示,iPad 上出现了一个游戏的界面:使用前,先用微课播放使用方法;使用时,在"我来试一试"的操作区可以随意拖动数字放入回收站,如果操作错误,还可以将数字重新取回。在这个界面上,学生可以反复进行自主尝试,逐步加深对方法策略的感悟。

图 1-21

每位学生还原后,上传 iPad 教师机。教师随机调出一位学生的"填数游戏",在"给我点点赞"的评价区,指导学生从"能填出""有挑战"两个维度对这个作品进行评价。学生运用资源库,在四人小组内互相评价;还能在课后进入资源库,选择作品进行挑战,主动巩固知识。

第三节　多维表现,对话自我

课堂上需要营造具备元认知、思维型、改进性特质的表现氛围,教师应关注三个方面:沟通表达,促进学生反省提升;引导诱发,促进学生思维发展;量表评估,促进学生改进表现。学生通过与自己的内省对话,明晰学习的意义、知识的价值,形成正确的学习观,重塑自我。

一、沟通表达,促进学生反省提升

多维表现的自我对话具备"元认知"的学习特质。促使学生在问题解决中,不断发展反省性思维:能将自己的思考与见解进行多样表征,在别人理解和补充的过程中,不断完善认知;在关注他人的思考与见解的同时,进行自我反省,形成一类问题解决的方法策略;将方法策略灵活应用到其他实际问题解决中,有主动意识和积极行动。

(一)思考外显,提取内在理解

学生将研究过程中对学习对象的思考和理解,通过表征和表达提取出来。重视表征,它是创造性思维活动的外显过程;可以用画一画、写一写、算一算等形式直观记录下来;促进表达,在与同伴的互动交流中,能结合表征,准确表达出怎么做、怎么想、有哪些发现。

以拓展活动《汉诺塔游戏》教学为例。在研究 3 个圆盘是怎么移动时,同桌两人合作,利用学具进行操作尝试。不是移动成功就结束了,还需要学生将思考过程用画一画的方式记录下来:用长短不一的线段代替大小圆盘,每一次移动都记录在学习单上。(图 1-22)

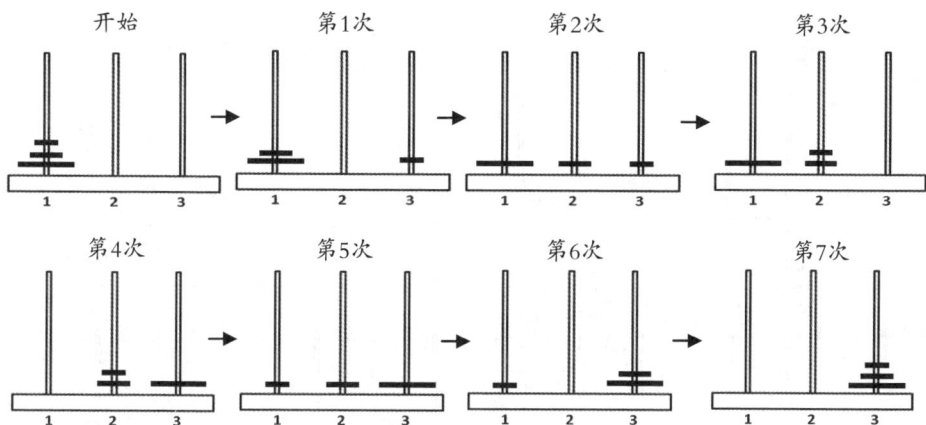

图 1-22

交流时,某个小组的学生上台发言,边指着图,边用语言说明:第1次,将小圆盘先从1号杆移动到3号杆上;第2次,将中圆盘移动到2号杆上;第3次,将小圆盘移动到2号杆上;第4次,大圆盘就能从1号杆移动到3号杆上;第5次,将小圆盘移动到1号杆上;第6次,这时,中圆盘就能移动到3号杆上;第7次,小圆盘从1号杆移动到3号杆上。大功告成! 至少需要移动7次。

师提问:这样移动可以吗? 其他组有没有问题要和这组讨论?

其他学生:你们是怎么想到可以这样移动的? 是随便移的吗?

该组学生:不是的,我们在移动前想,首先要将大圆盘移动到3号杆上,所以中圆盘和小圆盘就要想办法移动到2号杆上;然后,我们思考将中圆盘移动到3号杆上,所以小圆盘要移开;最后让小圆盘移到3号杆上。根据游戏规则,大圆盘不能在小圆盘的上面,所以要一步步来。

师追问:小圆盘和中圆盘移动到2号杆上,需要几步呢? 你们怎么想的?

该组学生:我们是尝试出来的。

其他学生:我们有发现,不需要尝试就能知道! 看,刚才是2个圆盘从1号杆移动到3号杆上,需要3步完成;现在是2个圆盘从1号杆移动到2号杆上,也应该需要3步啊!

师请生上来在图上圈一圈,说说发现。

其他学生:我们还有补充! 可以将这个过程分成3个步骤。将中圆盘、小圆盘移动到2号杆上至少需要3次;将大圆盘移动到3号杆需要1次;再将中圆盘、小圆盘移动到3号杆上又至少需要3次;所以,将3个圆盘都移动到3号杆上,至少需要3+1+3=7次。(图1-23)

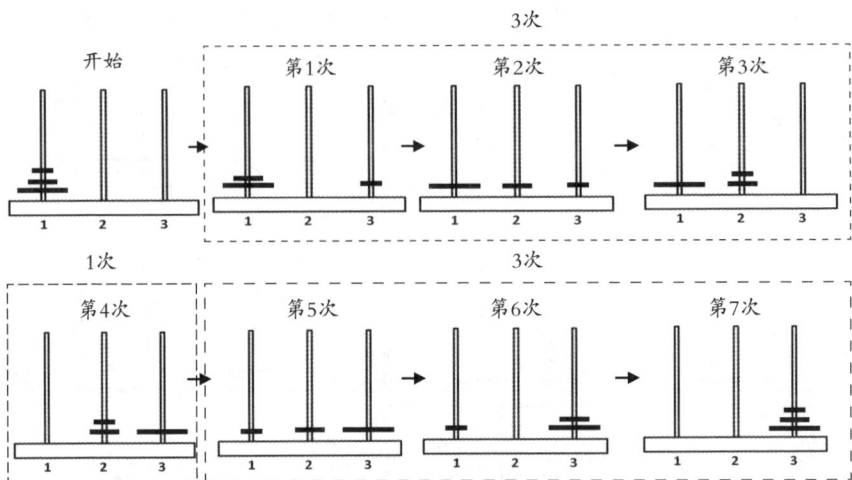

图 1-23

师问发表组:通过讨论,关于 3 个圆盘移动,你们有什么想和大家说的?

该组学生:3 个圆盘的移动可以借助 2 个圆盘移动的经验推算出来!

(二)方法梳理,沟通内在联系

每个学习个体不同,在研究过程中,学生运用不同方法尝试解决问题;在不同方法的交流过程中,通过梳理、沟通方法间的内在联系,学生感悟本质属性,提炼出解决问题的一般策略。

以拓展活动《三角形的反转》教学为例。学生自主研究三层三角形的反转。教师拿出磁板,让学生将不同的反转方法用教具展示出来。

师:这些同学都将三角形反转了吗? 非常了不起!

师:请同学们观察下面这三种方法(图 1-24)。你最欣赏哪一种? 为什么?

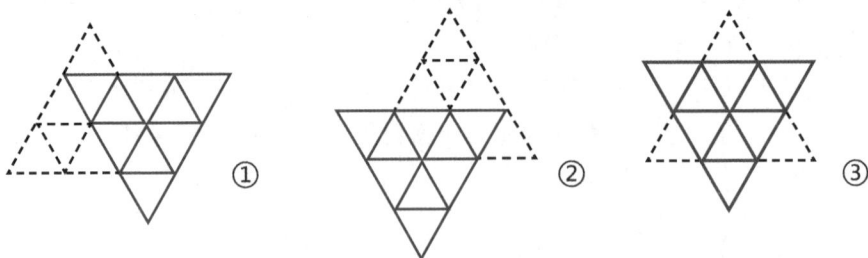

图 1-24

生:方法①移动了 9 根小棒;方法②也移动了 9 根;方法③移动最少,只移动了 6 根。

师:仔细观察这几种方法,存在规律吗?

生：可以看不需要移动的部分，方法①和方法②都保留了4个三角形，方法③保留了6个三角形。（图1-25）

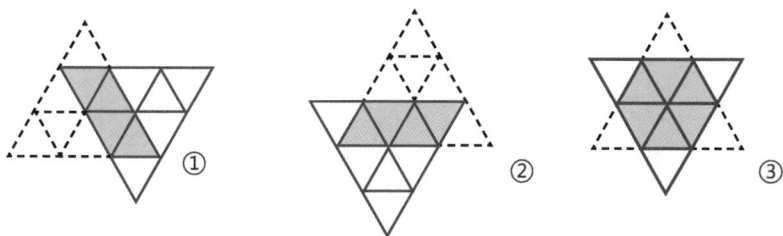

图1-25

生：从图上可以发现，剩下这些三角形的小棒就是要移动的根数！

生：我们有新发现，只要将反转的三角形叠在原来的三角形上面，让重叠的三角形最多，移动的小棒就最少！

师：看来，通过方法间的比较，你们已经找到"三角形反转"的秘诀了：重叠越多，移动越少！如果将四层的三角形反转，想一想，至少又要移动几根小棒呢？

（三）结论应用，促进内在建构

课后跟进一个同类任务，促进学生在新问题情境中，主动将解决一个问题的方法策略迁移到一类问题的解决中；研究结束后，及时撰写反思日记，记录研究中的得失和情感体验，促进内在建构。

以拓展活动《有趣的进制》教学为例。课内经历了借助格子图研究"二进制"计数法的过程，学生还联想到借助格子图来研究"三进制""四进制""五进制"等更多不同进制的计数法。教师创设了一个新的问题情境"我想研究（　　）进制"，让学生运用课内学到的知识，在课外进行自主探索。（图1-26）

指导语：同学们，我们在课内借助格子图研究了"二进制"计数法。你能用这样的研究方法自主探索"三进制""四进制""五进制"等更多有趣的计数法吗？赶快试一试吧，看看有哪些发现！

这次任务完成啦！你一定有很多收获和感受吧？赶快记录下来！

你可以参考以下话题：

1. 你在解决问题过程中有哪些成功的体验？

2. 你在解决问题的过程中碰到哪些困难？是怎么解决的？

3. 你喜欢这样的研究吗？你认为还可以开展哪些类似的研究？

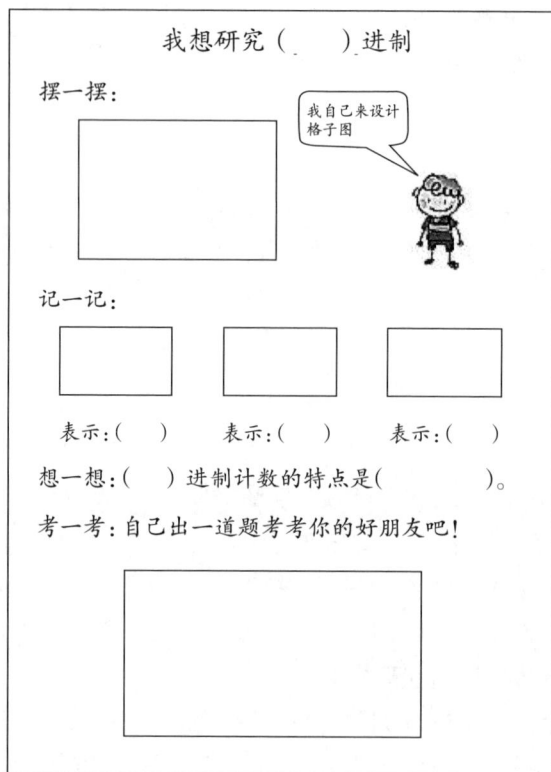

图 1-26

二、引导诱发,促进学生思维发展

多维表现的自我对话,具备"思维型"学习特质。教师在这个过程中扮演了引导和诱发的角色,除了关注学生知识技能掌握,更要促进学生在解决问题过程中思维水平的发展:研究过程循序推进,促进思维条理性和严谨性;研究结果打开思路,促进思维多样性和差异性。

(一)循序推进:思维条理性和严谨性

在解决问题的过程中,引导学生按照一定的步骤不断深入,经历完整的思考过程,增强思维的条理性。

以人教版数学教材四年级上册《条形统计图》的教学为例。教师请学生自己尝试画出"心目中的条形统计图"。教师引导学生按照"条形""说明""标题"三个画图步骤,来逐步完善条形统计图的结构。

师:根据老师的观察,发现同学们有这么几种不同的画法,我们先来标个序号:1,2,3,4,5,6。这些作品都画了"直条",你们对哪幅作品的条形有建议?(图 1-27)

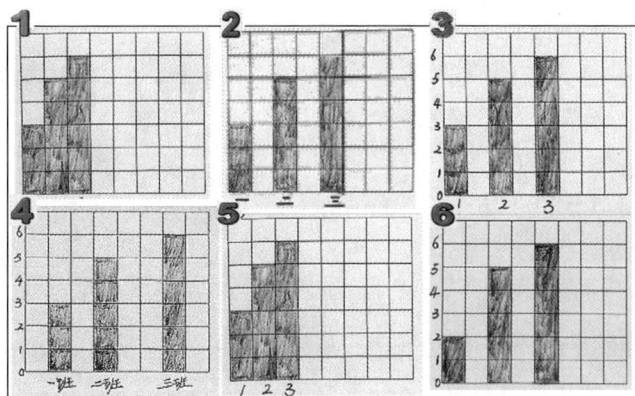

图 1-27

生：1 号的条形要分开，并在一起不清楚。

师：看来，直条之间要有"间隔"。还有哪几幅作品需要修改？

生：还有 5 号。

教师拿走 1 号和 5 号作品。

师：对剩下的作品继续评价。

生：4 号作品虽然条形之间有间隔，但是间隔不一样。

师：画条形时，间隔之间要均匀。

教师拿走 4 号作品。

师：剩下的 2、3、6 号作品除了直条画得好，还做了什么事情？

生：标上了班级、数量。

师：是的，还要对直条有一些说明。班级是怎么说明的？这条横线，我们称它为"横轴"；数量又是怎么说明的？这条竖线，我们称它为"纵轴"。

师：通过讨论，我们发现哪幅作品比较好？

生：3 号作品。

师拿走 2 号、6 号作品。

师：一般来说，第一根直条不贴着纵轴，也要空出一格。（在黑板上贴出作品）

师：如果将这幅图拿回去给你的爸爸看，你的爸爸能看明白吗？

生：看不懂，不知道在统计什么，还少了标题。

师：应该像统计表那样，告诉别人你在做一件什么事。（补充完标题）

在解决问题过程中，揭示每个步骤存在的逻辑关系，从"是什么"到"为什么"，增强思维的严谨性。

以人教版数学教材五年级上册《植树问题》的教学为例。（图 1-28）

第一环节,教师引导学生讨论了"排队伍"和"锯木头"两个问题,学生发现特殊的除法解决问题要结合实际情况对"商"进行处理。

第二环节,教师引导学生对"植树问题"的三种类型进行讨论,结合第一环节讨论的问题,学生进行"归类",总结出三种不同情况下,商的处理方法:两端都有"商+1",只有一端"商不变",两端都无"商-1"。

第三环节,师生举了大量生活中的例子,判断属于植树问题的哪种类型。这时候,学生明确了类型,但是还不明白为什么会有这样的规律,处于"不悱不发"的状态。教师用线段图来说明"植树问题"数学模型的原理。

师:路灯、人、公交站台、楼层等都在线段的点上,每个点都要放。除法算式的商就是线段上的"段数";两端都有时,点数比段数多1,所以"商+1"。

师:千纸鹤、服务站等也放在线段的点上,但有一个端点不用放;当只有一端时,点数和段数一样多,所以"商不变"。

师:锯木头,像这样放隔离墩则两端都不放,点数比段数要少1,所以"商-1"。

(二)思路打开:思维多样性和差异性

收集学生不同的解决问题方案,关注思维的多样性,引导学生在同一水平的讨论中打开思维视角。

(a) 两端都有:商+1

(b) 只有一端:商不变

(c) 两端都无:商-1

图1-28

以人教版数学教材五年级下册《不规则物体的体积》的教学为例。由于思维视角不同,学生在用排水法测量乒乓球的体积时,出现了不同的解决方案。教师将不同的方案进行呈现,积极引导学生理解不同思路。(图1-29)

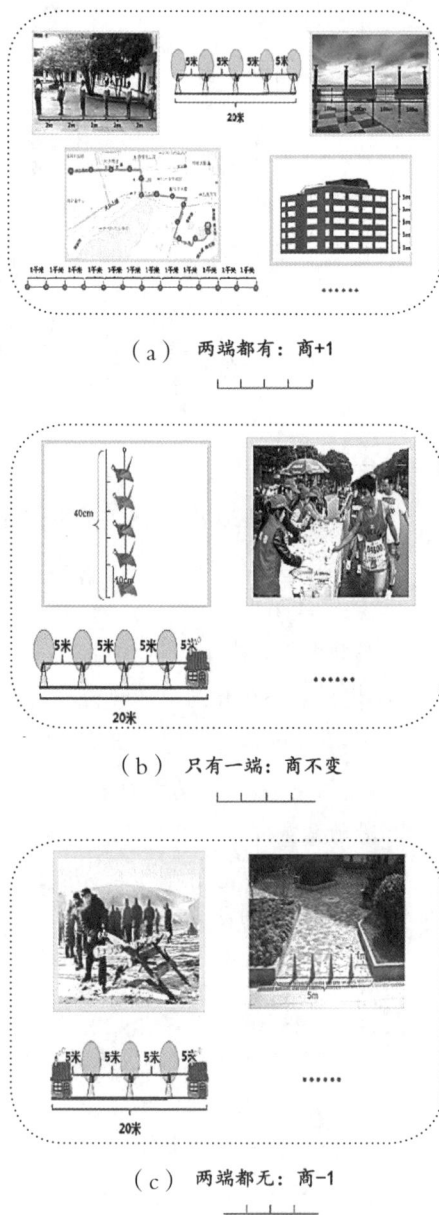

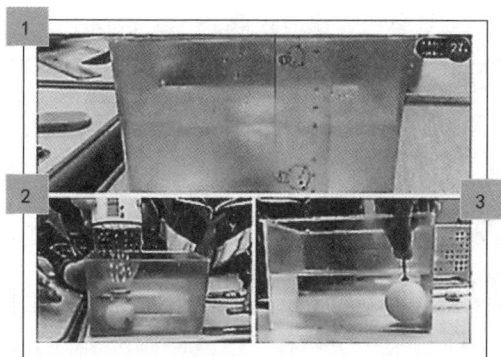

图 1-29

师：看，同学们一共提出了 3 种不同方案来测量乒乓球的体积。

师：方法不同，但他们都想做什么？

生：乒乓球会浮起来，要把它压下去，完全浸没在水中。

师：他们是怎么解决的呢？选一个你感兴趣的说一说。

生 1：图 2 是用矿泉水瓶将乒乓球完全浸没在水中，矿泉水瓶在水中的体积要去掉。

生 2：图 3 用铁钉将乒乓球完全浸没在水中，铁钉体积小，比矿泉水瓶误差小。

生 3：图 1 的方法很巧妙，用橡皮泥将乒乓球固定在水底，橡皮泥的体积我们已经测量过了，将"组合后的体积 − 橡皮泥体积 = 乒乓球体积"。

生 4：我在想，橡皮泥在水中容易化掉，可不可以用鹅卵石把它压在水里，也是可以用"组合后的体积 − 鹅卵石的体积 = 乒乓球体积"。

生 5：用组合的方法是比较好，但是很麻烦。如果把水换成细沙，将乒乓球完全埋没在沙子中，是不是上升部分的沙子的体积就是乒乓球的体积呢？

师：当物体会在水中浮起来时，我们想到了很多方法解决问题，比如，和其他物体组合起来，让它完全浸没，用排水法测量出它的体积；有的同学还想到了将排水法变成"排沙法"，用同样的原理，将乒乓球的体积进行转化，太会思考啦！

收集学生不同的解决问题方案，关注思维的差异性，引导学生在不同水平的讨论中提升思维层次。

还是以《不规则物体的体积》教学为例。由于思维水平不同，学生在测量"鹅卵石"的体积时出现了各种不同的情况。教师将测量的过程展现出来，引导学生通过讨论和分析，最后达成共识：用排水法测量不规则物体的体积，必须要"完全浸没"（规范）；用量杯测量，可以看刻度直接知道不规则物体的体积，如图 1-30（a）；用长方体水槽，则需要自己测量出所需数据用公式计算（变式），如图 1-30（b）。学生提升了对用排水法测量不规则物体的体积的认识。

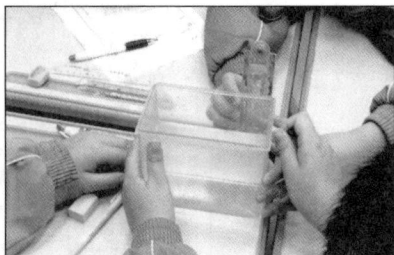

（a）　　　　　　　　　　　　　　（b）

图 1-30

三、量表评估，促进学生改进表现

多维表现的自我对话具备"改进性"学习特质。设计表现性评价量表进行评估，学生明确自己的表现水平以及可以努力的更好水平，促进表现改进。评价量表可以用于评估团队的思考力、表达力、合作力以及评估个体的应用力、表现力。

（一）评估团队表现，促进内省

团队在研究过程中合作得怎么样？将团队看成一个整体，对研究进行全面回顾，通过评估，促进团队对思考力、表达力、合作力进行内省，为下次合作指明改进方向。

以人教版数学教材五年级下册《不规则物体的体积》的教学为例，具体分以下三个方面进行回顾：回顾研究过程，教师评估，依据任务卡上的记录对团队进行思考力的评估；回顾研究结果，组间互评，根据小组在交流中的表现进行表达力的评估；回顾研究氛围，组内自评，组长组织组员评价整个组的合作情况，进行合作力的评估。每一次的评价结果都放入团队的档案袋中，由组长统一保管。

依据任务记录卡（图 1-31），教师对思考力做出评估，促使小组对研究过程内省，明确努力方向：方法合理（1 ★）；过程具体（1 ★）；富有创意（1 ★）。

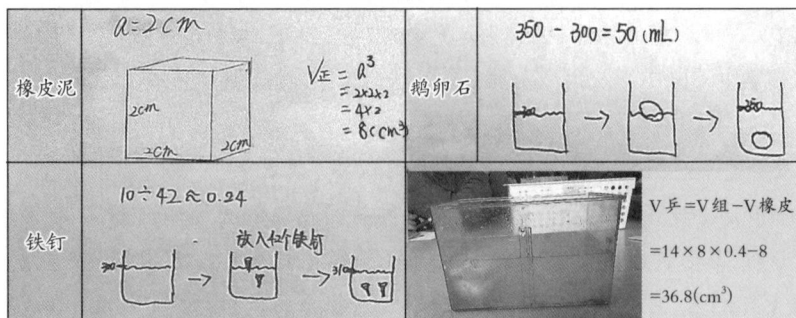

图 1-31

依据表1-1，组间对表达力做出互评，促使小组对反馈交流内省，明确努力方向：语言清晰（1★）；积极交流（1★）；友善悦纳（1★）。

表1-1　小组互评表

组别	语言清晰1★	积极交流1★	友善悦纳1★	总计
1				
2				
3				
4				
5				
6				
7				
8				

依据表1-2，组内对合作力做出自评，促使小组对分工合作内省，明确努力方向：主动参与（3★）；任务分配（3★）；交互质量（3★）。

表1-2　组内自评表

项目	等级		
	3★	2★	1★
主动参与	所有组员都积极参与活动。	有一些组员参与活动。	都自顾自活动。
任务分配	每个组员都有明确的任务，并坚持认真执行各自的任务。	每个组员都有任务，但是任务不够明确或组员没有坚持执行任务。	没有分配任务。
交互质量	组员能认真倾听，积极讨论，围绕主题得出有意义的结论。	组员能认真倾听和讨论，围绕主题得出一些结论。	组员对倾听和讨论不够投入，离题或得不出结论。
改进			

（二）评估个体表现，促进内化

学生在独立完成后继任务中，表现得怎么样？能否在解决新问题时，主动进行策略迁移？教师在班级群内展示，"秀"出学生的个性化表现。通过评估，促进学生对自己的应用力和表现力进行反思，内化方法策略。

以人教版数学教材二年级下册的拓展活动《剪小纸人》的教学为例。教师将研究4个小人手拉手的方法策略进行迁移，提供不同难度的挑战；学生在一周时间内，用研究报告的形式完成（图1-32），附上一个拍下研究过程的小视频。

图 1-32

每个学生的研究成果在班级学习群中进行资源分享。有的学生不仅成功挑战了任务 2,还很有创意地设计了一群女版小人围成一圈跳舞的场景。(图 1-33)

图 1-33

学生依据表 1-3,对他人的作品和自己的作品进行应用力、表现力的评估,促使自己从以下几个方面进行内化,明确自身的表现,向更好的表现努力:问题理解(3★),方法迁移(3★),过程表达(3★),作品完成(3★)。

表1-3　作品评价表等级

项目		等级		
		3★	2★	1★
应用力	问题理解	解决问题前,完全理解任务的要求。	解决问题前,基本理解任务的要求。	解决问题前,不理解任务的要求。
	方法迁移	解决问题中,能灵活运用课堂上学习的方法。	解决问题中,能尝试运用课堂上学习的方法。	解决问题中,不能用到课堂上学习的方法。
表现力	过程表达	解决问题后,用语言、图示等直观方式对解决问题的过程做出解释。	解决问题后,对解决问题的过程有一些简单的解释。	解决问题后,对解决问题的过程不做解释或做出无关的解释。
	作品完成	作品设计美观、独特。	准确完成作品。	不能完成作品。
改进				

第四节　三种对话实践的实施成效

　　"三种对话实践"在数学课堂中实施，我们边实践，边思考，以佐藤学的学习理论为支撑，努力改变传统课堂教学的方式，逐步提炼出新的小学数学课堂教学策略。在行动研究的过程中：课堂焕发出新的生长力，学生生发出新的学习力，教师迸发出新的行动力。

一、激活："学习复苏"的课堂

　　"三种对话实践"在小学数学课堂教学中实施，激活了"学习意义复苏"的课堂，课堂焕发出新的生长力，实现了三大转变。

（一）激活教学内容：从"有效传递"到"主题中心"

　　改变传统课堂教学中追求的"有效传递"，构建"主题中心"的对话语脉。设计凸显数学本质、符合儿童兴趣的教材主题和拓展主题，让儿童在课堂上依据主题展开对话，在对话中获取知识的理解和活动的经验。根据活动方式的不同，形成四类拓展主题：设计类主题、思维类主题、游戏类主题、实验类主题。教学内容以主题为中心，立足问题解决，激发学生的挑战欲望；直面学习对象，满足学生的个性需求；多样实践活动，增强学生的活动体验。在良好的学习心态下，促使学生和学习对象能动对话，在课堂中重构全面真实的客观世界。

（二）激活教学组织：从"同质推进"到"协同学习"

　　改变传统课堂教学中主体的"同质推进"，构建"协同学习"的对话结构。创设合作解决问题、交流共享认知的协作环境，任务驱动，支持学生合作学习；制定规范，支持学生交互分享。根据交互分享的特点，形成三种实施样式：师生互融式，生生互惠式，人机互动式。教学组织协同学习，师生、生生之间互相支撑，共同分享，在平等、自由的氛围中表达不同的观点，在碰撞中激发学生的思考力、判断力和表达力，从而促使学生和学习同伴实现差异对话，在课堂中重建合作共赢的伙伴关系。

（三）激活教学评价：从"注重习得"到"多维表现"

　　改变传统课堂教学中单一的"注重习得"，构建"多维表现"的对话文化。营造具备元认知、思维型、改进性特质的表现氛围，沟通表达，促进学生反省提升；引导诱发，促进学生思维发展；量表评估，促进学生改进表现。根据评价表现的不同，形成两种评估量表:团队表现评估,个体表现评估。教学评价的多维表现,使学生将自身的内在理解多样表征出来,在关注他人见解的同时促进内在反思,并能主动将方法策略应用到实际中。这是一个由内而外,再由外而内,不断往复的自我表现、自身内省的过程,最终形成正确的学习观,在课堂中重塑崭新的内在自我。

二、萃活:"学力提升"的学生

在小学数学课堂教学中实施"三种对话实践",可以很明显地观察到,学生成为一个个鲜活的学习个体,生发出新的学习力:学生和学习对象能动对话,萃活学习心态,重构世界;学生和学习伙伴差异对话,萃活学习潜能,重建伙伴关系;学生和自身内省对话,萃活学习价值,重塑自我。

(一)萃活学习心态:从"被动接受"到"重构世界"

改变传统课堂教学中学生对学习对象的被动接受;主题中心的教学内容以问题推进,以方法引领,让学生能对学习对象进行具体的多样操作活动;选择性、层次性、丰富性激活了学生良好的学习心态,使他们能像"小数学家"一样主动重构有意义的客观世界。

课堂实施前后,我们对学生进行对比调查,发现有良好学习心态的人数有明显的提升,对课堂很喜欢的学生百分率从实施前的46%上升到实施后的75%;不太喜欢的学生百分率则从实施前的12%下降到实施后的4%,下降幅度很大。在良好的学习心态下,学生积极参与客观世界的重构,与学习对象零距离,直接动手操作、实验、设计,可以反复研究自己感兴趣的问题,不断进行知识的建构、解构和重构。精心设计的学具,专注的眼神,灿烂的笑脸,成为课堂上最亮丽的风景!

(二)萃活学习潜能:从"权威发表"到"重建伙伴"

协同学习的教学组织改变了传统课堂教学中学生跟着教师、优等生学习的状况,营造了平等、自由的学习氛围,将小组合作学习和独立自主学习大量引入,保证了内心质性体验的时间和空间;在环境的支撑下,学生能更好地沟通和平等交流,在观点的碰撞中,不断丰富知识的图式;这一过程中,师生关系、生生关系得到了重建。

课堂实施前后,我们对学生进行访谈:在课堂上,你是怎么进行数学学习的?(可多选)数据显示:听教师讲解的百分率大大降低,与同伴合作的百分率显著上升,自己独立思考的百分率也有了较大的提升。而对于"老师在你的学习中有什么作用?"的问题,实施前,孩子们认为是"老师带领我们学会了知识";实施后,则纷纷表示"碰到问题,可以和老师一起讨论解决"。在协作学习的教学组织下,师生关系、生生关系焕发了新的活力。

在协同学习下,学生的学习潜能被萃活。

1. 合作让探索更有效

在同伴的协助下，学生学会更加有效地进行自主探索：设计研究思路，讨论研究困惑，完成研究过程，记录研究成果。

例如，在《不规则物体的体积》教学中，学生小组合作，自主探索"铁钉"的体积测量。

共同设计研究思路：试验前组内达成共识，用排水法测量铁钉体积。

一起讨论研究困惑：一颗铁钉用排水法时，上升体积不明显，怎么办？组内讨论后想到，铁钉体积太小，可以加大铁钉的数量，让水面有明显上升。（图1-34）

图 1-34

合力完成研究过程：一名组员将铁钉一颗一颗地轻轻放入水中，注意不溅起水花；一名组员在一边数铁钉的数量；一名组员观察水面上升情况，上升到10毫升时，喊"停"；一名组员进行计算，用总的体积 ÷ 铁钉数量 ＝ 一颗铁钉的体积。

回顾记录研究成果：在组长的带领下，组员一起回顾研究过程，用图示和算式将研究的过程和结果清晰地表示出来，让别人能看明白。（图1-35）

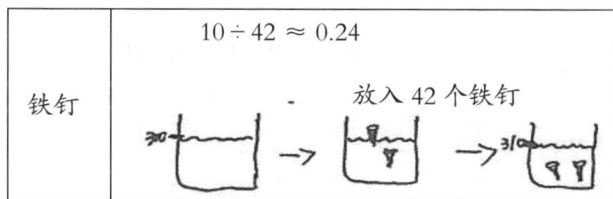

图 1-35

2. 交流让表达更自信

在和其他组的交流中，组内同伴一起表达本组的研究过程，互相配合，更加自信、有条理：动手操作，语言说明；你来主讲，我来补充；面对质疑，共同应对。

例如，在《有趣的进制》教学中，组内两个成员上来介绍本组在"一列是1格的格子图中如何计数"的研究成果。

动手操作,语言说明。一名同学介绍研究单,另一名同学配合着在黑板上摆。(图1-36)

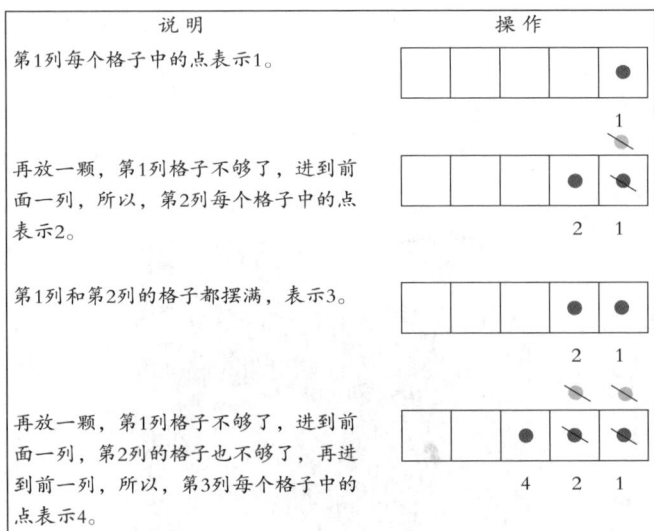

说　明	操　作
第1列每个格子中的点表示1。	（第1列格子示意，最右格有点，下标：1）
再放一颗,第1列格子不够了,进到前面一列,所以,第2列每个格子中的点表示2。	（示意图，下标：2　1）
第1列和第2列的格子都摆满,表示3。	（示意图，下标：2　1）
再放一颗,第1列格子不够了,进到前面一列,第2列的格子也不够了,再进到前一列,所以,第3列每个格子中的点表示4。	（示意图，下标：4　2　1）

图1-36

你来主讲,我来补充。两名同学互相补充,把整个过程介绍完整。

面对质疑,共同应对。听完两位同学的介绍,其他组提出了疑问:"再继续往下摆,第4列每个格子中的点表示几呢?"有的认为是5,有的认为是6,还有的认为是8,众说纷纭。面对问题,两位同伴商量后,提出自己的思考:5可以用"1+4"来表示,也就是在第1列的格子中放1颗,第3列的格子中放1颗;6可以用"2+4"来表示,就是在第2列的格子中放1颗,第3列的格子中放1颗;如果3列都放,最多可以表示"4+2+1=7";所以再加上1颗,就放不下了,要向前一列进1,因此第4列的每个格子中的点表示8。

3. 碰撞让思考更飞扬

在组和组之间的观点碰撞中,学生的思维不断打开,对不同策略解决的异与同,以及同种策略解决的优与劣有了更多的体验和感悟。

例如,在《三角形的反转》中,学生对两层三角形、三层三角形进行了自主探究。在交流环节,观点开始碰撞起来。

不同策略解决的异与同——展示两个组不同的移动方法(图1-37),讨论:组1和组2为什么移动的方法不同,但是结果都是4根?指向重合部分都是2个三角形,所以尽管方法不同,但移动根数相同。

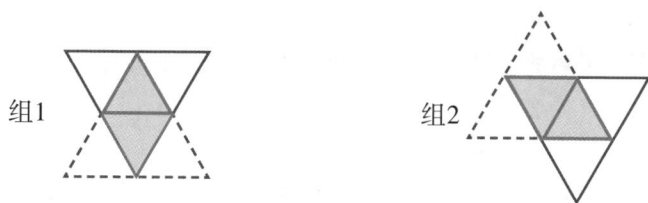

图 1-37

同一策略解决的优与劣——展示两个组的移动方法(图 1-38)，讨论：为什么都考虑了重合部分，但是组 2 比组 1 移动的根数少？你们是怎么思考的？指向移动前，要先整体思考反转后的三角形位置，如何重合最多，根数才移动最少。

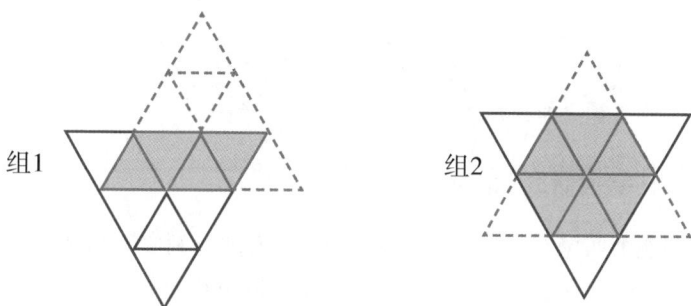

图 1-38

(三)萃活学习价值：从"学会解题"到"重塑自我"

改变传统课堂教学中学生的学习结果就是会正确解题；多维表现的教学评价激活了学生的反省思维，使学生在内省中感悟方法策略，在主动应用中不断加以内化，感悟学习的意义和价值。

例如，在《汉诺塔游戏》学习中，学生自主探索了 1 个圆盘、2 个圆盘、3 个圆盘、4 个圆盘的移动，通过观察发现规律，计算出 64 个圆盘的最少移动次数。(图 1-39)

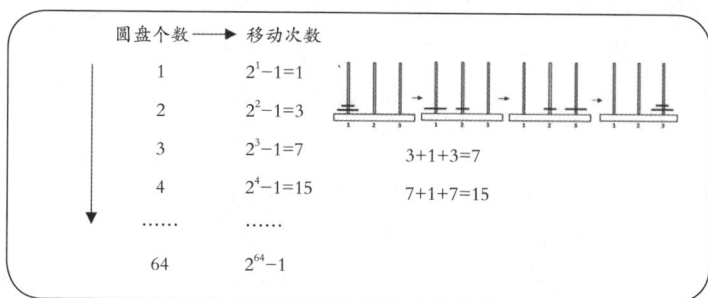

图 1-39

感悟方法策略——

师:回顾解决问题的过程,我们是怎么研究的?

生:从小数量开始尝试。

生:借助前面的操作经验去推算后面的操作。

生:从横向、纵向不同角度找规律解决问题。

师:也就是"化繁为简——借助经验——巧用规律"。

主动应用实际——

师:这样的研究方法,我们以前在解决什么问题时也用到过?

生:烙饼问题。

生:打电话。

生:找规律。

……

师:是的,虽然解决的问题不一样,但研究方法是共通的。

三、盘活:"学情研究"的教师

在数学课堂上实施"三种对话实践",令人欣喜地看到研究团队对"基于三种对话实践"的学习理论有了较为深入的认识。团队成员积极行动起来,对课堂教学的改变从一开始的摸索到后来的逐渐把握,将目光从关注"教学策略"转移到关注"学情研究";教学理念不断转变,教学行为不断跟进,教学成果逐渐积累,不断收获着专业提升的喜悦。

(一)盘活教学理念:从"头脑风暴"到"把握本质"

教师从传统的课堂教学转变为"积极对话"的数学课堂教学,是一个不断经历"头脑风暴"到逐步"把握本质"的过程。研究团队多次开展主题研讨,搭建各种交流平台,通过沙龙学习、观点交流、专家引领、课堂实践等形式,逐步盘活教师的教学理念,在转变中达成共识,对小学数学课堂中实施三种对话的教学策略"主题中心、协作学习、多维表现"有了更清晰的把握。

(二)盘活教学行为:从"行动研究"到"课堂观察"

教师教学理念的转变促进教学行为的跟进。教师在行动研究中不断对策略的操作产生思考:怎样的主题设计更能促进学生主动学习?怎样的协作方式能促进生生更好地互动?为了让学生更好地表现,教师在环境布置、资源提供等方面如何进行支撑?如何设计更为有效的评价方式,促进学生改进表现?

带着思考,研究团队深入课堂,以《不规则物体的体积》的课堂教学为研究样本,开展了一次课堂观察活动。参与教师分成三个观察组,对三种对话在数学课堂上的实施进行观察。以学生的学习过程为研究对象,从现象分析到结论思考,对实施过程的问题进行反思,更好地形成对策。下面是具体的活动过程。

本次活动以《不规则物体的体积》为研究课例,整个流程分为课前研讨、课中观察、课后反思三个阶段。

第一阶段 课前研讨:对话＋策划

在活动前召开了课前研讨会,授课教师和观察团队集中一段时间进行有效的商讨,确定课堂观察目的、主题及观察量表制作等相关事项。

1.对话:厘清观察要点

研讨时,授课教师先进行教材解读、学生分析、目标定位、设计思考等表述,让观察团队明确观察内容。

授课教师:陈老师,教龄8年,一级教师。

（1）教材解读

本课是人教版数学教材五年级下册第三单元《长方体和正方体》的例6。这是教材新增加的内容,灵活应用长方体、正方体的体积计算解决问题。求不规则物体的体积用到的基本策略有两个:一是直接将不规则物体转化为规则物体;二是运用排水法来测量不规则物体的体积,其基本数量关系是"物体体积＝上升部分水的体积"。本质上都运用了转化思想进行等积变形。

（2）学生分析

学生会应用公式计算长方体、正方体的体积。在引入体积意义时,对排水法有初步的了解,知道上升部分水的体积就是物体的体积;对不规则物体的体积测量也有一些生活经验的支撑。

（3）目标定位

a.在长方体、正方体的体积和容积的知识基础上,探索生活中一些不规则物体体积的测量方法,加深对已学知识的理解和深化。

b.经历探究测量不规则物体体积方法的过程,体验"等积变形"的转化过程,获得综合运用所学知识测量不规则物体体积的活动经验和具体方法。

c.感受数学知识之间的相互联系,体会数学与生活的密切联系,培养小组合作能力、创新精神和问题解决能力。

（4）设计思考

a.谈话导入:激发思考

借助魔方、包装盒,复习长方体、立方体的体积计算公式。

揭示课题:测量鹅卵石、橡皮泥、铁钉、乒乓球的体积。

b. 合作探究:动手操作

研究以六人小组合作的方式进行。

学生尝试时,教师用 iPad 记录研究过程,收集学习素材。

小组派代表上来汇报,其他组进行提问和补充,教师适时引导。

梳理:回顾研究过程,理解等积变形和排水法;把不规则物体转化为规则物体,进行体积的测量。

c. 拓展延伸:微课学习

延伸:用学到的知识还能测量哪些不规则物体的体积?

拓展:冰糖碰到水会融化,可以怎么测量? 渗透物理上的一些方法。

创新之处:

在内容的选择上,整合完善教材上的学习材料,去掉同质材料,增加异质材料,可以激发学生和学习内容能动对话。教学组织上,采用小组合作方式,教师着力引导学生关注学习过程,利用任务卡记录研究过程,利用 iPad 技术反思研究过程,在平等互动的氛围下,师生、生生之间积极对话,进行思维碰撞。学生和自我通过内省对话,不断自主建构,掌握了不规则物体体积测量的方法策略。

困惑之处:

改进后的学习内容对学生的学习是否更有促进? 采用小组合作的学习方式,学生组内的互动情况怎么样? 教师如何引导学生更好地进行思维碰撞? 课堂中创设的哪些环境能支撑学生积极思考?

明确观察内容后,授课教师与观察团队就课堂观察的目标、内容以及量表等事宜进行商讨确定,最终厘清观察要点。

张老师:陈老师,你丰富了教材上的学习素材,每种学习材料的设计都有自己的思考,但不知学生是否能完成这些活动任务。因此,这次我想观察"学习任务对学生的学习是否有促进",在这些方面积累些经验。

陈老师:好的。学生和学习对象的能动对话是师生对话的基础,我在教材基础上改进的这些资源素材是否合理,还真需要验证一下,从而提高我的教材处理能力。

梁老师:我的想法和张老师一样,我们可以通过移动终端记录小组活动的过程,例如拍一些视频、照片等,来更好地观察分析。

朱老师:本节课主要把时间留给学生自主探究、自主讨论和发现,学生在活动过程中的有效互动情况很关键,我想观察一下,可以吗?

陈老师:谢谢朱老师。这节课中学生与学习同伴的差异对话非常重要,希望你能帮我记录哪些互动方式比较有效,为我指导学生活动做参考。

姚老师:为了更好地观察学生互动情况,我们可以在每个合作小组中安排一名观察教师,进行具体的观察记录。

王老师:陈老师,不规则物体的体积测量是一个拓展内容,又采用了小组合作学习的方式,那么教师在其中起到哪些作用呢? 如何指导小组开展研究? 又如何组织小组进行交流互动呢? 我们很想对你进行跟踪观察。

陈老师:是的,本节课的有效评价与时间分配一直是我的困惑,希望你能详细记录各个教学环节所用的时间和行为,为我调整本节课的教学策略提供指导。

艾老师:对于陈老师指导活动的时间,我们可以用秒表,分素材来记录。在典型的教学行为上,我们也可以进行教学片段的详细记录。

讨论后确定观察要点:

本次观察的主题定为:关注学生与学习对象、学习同伴,以及自我的三种对话,学习是否在课堂上真正发生。

张老师:学习任务对学生学习的促进性。

朱老师:学生活动互动的行为研究。

王老师:教师指导学生有效探究。

……

2.策划:设计观察量表

有了有效的观察要点,课堂观察活动得以进一步推进,突破口也就落在了观察量表的设计与使用上。研究表明,要观察课堂,首先必须解构课堂。我们尝试根据课堂观察框架,将观察者分为三个观察小组,分别从课程性质、学生学习、教师教学、课堂文化这四个维度进行观察,以下是团队改进后的观察量表。

观察主题:"三种对话",引领学习走向深入

观察框架:

课程性质维度:学习内容对学生的学习是否有促进? (对话基础)

学生学习维度:学习过程中学生的互动情况怎么样? (对话生成)

教师教学维度:教师如何指导学生有效探究? (对话提升)

课堂文化维度:课堂中创设哪些环境支撑学生积极思考? (对话支撑)

观察表格:

第一观察小组(表 1-4):学生和学习对象能动对话(★张老师、梁老师、郦老师)

观察维度:课程性质

研究问题:学习任务对学生的学习是否有促进?

表1-4 学习任务观察表

观察内容	1.驱动自主探索	2.体验转化过程	3.激发创新思维	4.感受知识联系
学习任务中对资源的处理（删去/增加/整合/区分/拓展/聚焦）				
学习任务与目标的关联度（适合/生成）				
使用学习任务时学生的反应（情感/参与）				

第二观察小组（表1-5）：学生和学习同伴差异对话（★朱老师、姚老师、李老师、阮老师）

观察维度：学生学习

研究问题：活动过程中学生的互动情况怎么样？

表1-5 学生互动行为观察表

观察内容	1.复习引入	2.组内合作（组号）	3.组际交流	4.拓展延伸
互动行为方式（讨论/补充/争辩/提问/合作）				
互动行为过程（时间/人数/对象/结果）				
互动行为习惯（意识/态度/分工/总结）				

第三观察小组（表1-6）：学生和自身的内省对话（★王老师、艾老师、何老师）

观察维度：教师教学(外显)、课堂文化(内隐)

研究问题：教师的指导如何支撑学生有效建构？

表1-6 教师指导情况观察表

观察内容	1.复习引入	2.组内合作（组号）	3.组际交流	4.拓展延伸
指导氛围（环境布置/语言行为/教师特质）				
指导方式（讲解/提问/示范/参与/评价/媒体）				
指导结果（如何获取信息/如何利用信息/生成哪些资源）				

第二阶段 课中观察:分工＋合作

观察者根据活动前制定的观察量表,选择恰当的观察位置、观察角度,采用不同的记录方式记录观察,收集课堂中教和学的重要信息。

1.分工:进行观察布局

每次观察前,要先确定合作观察的伙伴,熟悉课堂的位置,再根据观察目标和感兴趣的问题确定观察位置,分工合作。观察小组在教室的不同位置记录所观察到的课堂关键行为和自己的思考,注意位置的安排要前后结合、点面结合,以备观察团队共同分析。

三个观察小组进入现场后进行布局。第一小组观察的是学习任务的有效性,故选择第一排前面的位置展开拍摄记录。第二小组观察的是学生互动情况,故所选的位置在每个组的旁边。第三组观察的是老师的教学指导,为减少对课堂教学的影响,选择了教室最后一排的位置。总体来说,观察位置的确定既要便于观察学生,又要便于观察上课教师。(图1-40)

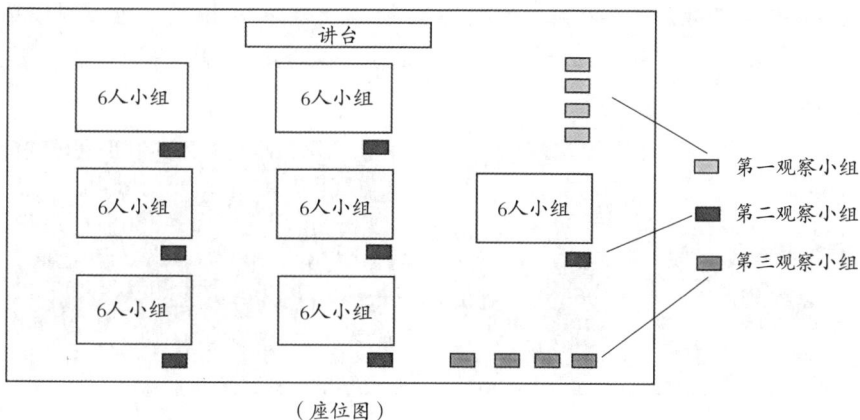

(座位图)

图 1-40

2.合作:开展观察记录

根据课堂观察的四个维度和观察人数,在实践中,按照"一人多责"或"多人多责"的方式进行合作观察与记录。无论观察人数的多少,研究团队都要对四个维度进行有效的观察。在记录教学行为时,一般采用定性与定量相结合的记录方式。

以第三小组(基于教师维度)为例:观察的内容有指导氛围、指导方式和指导结果,从本节课的四个环节(复习引入、组内合作、组际交流和拓展延伸)进行观察。

王老师:我来负责学习任务橡皮泥的观察,主要记录陈老师的指导方式,在"讲解、提问、示范、参与、评价、媒体"等词语中定性选用,可以用片段描述的记录方法。

艾老师:那我来负责学习任务鹅卵石的观察吧。

何老师:铁钉和乒乓球的观察都交给我吧。

徐老师:我就负责陈老师的指导时间记录,可以用秒表进行定量记录。对于指导结果,我还可以设计课后的问卷调查,进行统计分析。

第三阶段　课后反思:分享＋碰撞

基于课堂观察的课后反思,则是形成观察共同体,针对课堂中的实际情况开展有效的专业对话,在此基础上达成共识,并制定后续行动跟进方案的过程。

1.分享:展示观察现象

各个观察小组用视频、照片、图示、语言、表格等形式展示观察到的片段,在分享中进行观察结果的分析。

第一组分享的观察片段:

现象:基于课程性质的第一观察组成员,观察到陈老师将学习素材改编得更丰富,由原先的一个梨到如今可供选择的多种材料,这些材料在统一中有差异。

结果:教师提供给每个小组的橡皮泥、鹅卵石、乒乓球等引起了学生浓厚的兴趣,学生在任务单的驱动下体验体积转化过程,感受知识联系,创造属于自己的数学活动经验。(图1-41)

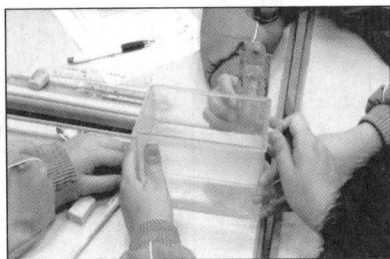
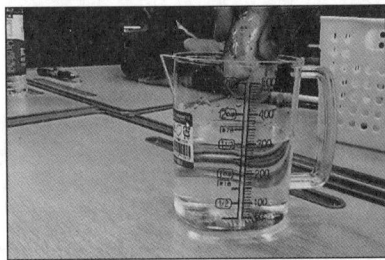

（a）　　　　　　　　（b）

图 1-41

第二组分享的观察片段:

现象:课堂中,陈老师利用多种互动方式,合理地安排了不同互动行为的时间(图1-42),使得师生很好地形成了一个"学习共同体",在教学过程中非常自然地进行了心灵的沟通和精神交融。

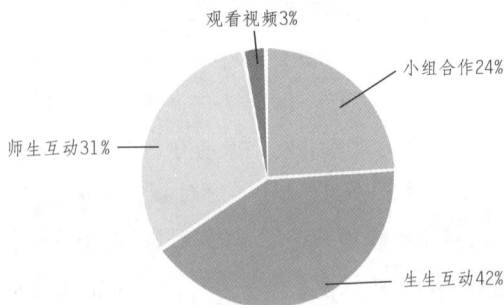

图 1-42

结果：通过观察，基于学生维度的第二观察组在不规则物体的体积探究活动中发现，每个学生都是作为探究发现的主体而存在的，每个人都是相互认识和交流的对象，陈老师不再是特权式的人物，而是与学生平起平坐的一员，教学活动更是老师与学生彼此相互理解、相互接纳的对话过程。

第三组分享的观察片段：

现象：在复习引入环节，陈老师用提问的方式，激活学生原有的长方体、正方体的体积计算知识。在出示学习任务"测量橡皮泥、鹅卵石、铁钉、乒乓球的体积"后，教师就如何"合作"让学生进行讨论，并给出可行的建议，对后续的小组探究起到了有效的前期指导。在探究过程中，教师更是深入参与每个研究小组的研究，进行积极的指导（教师的参与次数和时间记录见图1-43）。在汇报交流阶段，教师利用移动终端，展示了学生研究过程中的片段和现象，及时引导组间展开对话，在思维碰撞中提炼出不规则物体体积测量的方法和策略。在最后的拓展环节中，教师播放微课，激发学生进行新的思考。

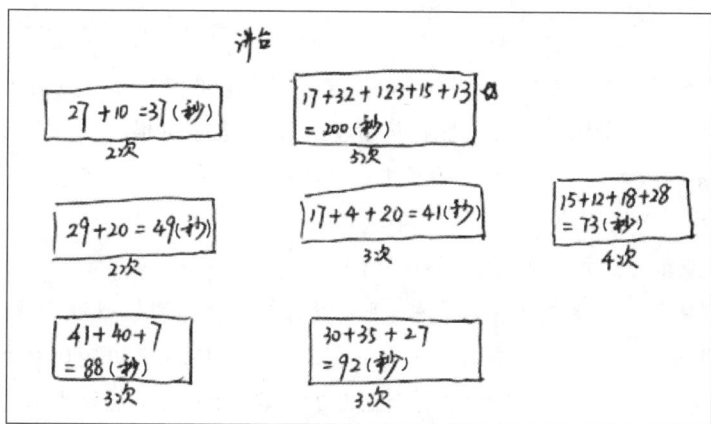

图 1-43

结果：基于教师维度的第三观察小组发现，陈老师用了提问、评价、示范、媒体等多种指导方式，目的是让学生更好地进行自主探索和合作交流。课堂中学生进行独立思考、组内对话、组间对话的时间和空间都非常充分，在思维碰撞中不断进行自主建构。课结束后，问卷调查显示，同学们都非常喜欢《不规则物体的体积》这节课，认为六人小组合作学习的方式对自己的学习很有帮助，老师的提问和指导对自己的学习也很有帮助，并认为陈老师有亲和力，善于启发，讲解清晰。

课后问卷调查:

亲爱的同学！上完《不规则物体的体积》这节课，你一定有很多收获吧！

1. 你对这节课的整体感受是（　　　）

　A. 非常喜欢　　B. 一般　　C. 不太有兴趣

2. 六人小组合作学习的方式对你的学习探究有帮助吗？（　　　）

　A. 很有帮助　　B. 一般　　C. 不太有帮助

3. 在上课过程中，老师的提问或指导对你的学习有帮助吗？（　　　）

　A. 很有帮助　　B. 一般　　C. 不太有帮助

4. 你认为陈老师的数学课堂是怎样的？可多选（　　　）

　A. 有亲和力　　B. 有幽默感　　C. 善于启发　　D. 讲解清晰　　E. 其他：＿＿＿

2. 碰撞:提出观察建议

在观察组分享的观察片段基础上,观察者和被观察者形成观察共同体,聚焦问题,在智慧碰撞中提出后续的改进建议。

（1）促进学生和学习对象的对话。

观察小组成员在观察后发现,其实在课堂中还可以再有一些开放材料,如糖、海绵、沙子等。在探究过程中,可以把材料放在工作台,各小组根据需求选取研究对象和工具,而不是教师分发。这样的安排更有现实性和选择性,可以更有效地达成本课的教学目标。

（2）促进学生和学习同伴的对话。

第二观察组在最后提出一些想法,可以设计多向合作的学习活动,拓宽互动途径。例如,每个小组派出一名同学和其他小组的同学一起,对感兴趣的研究对象进行合作研究,再将研究发现带到组内,进行讨论和分享,加深对不规则物体的体积测量方法的理解和提炼。观察小组还认为,可以设计多种互动形式,促进同伴对话,比如说让学生互看、互说、互评等。

（3）促进学生和自我的对话。

在学生进行组内合作探究任务时,教师通过参与的方式进行指导。在观察小组的统计中发现,教师在不同的组所花的时间和次数都不太一样,建议在这个环节要明确教师也是学习共同体的一员,为学生合作提供协作和帮助。此外,观察小组认为,在最后的组间交流中,陈老师引导的重点应该是创设平等的交流氛围,进行多媒体的直观辅助,让学生更好地在思维碰撞中进行自主建构,积极开展自我对话。

第二章
四条路径，
保障积极对话

在这一章中，我们具体阐述在小学数学课堂上践行"三种对话"的四条路径。

◉ 任务驱动，明确对话目的：生本理念指导，探讨任务设计时的"三阶段、三类型、三策略"；在任务的驱动下，学生与学习对象主动展开对话。

◉ 问题解决，经历对话过程：图式有效干预，探讨激活原有图式促进问题理解，运用图式表征促使问题解决，提升图式水平促使问题反思的有效策略；在问题解决过程中，学生通过对话进行意义探究。

◉ 媒介支撑，营造对话氛围：从学习视角出发，探讨微课设计的主题选择、脚本设计、录制方式、有效使用；在媒介的支撑下，学生能更好地开展对话。

◉ 持续评价，评估对话效果：理解证据收集，探讨贯穿整个单元教学，运用多种方法持续递进地构建评价连续统；在持续的评价中，评估对话是否促进学生深入学习。

第一节 生本理念下的"任务驱动"

任务驱动是为了让学生明确对话的目的,主动与学习对象展开对话。生本理念下的"任务驱动"有哪几个阶段?有哪几种类型?又有哪些策略?在这一节中,我们将围绕数学课堂上的"任务驱动",做一些具体的讨论。

一、生本理念与"任务驱动"

建构主义理论认为学习是一个积极主动的意义建构过程,学生不是被动地接受外在信息,而是根据先前的认知结构积极主动地、有选择地感知、加工外在信息,从而改变和重组原有的知识结构。"任务驱动"符合建构主义的理论,在教学进程的设计上先呈现整体性任务,让学生尝试进行问题解决;在此过程中,学生要自己发现并完成整体任务的子任务,主动调动旧知,自主建构新知,最终在掌握基础知识技能的基础上,使问题得以解决。

维果茨基将学生在借助成人的帮助所能达到解决问题的水平与在独立活动中所达到的解决问题的水平之间的差异称为"最近发展区"。该理论认为对教育过程而言,重要的不是着眼于学生现在已经完成的发展过程,而是关注他那些正处于形成状态或正在发展的过程,学生正是在成人的引导下才逐渐走向独立。这种教学以学生发展为前提的认识与"任务驱动"十分吻合。"任务驱动"更为关注学习过程和个体差异,学生在教师的引导下,逐步发展问题解决能力,提升数学思维水平。

生本理念下的任务驱动,是指在整个教学过程中,教师以完成一个个具体的任务为线索,把学习内容巧妙地设计隐含在任务中,让学生以个体或合作完成任务的方式领会学习的核心内容,自主建构知识;在完成任务的同时,培养学生的创新意识、问题解决能力、自主学习习惯、团结协作精神。具体表现在以下方面:

● 有助于培养学生的问题解决能力。将学习的数学内容都蕴涵在任务之中,学生必须学会发现问题,提出待解决的问题,同时设想解决问题的各种可能方案,并自己探究出解决方法。学生完成任务的过程,是动手实践的过程,也是一个创造的过程,有助于培养创新精神和实践能力,也就是培养问题解决能力,提升数学思维。此外,在解决任务的过程中,教师可以根据实际情况,将几个同学分成一组,一起合作解决问题,分享、交流各自的观点和方法,进行有效的小组合作学习,体现团队协作精神。

●有助于学生主动建构数学知识。教师的教和学生的学都是围绕如何完成一个具体的任务进行的，学生学习目标明确，能更容易地掌握学习内容。任务的设计考虑了数学教学的需求（知识点的落实）和学生学习的需求（思维和行为模式），教材所提供的数学知识不再是教师传授的内容，而是学生主动建构的对象。学生是知识意义的主动构建者，在任务完成后，能获得知识和技能的整体框架；教师是教学过程的组织者、指导者和促进者，引导学生在完成任务的同时，及时归纳梳理，巩固强化数学教学内容。

●有助于解决学生个体的差异性。教师关注学生的个体差异，设计的每一个任务中既包含基本任务，又包含任务的延伸和扩展点，形成一个"任务链"。学生在完成任务的过程中就可以量力而行。数学基础较弱的学生，可以完成基本任务；数学基础较好的学生，可以进一步完成拓展任务。这样每个学生都能在自身的基础上得到发展，获得数学学习的自信心和成就感。

如何设计"任务驱动"？一线教师在理解和运用上容易出现误区，具体表现在两个方面。其一，任务设计思考不到位，只局限于书上的实例，缺乏探究性、创造性和生活性。完成任务时求快，学生在过程中不能发展创新意识，提升解决问题能力；贪多，人为加大任务中隐含的教学内容，造成学生难以消化。其二，对教师的定位不到位，认为教师应尽可能少地干预学生，这样就能体现自主学习的特点，却反而拉大了学生个体之间的差异。对学生关系的理解较含糊，不清楚"任务驱动"的对象可以是学生个体，也可以是几个学生组合成的一个小组，在合作中共同完成任务，能增强合作交流能力。

针对以上问题，生本理念下的任务驱动设计要关注"多维整体架构、多元要素整合、多样特色凸显"，才能在课堂中驱动学生主动与学习对象进行对话。

（一）多维整体架构

生本理念下的"任务驱动"设计需要整体架构。可以从实施的流程阶段、应用类型和操作策略三个维度开展研究：先研究"任务驱动"的流程，有助于教师对各阶段的把握；接着探索"任务驱动"的应用，有助于教师对各类型的选择；最后提炼"任务驱动"的操作，有助于教师对各策略的把握。

（二）多元要素重组

生本理念下的"任务驱动"设计是一个系统工程。对教学系统中的各个要素（教材、教师、学生）进行重组，获取最优化整合。包括：打破教材编排体系，让知识的体系更具有延展性，使得任务具备综合性；重视学生学习起点，让知识的学习更具有针对性，使得任务具备挑战性；扭转教师教学习惯，让学生的知识获得更具有自主性，使得任务具备开放性。

(三)多样特色凸显

生本理念下的"任务驱动"设计要凸显学科特色。在小学数学课堂中,应该构建怎样的任务流程才能有效促进对话?面对不同特点的学习内容,如何逐步丰富任务类型?为了促进有效实施,具体的任务操作策略又是什么?我们在思考和解答的过程中,对"任务驱动"有了全面的把握。

二、具体实施策略

生本理念下的"任务驱动"在具体实施中有"三阶段、三类型、三策略"。

任务驱动的三个流程阶段:任务分析阶段是预热阶段,准确解读,为接下来的解决任务做好准备;任务解决阶段是主要阶段,学生通过自主探索,合作交流,对新知进行意义建构,能力得到提升,体现不同的思维层次;任务总结阶段是关键阶段,梳理拓展,将新知纳入原有认知结构,引发深层次的思考。

任务驱动的三种应用类型:前置任务类型、中心任务类型和后继任务类型。三种类型的侧重点不同,教师对教材内容进行整合重组后,根据需求灵活加以选择,是实际应用中对流程的丰富。

任务驱动的三个操作策略:任务设计策略、任务实施策略和任务评价策略。思考:任务设计时,如何从单元视角分析教学内容,从儿童视角分析学习需求,设计富有挑战性的任务?任务实施时,如何让学生的探索更加有效?教师应该如何发挥指导作用?任务反馈时,如何对任务的完成过程和完成结果进行全面反馈?采用何种形式反馈能促进新知的建构和能力的提升?

(一)任务流程"三阶段"

遵循学生数学学习的过程,课堂上以"任务为主线,学生为主体",在完成任务的过程中促进学生数学知识的自主建构、数学能力的主动发展。(图2-1)

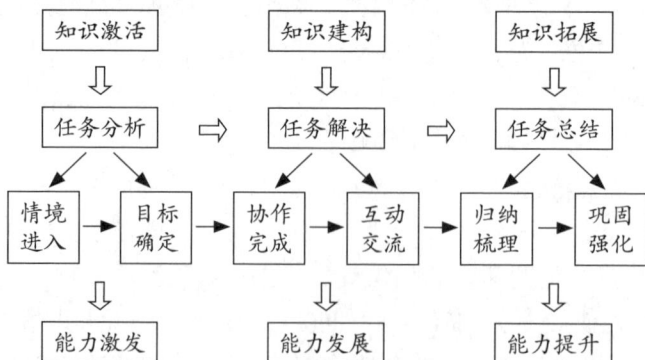

图2-1

以"任务为主线"，教学实施流程分为递进的"三阶段"：任务分析阶段、任务解决阶段和任务总结阶段。具体形成操作的"六步骤"：情境进入，目标确定，协作完成，互动交流，归纳梳理，巩固强化。"学生为主体"，在这一过程中，学生的新知从知识激活到建构到拓展，能力从激发到发展到提升。

教学流程的"三阶段"、"六步骤"如何实施，它们和学生知识建构、能力发展又有怎样的联系？下面以《用周长解决问题》任务为例，进行具体说明。（图 2-2）

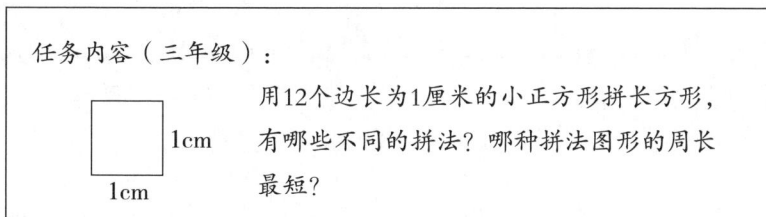

任务内容（三年级）：
用12个边长为1厘米的小正方形拼长方形，有哪些不同的拼法？哪种拼法图形的周长最短？

图 2-2

第一阶段　任务分析

任务呈现后，教师不要急于让学生开始，要给学生一定的时间进入情境：一方面理解任务内容，激活原有知识，对任务产生挑战的兴趣；另一方面对任务有准确的认识，激发自身潜在能力，确定任务目标，为接下来的任务解决奠定基础。在任务分析过程中，教师应引导学生自主解读，面对学生产生的困惑或争议，教师也可以给予适度的点拨。

步骤一：情境进入，知识激活

学生直接面对任务情境，先对任务有整体的了解，再在教师的逐步引导下，深入理解任务：唤醒原有知识，对任务进行自主解读；初步感知新知，激发解决任务的挑战欲望。

1. 整体了解

师：看，要我们完成怎样的拼图任务？拿什么拼？想怎么拼？你能看懂吗？

生：用 12 个边长为 1 厘米的小正方形拼长方形，还要找到周长最短的拼法。

2. 深入理解

师：对于"周长最短"，你是怎么理解的？能用 4 个小正方形来举例说明吗？

生：4 个小正方形有两种不同的拼法，可以运用不同方法计算周长。

原有知识唤醒：直接用长方形、正方形周长公式计算出拼成图形的周长。（图 2-3）

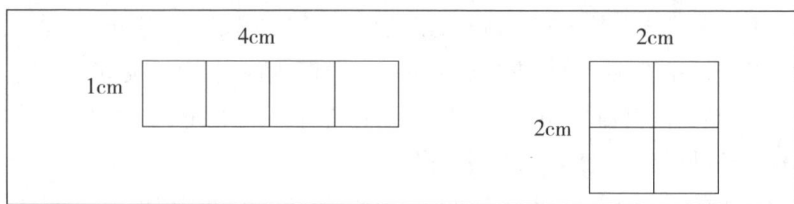

图 2-3

一个长为 4 厘米,宽为 1 厘米的长方形,周长:(4+1)×2 = 10 (厘米)。

一个边长为 2 厘米的正方形(特殊长方形),周长:2×4 = 8 (厘米)。

新知初步感知:周长是封闭图形一周的长度,用 4 个小正方形周长的和减去中间重合的边的长度。(图 2-4)

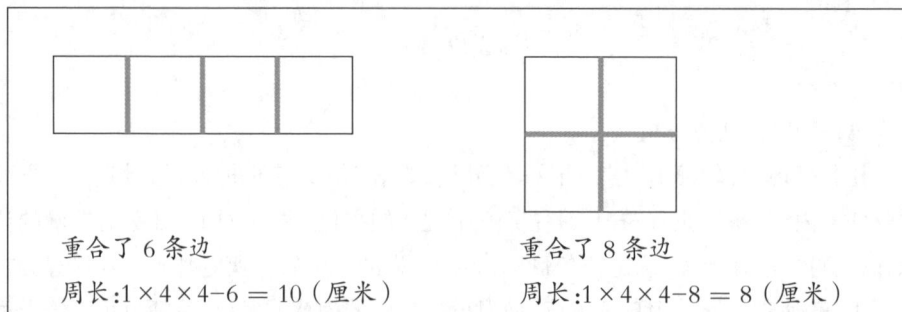

重合了 6 条边　　　　　　　　重合了 8 条边

周长:1×4×4−6 = 10 (厘米)　　周长:1×4×4−8 = 8 (厘米)

图 2-4

这是一个较复杂的任务情境:首先,信息量较大,"用 12 个边长为 1 厘米的小正方形拼长方形","有不同的拼法",还要找到"周长最短的拼法";对于第一学段的学生,教师需要先帮助他们整体了解这是一个怎样的任务。接着,教师以"周长最短"作为切入口,以"4 个小正方形拼长方形"为例,帮助学生深入理解任务,唤醒学生原有知识"长方形、正方形的周长计算公式",初步感知新知"拼图形的规律",激发学生产生进一步研究"12 个小正方形拼长方形"的欲望。

步骤二:目标确定,能力激发

理解了要完成什么任务后,接着要进一步明确该通过怎样的途径去完成任务,这是学生能力的激发过程。师生一起协商,学生调动已有活动经验,自己整理出解决任务的主要步骤。

1. 一起协商

师:明确了要求,想一想:接下去怎么解决这个问题?

生:我们可以自己动手拼一拼,找出所有的拼法;然后用刚才的方法求出图形的周长,就能比较出哪种拼法的周长最短了。

2. 整理步骤

拼一拼:用 12 个边长为 1 厘米的小正方形拼长方形,并将拼法记录在下面的表格中。

算一算:计算拼成的长方形的周长,找到周长最短的拼法。

序号	拼法	周长

想一想:观察表格,发现其中的规律。

周长最短(　　　)厘米。我发现:_____

师生通过一起协商,整理出解决任务的主要步骤是:先操作学具"拼一拼",找到不同的拼法;再选择方法"算一算",找到周长最短的拼法;最后观察图形"想一想",找到拼图形的规律。理清思路后,学生就能顺利进入任务解决阶段。

第二阶段　任务解决

要给学生充分的自主探索空间,鼓励独立思考,寻求不同角度、不同层次的任务解决方法;当学生独立思考遇到问题时,可以同伴协作,互相启发,共同完成任务。学生面对丰富的生态资源,通过全班交流进行整理,比较方法之间的差异和内在联系,逐步进行知识的意义建构。

步骤三:协作完成,能力发展

根据实施步骤,学生开始了自主探索,这种学习方式能发展个体的问题解决能力和同伴的合作能力。

1. 生将成果在小组中交流后,讨论它们是同一种拼法。(图 2-5)

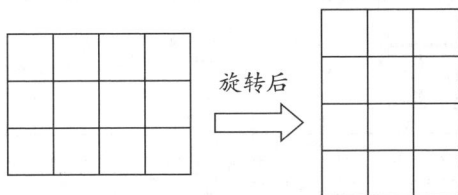

图 2-5

2. 小组合作整理出下面的记录表格,准备全班进行交流。

序号	拼法	周长
1	12cm / 1cm [长条方格]	26cm
2	6cm / 2cm [方格]	16cm
3	4cm / 3cm [方格]	14cm

先进行个体探索:拿出学具袋,学生动手拼一种,在表格中记录一种,并计算出长方形的周长;拼完后,观察表格进行思考。再进行同伴探索:个体探索结束后,将各自的成果在小组内进行交流,补充遗漏的拼法,去掉重复的拼法,交流发现的规律,进一步提炼规律。

步骤四:互动交流,知识建构

组内讨论结束后,各小组派代表到全班进行交流。学生在比较中不断整理,在引导中逐渐清晰,从表面走向结构,最终完成新知的意义建构。

1. 学生的发现指向表面信息:重合的边越多,周长就越短。教师带领学生一起数一数。(图2-6)

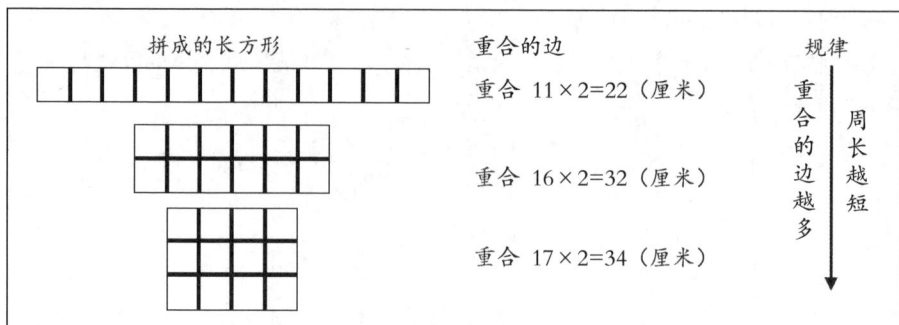

拼成的长方形	重合的边	规律
[长条方格]	重合 11×2=22(厘米)	重合的边越多 → 周长越短
[方格]	重合 16×2=32(厘米)	
[方格]	重合 17×2=34(厘米)	

图 2-6

2. 学生的发现指向结构信息:长方形的长和宽越接近,周长就越短。教师进行课件演示,增进理解。(图2-7)

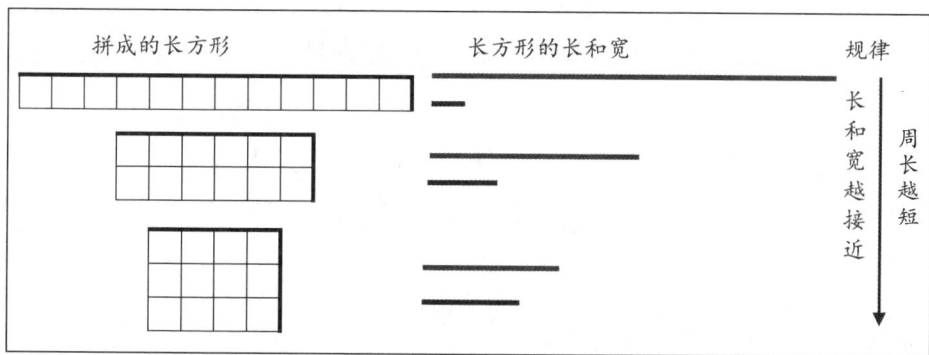

图 2-7

教师在组织全班交流时,第一步展示不同的拼法和相应的周长,确定周长最短的拼法,全班取得共识。第二步利用动态演示,借助图形直观进行观察,不断激发学生深层次的思考,促使学生从表面信息指向结构信息,逐步提炼出"拼图形"的规律,建构新知"长方形的长和宽越接近,周长越短"。

第三阶段　任务总结

回顾任务解决过程,将学生主动建构的新知进行多角度的梳理,适度拓展延伸,获得知识和技能的整体框架;根据学生的学习情况及时设计强化任务,在巩固知识和技能目标的同时,在方法与思维层面得到提升,并获得积极的情感体验。

步骤五:归纳梳理,知识拓展

在新知建构的基础上,打破局限,通过顺向、逆向的归纳梳理,适度拓展新知的外延和内涵;这样多角度的思考,能有利于学生更加整体的把握新知。

1. 顺向梳理

师:如果用 16 个这样的小正方形来拼长方形,怎么拼图形周长最短? 这次我们不动手拼了,想象一下,是怎样一个图形?

生:长和宽都是 4 厘米,是一个特殊的长方形(正方形)的时候周长最短。

师:在这种特殊情况下,当长和宽相等时,就变成了一个正方形,这时周长最短。

2. 逆向梳理

师:还是用 16 个这样的小正方形来拼长方形,怎么拼图形周长最长呢?

生:和刚才的规律相反,长和宽相差越大,长方形周长越长。(图 2-8)

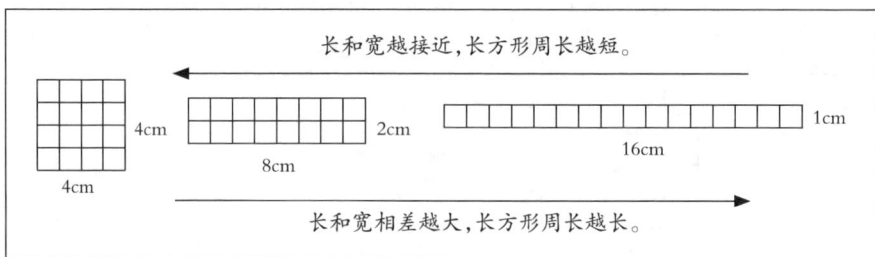

图 2-8

在解决"用 12 个边长为 1 厘米的小正方形拼成长方形"任务的过程中,学生主动建构了"长方形的长和宽越接近,周长越短"的新知。顺向梳理,拓展新知内涵:渗透规律的特殊情况,当长和宽相等时,也就是拼成正方形时,周长最短。逆向梳理,拓展新知外延:反向思考,长和宽相差越大,长方形周长同比越长。

步骤六:巩固强化,能力提升

将任务进行强化,激发学生运用新知解决实际问题的积极性,在巩固新知的同时,进一步促进学生方法与思维层次的提升。

师:超市在国庆期间搞促销,口香糖买 3 送 1。营业员阿姨要把 4 盒口香糖用胶带捆起来,你觉得她怎么捆,最节省胶带呢? 下面有两种捆法,请你选一选。(图 2-9)

图 2-9

生发表观点。

师结合学生回答,用课件演示从三维立体到二维平面的转化。(图 2-10)

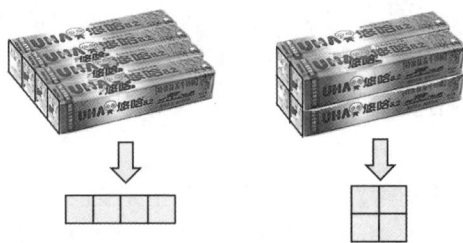

图 2-10

师：将胶带向前平移，移到了底面，看，这样就变成什么了？你会选择了吗？

生：就是今天学习的用4个小正方形拼长方形。拼成正方形时周长最短，所以选2号。

师：看来，今天在拼图形中发现的规律还能帮助我们解决很多生活中的问题。

本次任务建构的知识在生活中可运用于"物体的包装"。但平面图形是二维的，生活中的物体都是三维的，在解决问题时学生需要运用转化的数学思想，将三维变成二维，再灵活运用"拼图的规律"进行积极思考，感受数学知识在生活中的价值。

（二）任务应用"三类型"

基本流程在实际应用中，根据学生学习起点、教学特点的不同，需要将"六步骤"合理地安排在课前、课中和课后进行，可以分为前置任务类型、中心任务类型和后继任务类型。根据任务目标不同，任务类型分为六种典型示例。前置任务类型有两种典型示例：知识预热和探索准备。中心任务类型有两种典型示例：意义建构和思维拓展。后继任务类型也有两种典型示例：解释应用和实践体验。（图 2-11）

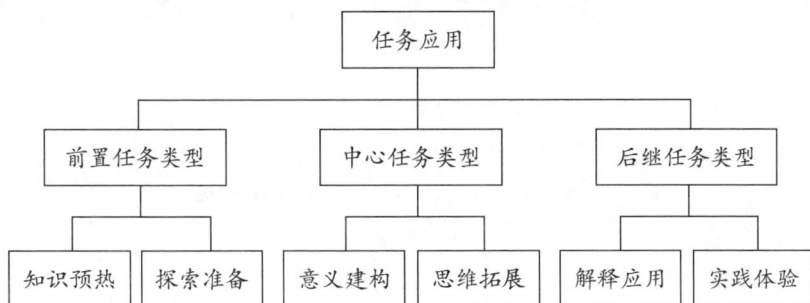

图 2-11

1. 前置任务类型

前置任务类型是任务提前呈现，将教学流程"六步骤"中的前三个步骤放在课前进行，是任务完成的重心；后三个步骤在课内接着进行。根据任务目标，该任务类型包括两种典型示例：知识预热和探索准备。这类任务要提供给学生清晰易懂的任务单,学生一看就明白要干什么(进入情境);任务单上也有清晰的完成步骤(目标确定);学生可以独立或合作地完成任务单(协作完成)。有时候,教师还可以借助微视频帮助学生理解任务内容。

示例一:知识预热

当教学内容中有很多习得性知识和技能,学生完全能独立进行任务时(案例1),或当教学内容和生活联系紧密,需要学生提前收集学习材料时(案例2),可以运用前置性任务类型进行知识预热。

案例1:《圆的认识》前置任务单(图2-12)

> 《圆的认识》前置任务单
>
> 班级:　　　姓名:
>
> 画一画,填一填
>
> 1. 你会用圆规画圆吗?赶快试一试,在下面空白处,画两个不同的圆吧!
>
>
>
> 2. (1)我知道:圆规画圆时,针尖所在的点就是圆的(　　),用字母(　　)表示。圆规两脚尖的距离就是圆的(　　),用字母(　　)表示。通过圆心,并且两端都在圆上的线段叫作圆的(　　),用字母(　　)表示。
> (2)在你画的圆上,标出圆的圆心、半径、直径,并标上字母。
> (3)观察你画的圆,圆心决定圆的(　　),圆的半径决定圆的(　　)。

图2-12

课前三步骤:

(1)情境进入:自己阅读任务单,明确完成什么任务。

(2)目标确定:结合微视频自学教材上的内容,根据任务单的提示操作。

(3)协作完成:独立思考,也可以与同伴合作,填写好任务单。

课内三步骤:

(1)互动交流

画圆典型作品评价,针对学生的困惑"圆太难画了",进行好的经验分享。全班讨论总结:画圆时要固定针尖,也就是圆心的位置,然后将圆规侧过来一些,轻轻旋转一周。对用圆规画圆再次尝试。

校对填空部分内容,对"圆心和半径"的作用,结合学生的作品,全班进行理解:圆心(圆规针尖)决定了圆的位置,半径(圆规两脚尖的距离)决定圆的大小。

师:通过课前预学,大家已经对圆有了一些认识,课内还想研究圆的什么知识?

生：还想研究"圆的半径和直径的特征"，"圆的半径和直径的关系"，"圆在生活中的应用"……

教师归纳学生的问题，梳理出进一步研究的问题。学生在课前预学的基础上对圆展开深入研究。

（2）归纳梳理

对圆的认识运用表格进行整理。

圆心	圆的中心，确定圆的位置
半径	有无数条，都相等。$r=d\div2$
直径	有无数条，都相等。$d=2r$ 直径所在直线是圆的对称轴
其他	圆是轴对称图形，有无数条对称轴

（3）巩固强化

画"$r=3cm$"和"$d=5cm$"的圆，并在圆内标上"圆心、半径和直径"。

用圆的特征解释生活中的现象。

《圆的认识》是人教版数学教材六年级上册的教学内容，其中"画圆"是习得性技能，圆的各部分名称是习得性知识。学生课前结合微视频自学书本，自主完成前置性任务的前三个步骤；并在课内针对前三个步骤的完成情况，进行任务的后三个步骤。课前三步骤习得的知识技能，为课内三步骤的深入研究做好了准备。

案例 2：《百分数的认识》前置任务单（图 2-13 ）

```
            《百分数的认识》前置任务单
                        班级：    姓名：
 想一想，找一找
 1. 写出下面三个百分数表示的意义。
 （1）安装程序已经完成了 14%。
   表示：(                              )。
 （2）面料 65.5% 的羊毛、34.5% 的锦纶，里料 100% 聚酯纤维。
   表示：(                              )。
 （3）A 品牌销售量比去年同期增长 120%，2 月与去年同期比增幅达 24%。
   表示：(                              )。
  2. 生活中，你还在哪里看到过百分数？ 请在下面至少记录两条，并写出
 它们表示的意义。
 （1）信息：(                       )
   表示：(                         )。
 （2）信息：(                       )
   表示：(                         )。
 3. 你认为什么是百分数？ 将你的理解写下来。
```

图 2-13

课前三步骤:

(1)情境进入:自己阅读任务单,明确完成什么任务。

(2)目标确定:收集生活中的百分数,根据任务单的提示操作。

(3)协作完成:独立思考,也可以与同伴合作,填写好任务单。

课内三步骤:

(1)互动交流

师:你找到了生活中的哪些百分数,你认为它们表示什么呢?

学生进行信息交流。

(2)归纳梳理

师:你能用自己的话来说一说什么是百分数吗? 看来百分数是两个量比较的结果,你能用"(　　　)是(　　　)的(　　　)"的句式来说一说吗?

师:哪些百分数比较特别,为什么?

生交流:百分号前面的数可以是小数,100%表示的含义,还有些百分数超过100%。

(3)巩固强化

师:你还收集了哪些百分数信息,和你的同桌用百分数的意义规范地说一说。

师生讨论:根据百分数的意义,你觉得百分数和分数是一样的吗?

生独立练习:选择合适的百分数填空。

《百分数的认识》是人教版数学教材六年级上册的教学内容,其中"百分数的意义"来源于生活,需要借助"生活中的百分数"进行理解和归纳。学生课前通过收集生活中的百分数,自主完成前置性任务的前三个步骤;并在课内针对前三个步骤的完成情况,进行任务的后三个步骤。课前三步骤收集的资料,为课内三步骤的百分数意义的深入理解做好了准备。

示例二:探索准备

当教学内容中探索比重较大,学生在课内探索时间不够时(案例1),或教学内容中的探索需要有一些方法基础,学生又不具备时(案例2),可以运用前置性任务进行探索准备。

案例1：《圆的面积》前置任务单（图2-14）

《圆的面积》前置任务单

班级： 姓名：

拼一拼，想一想

1.将一个纸圆平均分成16份，剪开后，试着将这些圆片近似地拼成已经学过的平面图形，你能拼出几种呢？请贴在下面的方框处。

2.拼成的图形和圆有什么关系？请你在拼出的图形上标一标。

① ② ③ ④

图2-14

课前三步骤：

（1）情境进入：自己阅读任务单，明确完成什么任务。

（2）目标确定：动手拼一拼，根据任务单的提示操作。

（3）协作完成：独立思考，也可以与同伴合作，填写好任务单。

课内三步骤：

（1）互动交流

师：圆能不能转化成其他已学的图形呢？将一个圆平均分成16份，你拼出了哪些已经学过的近似的平面图形？结合直观图，仔细观察，这些拼成的图形和原来的圆有什么关系？什么变了？什么没变？

生展示拼成的图形，依据标注讲解图形之间的关系。

师：你能利用原有的面积计算公式推导出圆面积的计算公式吗？

生用长方形、梯形、平行四边形面积计算公式，进行圆面积计算公式的推导。

（2）归纳梳理

师生将推导出来的圆面积计算公式记录下来：$S_圆 = \pi r^2$

师：我们是怎么推导出圆面积计算公式的？

生：将圆转化为已经学过的图形，形状变了，面积不变，利用已学的面积计算公式进行推导。

师:这种方法叫作"等积变形"。

(3)巩固强化

已知半径、直径、周长,求圆面积。

《圆的面积》是人教版数学教材六年级上册的教学内容,先将圆平均分成16份,拼成近似的已学图形;再发现图形之间的关系,运用已学图形的面积计算公式推导出圆面积计算公式。要完成整个探索过程,学生在图形转化上就要花大量的时间,找图形关系推导公式的时间就往往不够充分了。因此,课前自主进行前置性任务的前三步骤,完成图形转化;保证后三步骤中,圆面积计算公式推导有充分的探索时间。

案例2:《圆的周长》前置任务单(图2-15)

《圆的周长》前置任务单

班级:　　　姓名:

试一试,填一填

1.量出4个纸圆的直径,用滚一滚、绕一绕的方法测量出圆的周长,填入下面的表格。

圆的直径	圆的周长	周长和直径的倍数关系

2.观察表格,我发现:

图2-15

课前三步骤:

(1)情境进入:自己阅读任务单,明确完成什么任务。

(2)目标确定:结合微视频,动手滚一滚,绕一绕,根据任务单提示操作。

(3)协作完成:独立思考,也可以与同伴合作,填写好任务单。

课内三步骤:

(1)互动交流

师:你会测量圆的周长吗? 操作时,你有什么经验向大家介绍?

生上来进行示范。

师:一起看测量结果,为什么结果会不一样?

生:测量时存在误差。

师:但有什么共同点?

生：圆的周长总是直径的 3 倍多一点。

（2）归纳梳理

师：真的有这样的规律吗？我们继续探讨下列问题：

①在正方形里画一个最大的圆（图 2-16），正方形周长比圆周长（　　）。正方形周长是圆直径的（　　）倍，因此，圆的周长一定 < 直径的（　　）倍。

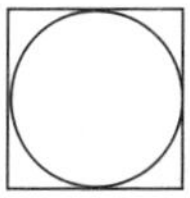

②在圆里画一个正六边形（图 2-17），正六边形周长比圆周长（　　）。正六边形周长是圆直径的（　　）倍，因此，圆的周长一定 > 直径的（　　）倍。

图 2-16

图 2-17

③因此，直径的（　　）倍 < 圆的周长 < 直径的（　　）倍。

师提供圆周率的研究资料，生阅读。将圆的周长公式记录下来：

$C_圆 = \pi d = 2\pi r$。

（3）巩固强化

生独立练习：已知半径、直径，求圆周长。

《圆的周长》是人教版数学教材六年级上册的教学内容，要进行圆周长和直径关系的探索，就需要掌握在直尺上"滚一滚"和用线"绕一绕"的方法，来测量圆的周长。学生结合微视频，课前自主进行前置性任务的前三步骤，学会两种测量的方法，为后三步骤中圆周长计算公式的探索过程做好方法准备。

2. 中心任务类型

中心任务类型是任务在课内呈现，将教学流程的"六步骤"全放在课内完成，需要凸显完成任务的解决过程，体现教师的引导作用时运用。根据任务目标，该任务类型包括两种典型示例：意义建构和思维拓展。

示例一：意义建构

当教学内容中新知的结构较复杂，学生需要经历一个连续的任务解决过程才能掌握新知时，可以运用中心任务类型进行意义建构。

案例：《平均分》

步骤一：情境进入

（呈现任务）12 颗糖除了平均分成 2 份，每份 6 颗，还能怎么平均分呢？请你自己试一试吧！（图 2-18）

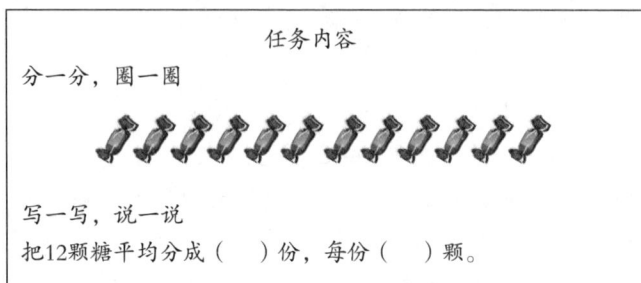

图 2-18

步骤二：目标确定

请你先分一分、圈一圈，再写一写，说一说。想一想，你能画出几种。

步骤三：协作完成

学生自己动手尝试，有困难时可以和同桌小声讨论。

步骤四：互动交流

展示学生的不同分法。（图 2-19）

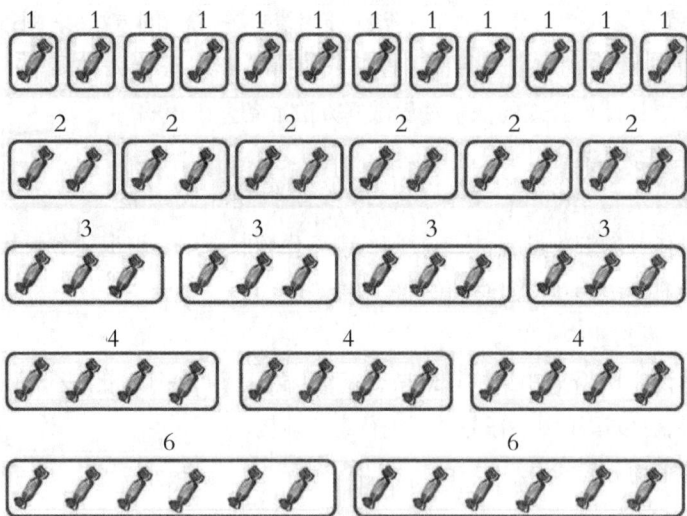

图 2-19

师：想一想，它们都是平均分吗？选择你感兴趣的分法来介绍。

步骤五：归纳梳理

师：分得都不一样，为什么都是平均分呢？

生：因为每份都是同样多。

步骤六：巩固强化

观看视频兔妈妈分胡萝卜。

讨论：

师：兔妈妈两次分得一样吗？

生：第一次知道要平均分给8只小兔，不知道每只小兔可以分几根。

生：第二次知道每只小兔分2根，不知道要分给几只小兔。

师：想一想，它们都是平均分吗？为什么？

生：都是平均分，因为每份都是同样多。

师：是的，第一次知道平均分成几份，不知道每份是多少；第二次知道每份是多少，不知道可以平均分成几份。但是，只要每份同样多，它们就都是平均分，平均分有两种不同的情况。（图2-20）

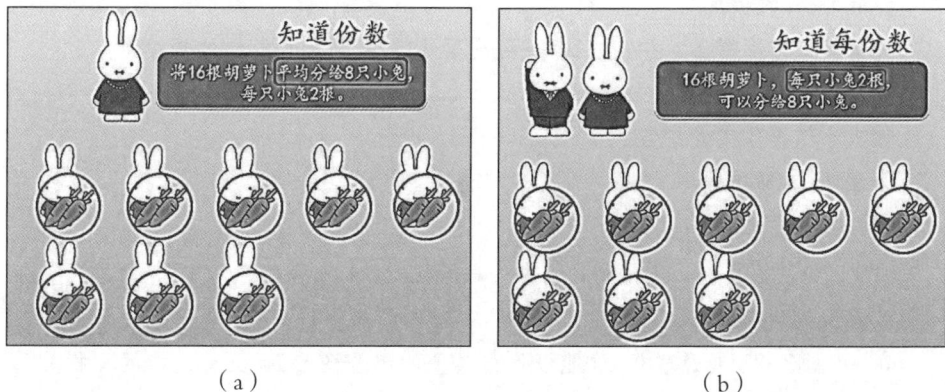

（a）   （b）

图 2-20

《平均分》是人教版数学教材二年级下册的教学内容。"平均分"意义的建构，从概念内涵来看，要建立"每份同样多"的意义；从概念外延来看，"平均分"有"包含分"和"等分"两种情况。在课内经历任务连续的六个步骤，有利于"平均分"概念的完整建构。

示例二：思维拓展

当教学内容是较复杂的思维训练内容，学生独立完成有困难，要在教师的引导下完成任务时，可以运用中心任务类型进行思维拓展。

案例：《圆的解决问题》

步骤一：情境进入

（呈现任务）正方形和圆是什么关系？（图2-21）

任务内容

1. 在下表中的不同正方形中画一个最大的圆,计算并填写表格。

正方形边长	1cm	2cm	3cm	4cm	$a$cm
正方形面积					
圆的面积					
正方形和圆的面积之比					

2. 仔细观察,正方形的面积和圆的面积有什么关系呢?

图 2-21

步骤二:目标确定

先计算正方形的面积和圆的面积;再观察数据后,得出面积比的规律。

步骤三:协作完成

四人小组合作完成任务。

步骤四:互动交流

(1)师生校对图中表格里的数据。

(2)讨论观察得出正方形和内切圆的面积比是"$4:\pi$"。

步骤五:归纳梳理

师:从图 2-21 展开联想,你能设计出其他的组合图形,也具有这样的面积关系吗? 请用草图画一画。

生展示不同作品。

师:我们可以怎么进行设计?

生:等比缩小、等比扩大、等积变形。

步骤六:巩固强化

师:运用找到的规律,能不能帮助我们解决问题? 赶快试一试吧!

(1)右图(图 2-22)中 4 个圆的面积和为 157 平方分米,阴影部分的面积为多少平方分米? (π 取 3.14)

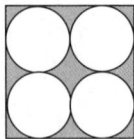

图 2-22

(2)右图(图 2-23)中正方形的边长是 3 分米,求阴影部分的面积。

圆的组合图形面积中,"正方形和它的内切圆之间的面积比"是思维含量较高的教学内容。如何让学生通过自己探索得出它们

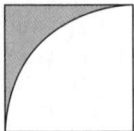

图 2-23

之间的面积关系，同时将"一道题"拓展成"一类题"，让规律具有更广泛的应用呢？需要教师在课内通过任务完成，逐步加以引导。

3. 后继任务类型

后继任务类型是任务延伸到课后，将教学流程的前二步骤放在课内进行，后四步骤放到课外继续完成；后四步骤是重心。当教学内容中有更大的拓展空间时，学生需要更多的时间去完成，且在完成过程中能体现不同的思维水平，获得积极的情感体验时运用。根据任务目标，该任务类型包括两种典型示例：解释应用和实践体验。学生完成任务后，以一份小报告形式呈现，例如研究报告、设计报告、调查报告等，便于后四步骤进行。

示例一：解释应用

需要从数学的角度解释生活中的现象，增进对数学知识的理解，发现数学在生活中的作用，可以运用后继任务类型进行解释应用。

案例：《生活中的圆》

课内二步骤：

（1）情境进入

师生讨论：为什么汽车的轮子要做成圆形？它运用了圆的哪些特征？

画出不同形状的轮胎，结合课件进行分析。用"圆内所有半径都相等"说明圆形轮胎能使汽车在行驶过程中更加平稳。（图2-24）

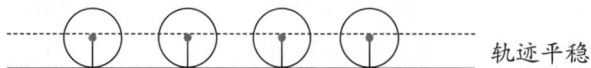
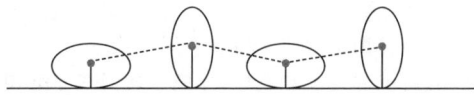
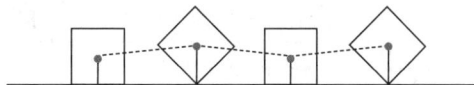

图 2-24

（2）目标确定

自己确定研究的主题，通过观察生活现象，画图进行分析，从数学角度思考运用了圆的什么特征。（图2-25）

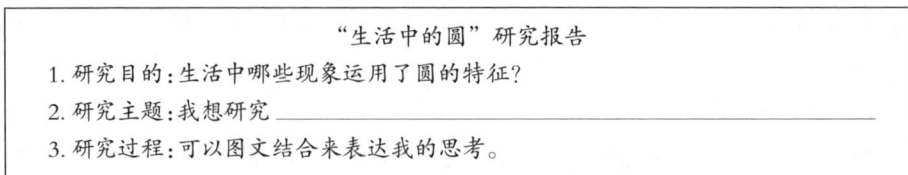

图 2-25

课外四步骤:

（1）协作完成:独立完成,也可以与同伴合作,一周内写好研究小报告。

（2）互动交流:将每个学生的研究小报告贴出来,进行班级小报告展。

（3）归纳梳理:教师评价,学生互评,选出写得好的研究报告,进行颁奖。

（4）巩固强化:写写自己研究后的感受。

人教版数学教材六年级上册《圆的认识》学习后,让学生运用学到的圆的特征尝试解释生活中的一些现象,从数学的角度观察生活,发现圆的特征在生活中的作用,图文结合写出研究的小报告,并进行分享。

示例二:实践体验

学生需要进入生活,开展实践,自主选择、运用所学数学知识解决实际问题,感受生活中处处有数学,可以运用后继任务类型进行实践体验。

案例:《调查学校图书室的藏书量》

课内二步骤:

（1）情境进入:直接呈现任务。

（2）目标确定:实地进行调查,在解决实际问题中灵活运用数学知识。（图2-26）

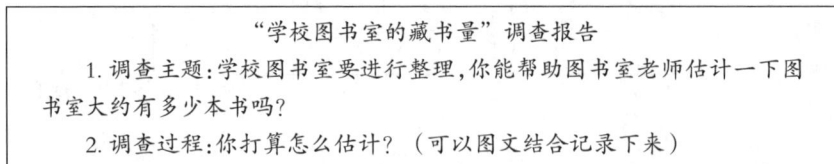

图 2-26

调查结论:根据有关规定,每所学校图书室的藏书量至少应达到平均每个学生20本。请你判断,学校是否达到标准?

课外四步骤:

（1）协作完成:独立完成,也可以与同伴合作,一周内写好调查小报告。

（2）互动交流:将每个学生的调查小报告贴出来,进行班级小报告展。

（3）归纳梳理:教师评价,学生互评,选出写得好的调查报告,进行颁奖。

（4）巩固强化：写写自己调查后的感受。

人教版数学教材四年级上册《三位数乘两位数》学习后，可以开展"调查学校图书室的藏书量"的任务，学生进行实地调查、活动体验，将加深对估算、精算应用的理解，促进计算技能的掌握，感受到生活中处处有数学。

（三）任务教学"三策略"

在实际应用中，从基本流程衍生出特点不同的具体类型，如何在形式的"变"中把握不变的"本质"？提炼出任务设计策略、任务实施策略、任务反馈策略，关注"六大改变"，无论对哪一种教学类型的实施都有指导意义，这才是"任务驱动"的核心所在。（图2-27）

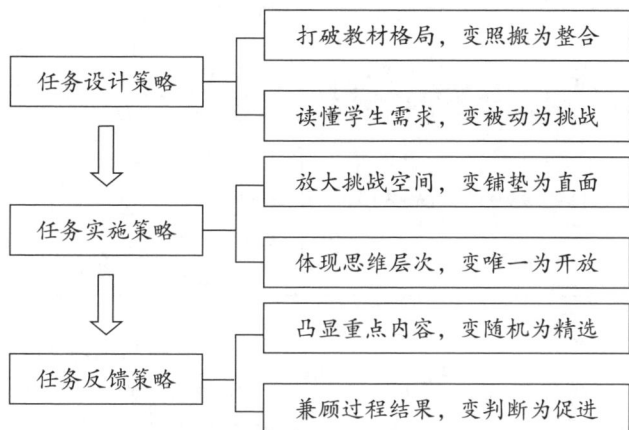

图 2-27

1. 任务设计策略

任务设计要从两个维度去思考问题：一个维度是教材，另一个维度是学生。任务不能脱离教学内容，如何组织教材内容，才有利于学生在完成任务的过程中对知识进行意义建构，思维水平得到提升呢？任务还要符合学生实际，任务是学生去完成的，怎么样的任务能激发学生的兴趣？怎么样的任务能让学生"跳一跳，摘到桃"？因此，任务设计应遵循两条基本策略：打破教材格局，变照搬为整合；读懂学生需求，变被动为挑战。

策略一：打破教材格局，变照搬为整合

任务不等同于教学内容：整体思考，梳理知识发生发展的脉络体系；融会贯通，打破教材格局，对相关内容进行合理加工；让任务真正有利于学生对新知的意义建构。

案例：《真分数和假分数》

《真分数和假分数》是人教版数学教材五年级下册的教学内容，教材上让学生通过先涂色,再观察图,比较分数中分子和分母的大小,引出真分数和假分数意义。学生以前从来没有碰到过假分数,通过简单的涂一涂,比一比,只能"依样画葫芦",对假分数的本质意义——分数单位不断累加,正好取了一个单位"1"或超过一个单位"1",不能准确理解。在任务设计时,我们将教学内容《真分数和假分数》同《分数与除法的关系》整合在一起,设计了"连续分饼"的任务,要求学生将分饼的过程用除法算式表示出来,并将结果写成分数;在观察算式的过程中,了解分数和除法的关系,感受分数单位不断累加的过程,水到渠成地将以前认识的真分数和新学习的假分数联系起来,整体建构分数意义,为后面进一步认识带分数做好铺垫。(图 2-28)

教材上的教学内容

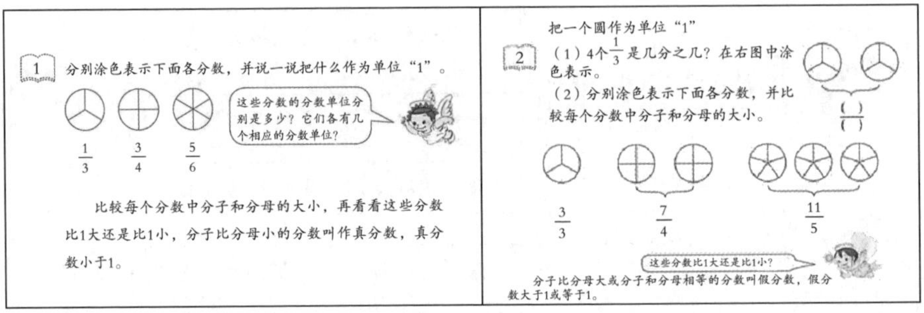

整合后的任务内容

任务内容:

1. 把 ▢ 个饼平均分给4个小朋友,每人分到几个?请你画一画,分一分。

2. 你能用算式表示分的过程吗?请你写一写。

3. 观察算式,你有什么发现?

促进知识的意义建构

$$被除数 \div 除数 = \frac{被除数}{除数}$$

$1 \div 4 = \frac{1}{4}$	1个 $\frac{1}{4}$	
$2 \div 4 = \frac{2}{4}$	2个 $\frac{1}{4}$	真分数<1
$3 \div 4 = \frac{3}{4}$	3个 $\frac{1}{4}$	

$4 \div 4 = \frac{4}{4} = 1$	4个 $\frac{1}{4}$	
$5 \div 4 = \frac{5}{4}$	5个 $\frac{1}{4}$	
$6 \div 4 = \frac{6}{4}$	6个 $\frac{1}{4}$	
$7 \div 4 = \frac{7}{4} = 1\frac{3}{4}$	7个 $\frac{1}{4}$	假分数≥1
$8 \div 4 = \frac{8}{4}$	8个 $\frac{1}{4}$	
$9 \div 4 = \frac{9}{4} = 2\frac{3}{4}$	9个 $\frac{1}{4}$	

( )个 $\frac{1}{4}$ 是 $\frac{(\ \ )}{4}$

图 2-28

策略二：读懂学生需求，变被动为挑战

任务不等同于练习：有针对性的同时还要有趣味性，激发学生的参与热情；有层次性的同时还要有挑战性，关注学生的个体差异，让任务有利于提升数学思维和方法。

案例：《质数和合数的练习》

质数和合数的正确判断一直是学习难点。传统教学设计以反复练习为抓手，大量机械的技能训练，对学生来说缺乏挑战性，往往只是被动操练，死记硬背，容易产生厌烦情绪，而且效果并不理想。当学生碰到一些特殊的数，尤其是超过100的大数时，还是凭借直观感觉进行判断，认为个位是1，3，7的数都是质数，错误率较高。在任务设计时，我们根据学生非常感兴趣的一种游戏，设计了"排地雷"的任务情境，精心选择的典型数就是一颗颗"地雷"，大大激发了学生尝试任务的积极性。排雷时，要从意义出发正确判断质数和合数，难度系数不同，排雷方法不同，通过总结各种"排雷秘籍"，学生在数学思维和方法上得到提升。（图2-29）

习题被动练习

将下面的数填入相应的圈内。

2 361 125 439 91 623 7958 9627 47

质数   合数

练习后批改：361，439，623，7958，9627的错误率都较高，均超过了50%。
学生访谈：100以内可以背质数表。超过100不知道怎么判断，凭感觉。

任务主动挑战

地雷阵

2	361	125
439	91	623
7958	9627	47

排错了，地雷就会爆炸哦！

我们的任务是把所有"质数"排除掉！

排雷秘籍：
（1）_____
（2）_____
（3）_____

学生思维提升

第一关：排除2和47，确定91不用排。排雷秘籍：背100以内质数表。
第二关：确定125，7958，9627不用排。排雷秘籍：用2，3，5的倍数特征。
第三关：确定361，623不用排，439要排。排雷秘籍：巧用"完全平方数"。

图2-29

2. 任务实施策略

任务实施从两个维度思考问题:一个维度是广度,另一个维度是深度。任务要具有挑战性,就得还给学生大空间,教师不要层层铺垫,让学生直面任务。尽管学生在探索过程中会走"歪路""重复路",会出现困惑和争议,但同时也能获得更为深刻的活动体验,自己发现解决问题的有效方法,自主构建正确的数学知识。任务要具有深刻性,就得开放条件,开放方法,开放结果,体现不同层次学生的思维水平,让每个学生都有积极的情感体验。因此,任务实施应遵循两条基本策略:放大挑战空间,变铺垫为直面;体现思维层次,变唯一为开放。

策略一:放大挑战空间,变铺垫为直面

在任务的实施过程中,教师直接呈现任务,鼓励学生大胆猜想和推测,在一次次验证中,不断"试误",不断"纠正",最终探寻出一条正确的途径,有更深刻的活动体验,加深对知识本质的理解。

案例:《3 的倍数特征》

步骤一:情境进入

师:我们知道了"2 和 5 的倍数特征",今天一起研究"3 的倍数特征"。(图 2-30)

任务内容:猜想"3的倍数特征"和什么有关?
下面的百数表可以帮助你验证猜想。

1	2	3	4	5	6	7	8	9	10
11	12	13	14	15	16	17	18	19	20
21	22	23	24	25	26	27	28	29	30
31	32	33	34	35	36	37	38	39	40
41	42	43	44	45	46	47	48	49	50
51	52	53	54	55	56	57	58	59	60
61	62	63	64	65	66	67	68	69	70
71	72	73	74	75	76	77	78	79	80
81	82	83	84	85	86	87	88	89	90
91	92	93	94	95	96	97	98	99	100

图 2-30

步骤二:目标确定

生先猜想"3 的倍数特征"和什么有关,再利用百数表进行验证。

步骤三:协作完成

四人小组共同讨论完成任务:在百数表上圈一圈、写一写。

步骤四:互动交流

师:交流你们的猜想和验证。

（1）猜想:3的倍数特征是否和某个数位上的数有关?

生1:是不是也和个位有关?

生2:我认为不对,"百数表"中的3的倍数个位上0~9都有,找不出规律。

师:看来和2,5的倍数特征不同,3的倍数特征不能看个位,继续猜想。

生3:是不是看其他数位? 比如十位或百位?

生通过举例推翻。

师:脱离"百数表",看千位、万位……行不行?

生仍然举例推翻。

师:你们有什么结论?

生:3的倍数特征,不能只看一个数位上的数。

（2）推测:和哪些数位上的数有关?

师:观察"百数表"中的3的倍数,你有什么新发现?

生:一对对出现的,例如,36和63都是3的倍数,27和72都是3的倍数。

师:真是这样吗? 小组合作,每个组员从自然数"0~9"中任选3个数,先组出所有的3位数,再判断它们是否是3的倍数,最后将4个人的结果放在一起讨论,能否提出新的猜测?

生小组合作探究。师将学生组的数列在黑板上。

数	判断
2，3，7	237, 273, 327, 372, 723, 732 （√）
1，4，6	146, 164, 416, 461, 614, 641 （×）
3，6，9	369, 396, 639, 693, 936, 963 （√）
……	……

生:我们组发现组成的数要么都是3的倍数,要么都不是3的倍数,觉得3的倍数特征和一个数各个数位上的数有关。

（3）进一步推测:和各个数位上的什么有关?

师:其他组同意吗? 为什么有的都行? 有的都不行? 究竟和一个数各个数位上的数的"什么"有关呢?

生:我们发现和一个数各个数位上的数之和有关,如果和是3的倍数,这个数就是3的倍数。

师带领生举例验证:哪个不用计算就知道?

生:3,6,9都是3的倍数,组成的数各位上的数之和也一定是3的倍数。

数之和	判断
2+3+7 = 12	237，273，327，372，723，732 （√）
1+4+6 = 11	146，164，416，461，614，641 （×）
3+6+9 = 18	369，396，639，693，936，963 （√）
……	……

师:和数所在的位置有关吗?

生:没有关系,只要各位上的数之和是 3 的倍数,数字怎么放都行;反过来就都不行。

步骤五:归纳梳理

师生共同总结出 3 的倍数特征是"各位上的数之和是 3 的倍数",在百数表中验证。

步骤六:巩固强化

讨论:为什么和各个数位上的数之和有关?

师介绍"位值原理": $\overline{abc}$ = 99a+9b+（a+b+c）,99a 和 9b 一定是 3 的倍数,所以只要看（a+b+c）,也就是看"各位上的数之和"是不是 3 的倍数,就能准确判断。

师:如果是 4 位数、5 位数,再大的数,结论也成立吗? 课后自己验证一下。

"3 的倍数特征"相对"2 和 5 的倍数特征"而言,比较复杂。一开始就抛出任务"你认为 3 的倍数特征和什么有关? 如何验证猜想是否正确?"学生借助百数表和"0~9"中任选的三个数,不断经历猜想和验证的探索过程,最终自己提炼出正确的 3 的倍数特征,并在教师的引导下,"知其然"还能"知其所以然"。

策略二:体现思维层次,变唯一为开放

在任务实施中:开放方法,学生可以选择不同的策略解决任务(案例 1);开放条件,学生可以确定不同的任务主题进行研究(案例 2);开放结论,学生可以在完成任务后得到个性化的结论(案例 3);体现不同的思维层次,获得积极的情感体验。

案例 1:《学校图书室的藏书量》

方法一(图 2-31):

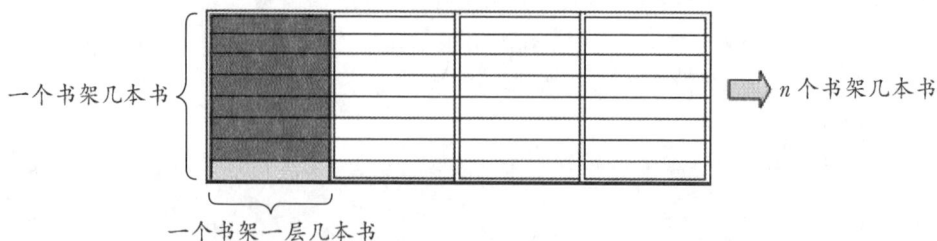

图 2-31

方法二（图 2-32）：

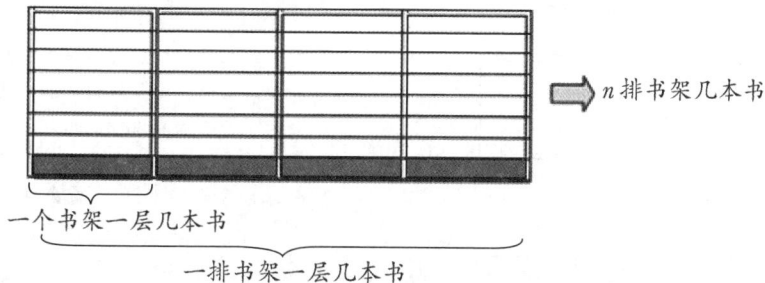

图 2-32

《学校图书室的藏书量》任务实施的方法是开放的，有的学生以"一个书架的藏书量"为统计单位：先数出一个书架一层有几本书，再估计出一个书架大约有几本书，最后乘以书架的数量估计出总共的藏书量。有的学生以"一排书架的藏书量"为统计单位：先数出一个书架一层有几本书，再估计出一排书架一层大约有几本书，最后乘以书架的排数估计出总共的藏书量。在调查的过程中，有的学生还能关注到要再加上没有放在书架上的书。

案例 2：《生活中的圆》

《生活中的圆》任务实施的条件是开放的，学生可以选择不同的主题，有的研究"方向盘为什么是圆的"，有的研究"窨井盖为什么是圆的"，还有的研究"硬币为什么是圆的""人为什么要用圆桌吃饭"……表 2-1 是学生选择不同主题的研究成果，从不同视角说明圆的特征在生活中应用非常广泛。

表2-1　不同主题的研究

学生的示意图	学生的思考
	圆桌每个人夹菜的距离都一样，很方便，方桌每个人夹菜的距离不一样，坐在桌角的人最远。
	圆形方向盘打起来角度一样，很顺手；如果是正方形、椭圆的方向盘，不仅费劲，而且很难控制。

续 表

学生的示意图	学生的思考
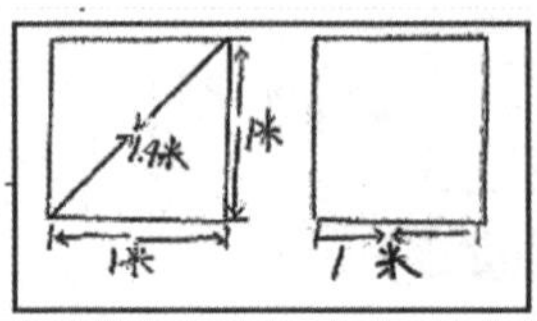	井盖和井口设计成圆形,保证井盖和井口能密封,而且转到任何角度都不会掉下去。如果设计成正方形,左边表示井盖,右边表示井口。当井盖竖起来,且旋转45°时,就会掉下去。
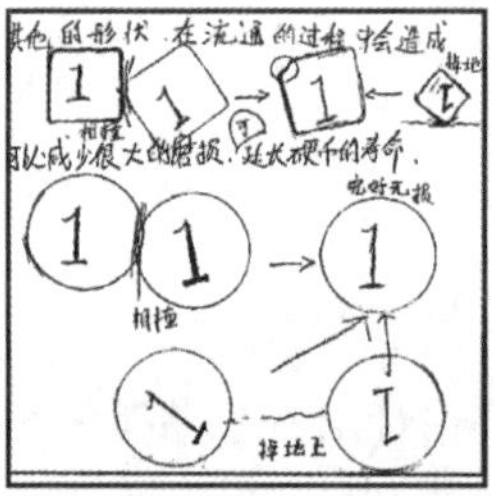	硬币做成圆形,没有棱角,便于携带,在流通过程中减少磨损,延长硬币的寿命。

案例3:《正方形和内切圆的面积关系》

《正方形和内切圆的面积关系》任务实施的结论是开放的:有的从"等积变形"角度出发,将几部分的面积通过图形变换能转化成正方形的内切圆,和正方形的面积比不变;有的从"等比缩小"的角度出发设计,圆面积和正方形的面积同时缩小 n 倍,它们的面积比不变;有的从"等比扩大"的角度出发设计,圆面积和正方形面积同时扩大 n 倍,它们的面积比也不变。表2-2反映的就是学生从不同的设计思路出发,研究正方形和内切圆的面积关系,从中可以看到在开放结论的前提下,学生不同的思维层次。

表2-2　不同结论的研究

学生的设计思路	学生的设计草图
等比缩小:圆面积和正方形的面积同时缩小 n 倍,它们的面积比不变。	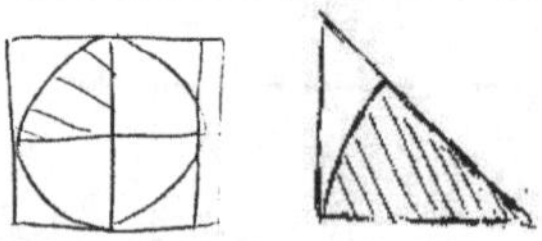
等比扩大:圆面积和正方形的面积同时扩大 n 倍,它们的面积比不变。	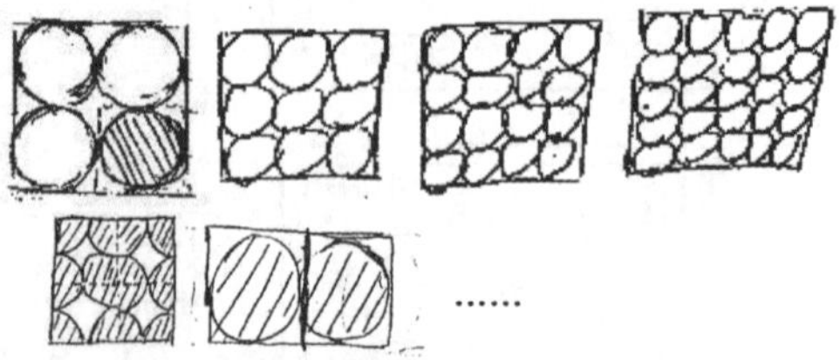
等积变形:新图形和原图形能互相转化,圆面积和正方形的面积比不变。	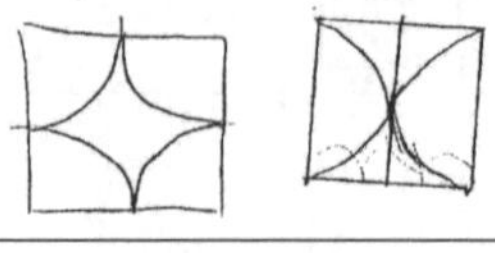

3. 任务反馈策略

任务反馈可以从两个维度思考问题：一个维度是反馈的路径，另一个维度是反馈的内容。任务反馈时需要设计合理的路径，精选学生的典型性学习材料，凸显知识重点和思维过程，调动学生的参与积极性，可以按不同主线"板块式"切入，也可以是核心问题的"递进式"切入。任务反馈时既要关注任务完成的结果，还要关注任务完成的过程，可以设计一些评价量表，来对"任务完成得怎么样，是否通过任务准确进行了知识建构？""在完成任务的过程中运用了哪些方法和策略？""小组合作是否有效，哪里还需要改进？"等方面做出全面评价。因此，任务反馈应遵循两条基本策略：凸显重点内容，变随机为精选；兼顾过程结果，变判断为促进。

策略一：凸显重点内容，变随机为精选

学习材料不能随心所欲，要进行精心选择，具有典型性。学习材料可以来自学生，根据学生的课堂生成情况选择，凸显不同思维层次；也可以由教师提供，侧重查漏补缺，凸显不同知识重点。

前面举例的《3的倍数特征》的任务反馈就是围绕核心问题"3的倍数特征的猜想和验证"，根据学生的课堂生成情况，精心选择了体现学生三个思维层次的学习材料，进行"递进式"反馈：第一层次，猜想3的倍数特征是否和某个数位上的数有关；第二层次，推测3的倍数特征和哪些数位上的数有关；第三层次，进一步推测3的倍数特征和各数位上的什么有关。具体过程前面已经介绍，不再重复。

而《百分数的复习》，任务是不同主线的"板块式"切入，从"概念内容""计算内容"和"解决问题内容"三个板块进行反馈。先是结合前置任务单，进行三个板块的知识梳理反馈；接着，学生可以根据自身困难，选择教师精心设计的学习材料，按三个板块分成三个学习小组，有针对性查漏补缺，教师进行个别反馈。下面具体说明。

（1）知识梳理

根据学生在前置任务单中的整理情况进行分块反馈，理清知识之间的联系，不断完善知识结构。（图2-33）

《百分数的复习》前置任务单

梳理：浏览教材第（　）页到第（　）页，回忆本单元学习了哪些内容。

小组合作，试着在下面表格中分类梳理知识。

概念内容	计算内容	解决问题内容

知识之间有哪些联系呢？你们能画图表示出来吗？

图2-33

（2）查漏补缺

学习本单元的哪些内容你会感到困难？按三部分分成三个学习小组，选择学习材料共同进行查漏补缺。教师进行针对性辅导，先完成的学生也可以参与辅导组内的成员。

概念专项练习列举：

判断：

①甲校女生是全校的45%，乙校女生是全校的45%，两校女生人数一样多。（　　　）

②强强投篮的命中率是120%。（　　　）

③元旦促销，一件商品价格上涨10%，促销结束后又下降10%，现价比原价低。（　　　）

④9月份比8月份增产20%，也就是8月份比9月份减产20%。（　　　）

⑤甲、乙两车同时从 A、B 两地相对开出，3小时后，甲车行驶了全程的62.5%，乙车行驶了全程的 $\frac{9}{20}$，甲车离中点近。（　　　）

计算专项练习列举：

百分数、分数、小数互化

①把百分数化成小数

68%　　　　　　　150%　　　　　　7.5%　　　　　　　0.12%

②把分数化成百分数

$\frac{3}{20}$　　　　　　$2\frac{11}{125}$　　　　　　$\frac{13}{40}$　　　　　　$\frac{4}{15}$

解决问题专项练习列举：

连一连：

①六（1）班有男生20人，女生18人。

女生人数是男生的百分之几？	A　（20−18）÷18
男生人数是女生的百分之几？	B　18÷20
男生人数占全班人数的百分之几？	C　1−18÷20
女生人数占全班人数的百分之几？	D　20÷18
男生人数比女生多百分之几？	E　18÷（20+18）
	F　20÷（20+18）

给没有连线的选项填一个数学问题:(　　　　　　　　　　　　　　　)。

②合唱队有男生20人，_____，女生有多少人？

男生是女生的80%	A　20÷80%
女生是男生的80%	B　20×（1+80%）
女生比男生少80%	C　20÷（1−80%）

男生比女生少 80% 　　　　　　D 20×80%

女生比男生多 80%

给没有算式的问题补一个算式:(　　　　　　　　　　　　　　　)。

策略二:兼顾过程结果,变判断为促进

评价的目的不是判断"好坏",而是为了促进,在全面反馈的基础上,促进知识结构进一步完善,促进解决问题方法策略的总结,促进活动情感体验的自我反思。下面继续以《百分数的复习》为例予以说明。

(1)任务结果反馈:组间评价

小组派代表进行汇报,师请其他小组进行评价。根据表 2-3 对任务结果反馈:关系图整理体现了知识间的哪些联系? 还能怎样完善? 还有不同的整理方法吗? 根据汇报过程是否清晰,结果呈现是否完整,评选出"优秀设计组"。促进百分数单元知识结构的完善。

表2-3　任务结果评价量表

任务结果评价		
组别	汇报过程	结果呈现
1		
2		
3		
4		
5		
6		
7		
8		

备注:每小组一张(很好"★",较好"√",不够好"△")

(2)任务过程反馈:组内评价

每个小组自行评价,根据表 2-4 对任务完成过程中运用的策略方法、活动反思、小组合作,进行具体反馈,促进策略提炼,能力提升,合作精神的激发。

表2-4　任务过程评价量表

任务过程评价
1. 整理知识时运用了哪些方法?
2. 思维图哪些方面设计得较好? 哪些方面还需改进?

续 表

	成员合作（等级：★经常这样　√有时这样　△没有做到）			
组员	责任：承担一项具体的任务，并认真完成。	倾听：当别人发表意见时，能认真倾听，不随意打断别人。	态度：积极参与活动，乐意提供帮助，欣赏别人表现。	规范：听从组长指挥，遵守小组规定，有团队意识。

（3）任务体验反馈：个体评价

每位学生自己评价。围绕问题"整理完百分数的单元知识，你还有什么困惑"，学生根据自身的实际情况，写一篇反思小日记，如表 2-5 所示。这是对任务完成过程中情感体验的个性化反馈。

表2-5　任务情感评价量表

任务情感评价
整理完百分数的单元知识，你有什么新的收获？还有哪些困惑？请你反思几条，写在下面的空白处。

学生困惑列举（图 2-34）：

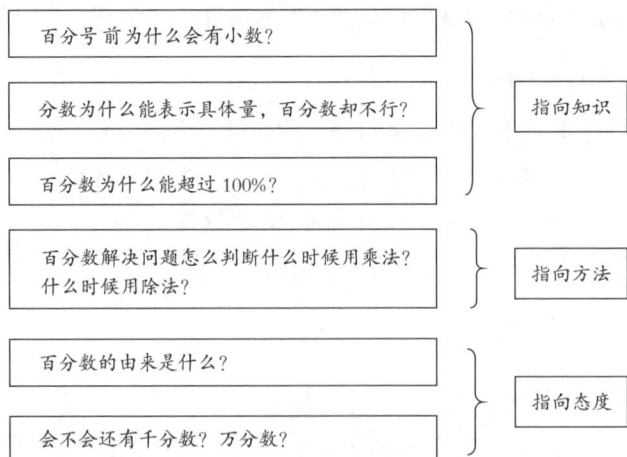

图 2-34

《百分数的复习》中"知识分块梳理"的任务完成情况如何？我们可以设计各种评价量表进行更为准确和全面的评价；评价量表可以作用于任务完成过程中能力的反馈，任务完成后结果的反馈以及学生积极情感体验的反馈。评价形式力求多样，评价主体可以是组间、组内或个体。

三、总结与思考

综上所述，生本理念下的"任务驱动"在教学目标、教学内容和教学方式上有了本质的改变，从遵循"教为中心"的课堂真正走向了研究"学为中心"的课堂。目标更加全面，不再仅仅局限于教师希望的知识点的落实，而是更为关注学生在任务解决过程中数学思维的提升，问题解决能力的培养；全体学生不用跟随教师的脚步亦步亦趋，而是依据学情，提供满足不同层次学生需求有弹性的分层任务。

在学习过程中，教师不再扮演权威的角色，而是充当学生的"顾问"，引导学生自主搭建知识和技能的框架。在任务驱动下，学生主动与学习对象展开对话：富有挑战性的任务内容激发了学生的学习兴趣，促进学生主动探究新知；提倡独立思考、小组合作的任务解决过程，改变了学生的学习方式，促进了学生对知识的意义建构；开放、多样的任务结果激活了学生的学习思维，促进了学生数学能力的提升。

在这一过程中，学生的学习力得到了全面的提升。任务的条件可以开放，方法可以开放，结论可以开放；同时，又提供了充足的探索时间和空间，学生没有被条条框框限制，思维自然就打开了，体现了不同思路、不同层次的思维过程，促进了学生问题解决能力的提升。在任务驱动下，学生学会自主探究，会从不同研究视角提出问题，会用不同的研究方法解决问题，最终呈现出不同的研究成果。在任务驱动下，学生学会与同伴合作，面对富有挑战的任务情境，产生小组合作的需求，激发合作欲望；明确合作目标，小组成员合理分工，共同完成任务，增强合作有效性；用小组合作的评价量表进行评价，培养小组良好的合作习惯。在任务驱动下，任务完成后，学生学会主动进行反思，将学习经验迁移到新的学习中，从多个角度主动提出值得进一步研究的数学问题。

第二节　图式干预下的"问题解决"

"问题解决"是为了让学生经历对话的过程，与学习对象、学习同伴和自我不断进行沟通、分享，进行意义探究。如何运用图式对学生的问题解决过程进行干预，促进问题解决的有效性？在这一章中，我们将围绕数学课堂中的"问题解决"，做一些具体的讨论。

一、图式干预与"问题解决"

问题解决是一系列有目的的指向性的认知操作活动过程。该定义包括三点：一是问题解决具有目的指向性；二是问题解决是一系列的操作；三是这种操作必须是认知操作，也就是说问题解决本质上是一种思维活动。

国内外学者们提出了"知识—过程相互作用模型"，认为问题解决作为一种认知活动或思维活动，它与知识的关系体现在两个方面：一是知识影响问题解决；二是问题解决是知识获得的重要途径。两种关系中，前者受到重视，而后者往往被忽视。研究发现，原有知识在问题解决过程中能被进一步掌握，获得陈述性知识，即图式；同时，在问题解决过程中，学生也能获得特殊的程序性知识，即策略。

图式是从经验抽象出的一种表征，用来理解和应对世界。图式是个体的知识结构，它对输入的新信息进行选择、组织，并将其整合到一个有意义的框架中，以促进对信息的理解。它具有以下特征：一是知识，图式作为一个人所知道的知识存在于记忆中；二是理解力，可以示例化，便于信息意义的解读；三是结构，图式是围绕某个主题有结构地组织起来的；四是概括性，图式作为用于理解输入信息的框架，可以在广泛的情境中使用。

从过程的角度看，策略是目标指向的旨在解决问题的心理操作；从知识背景的角度看，它也构成一种知识，一种特殊的程序性知识。

"图式理论"认为，在问题解决的过程中，从对问题情境的知觉到对问题的理解，再到问题解决方法的获取，都受到图式的影响。图式不仅对问题解决有影响，反过来，问题解决也是获得图式的重要渠道。在解决新问题时，人们会调用有关图式指导问题解决，在问题解决中对图式加以修正，或概括化，或专门化，这样就形成了新的图式。对需要解决的问题的表征是图式与策略关系的中介。如果学习者的图式水平高，表征的深度和广度就大，就会形成专业性强和快捷的策略；如果学习者的图式水平低，就不能准确表征问题，这时就会形成常规策略甚至错误策略。

学生在问题解决过程中经历了理解问题、解决问题和反思问题三个阶段。教师在学生问题解决过程中可以通过图式进行有效干预（通过图式激活，促使问题的理解；通过图式表征，促使问题的解决；通过图式提升，促使问题的反思），从而有效建构知识。这里的知识指的是原有知识在解决问题过程中的进一步掌握，形成新的图式（陈述性知识），也包括其中获得的程序性知识，即策略。

二、具体实施策略

学生的问题解决是一个学习的过程，从应用旧知到建构新知，在这一过程中对原有的知识有了进一步的理解和掌握，形成新的陈述性知识（图式），进一步获得程序性知识（策略）。可以说，这是一个从信息加工到知识获得，最后形成智慧的过程。在教学中，通过图式来干预学生的问题解决过程，具体分为：文本精选，激活原有图式促使问题理解的有效策略；过程渐进，运用图式表征促使问题解决的有效策略；层次重组，提升图式水平促使问题反思的有效策略。

（一）文本精选，图式有效激活，促进问题理解

图式作为一个人所知道的知识存在于记忆中。一个问题提出，学生在对问题的知觉中，已有的图式被激活，这些节点可以来自学生相关的生活经验提取，和已有的数学知识对应，以及唤醒之前学习中形成的思维空间等。已有图式的激活，可以提供相关的知识和意义，帮助学生迅速理解问题。

如何有效激活学生的原有图式，从而促进对问题情境的理解？关键问题在于文本的选取，可以从以下三方面思考：文本的现实元素激活学生原有的生活经验，促进问题情境的理解；文本的组织结构激活学生原有的数学知识，促进问题本质的理解；文本的呈现方式激活学生原有的思维空间，促进问题关系的理解。（图2-35）

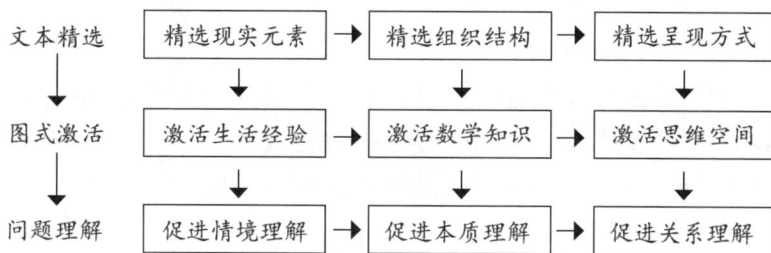

图 2-35

1. 精选现实元素，图式激活促进情境理解

文本中的现实元素构成问题情境。现实元素符合学生的年龄特点，学生就能激活已有的生活经验，从生活认识顺利地过渡到数学理解，有助于后续的问题解决。反之，如果文本中的现实元素与学生的现实差距较大，学生就无法激活相应的生活原型，对问题情境的理解产生干扰，就不能很好地解决问题。下面是《十几减8》的两个教学实例，教师前后采用的文本对现实元素的思考不同，教学的效果也不相同。

实例一：教师的问题情境创设，使用人教版数学教材上的主题图（图2-36）

图 2-36

师:从图中你能看到什么? 能提出一个数学问题吗? 你会解决吗?

生回答。

师:你们说的"4"是怎么得到的? 用小棒代替气球,试着摆一摆。

生解决问题过程,师观察:

(1)学生都能正确列式,并计算出结果为"4"。

(2)在用小棒摆的过程中发现:因为教师事先将小棒10个一捆已经扎好,虽然学生有将"10根小棒打开"的过程,但在摆的时候,大多数学生还是把12根小棒混在一起,一根一根地数出8根。

在解决"十几减8"的问题中,计算的正确性并不是问题解决的重点,理解算理,感受"破十"法的过程才是重点。在实例一的教学中,学生的解决过程(摆小棒来解释怎么算)为什么存在问题? 那是因为在问题情境中,选择的文本是"买风车",而在现实生活中,买风车通常是一个个数了买,不会是先拿出 10 个,再从 10 个中拿出8 个买。这与学生的生活经验完全不符,激活的原有图式对问题理解产生干扰,感受"破十"的过程得不到很好落实。学生图式激活如图 2-37 所示。

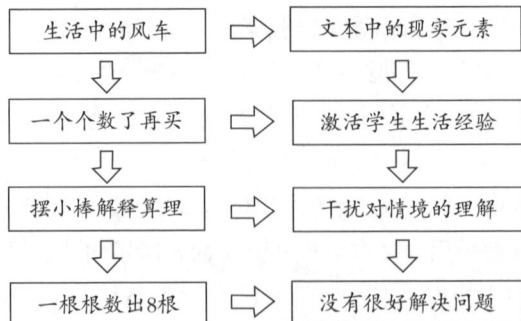

图 2-37

实例二：教师的问题情境创设，替换教材上的主题图（图 2-38）

图 2-38

师：从图中你能看到什么？

生回答。

师：王阿姨想买 8 支钢笔，你能提出一个数学问题吗？你会解决吗？

生提问：还剩几支钢笔？并口答。

师："4"是怎么得到的？想一想，如果你是售货员阿姨，会怎么拿呢？

学生解决过程观察：

（1）学生都能正确列式，并计算出结果为"4"。

（2）说想法的过程中可以看到：有的学生想到一支支拿走，共拿走 8 支（数数）；有的学生想到先从右盒中拿走 2 支，不够再从左盒中拿走 6 支（连减）；还有的学生想到直接从左盒中拿走 8 支（破十）。

在实例二的教学中，使用的文本是"买钢笔"，学生在生活中经常能看到"10 个一盒摆放"的钢笔，这就激活了学生的生活经验。在图式的支撑下，学生加深了对问题的理解，还根据亲身经历进行了信息的自我补充，由此产生了多种算法，在解决过程（说说售货员阿姨会怎么拿）中就能从多个角度来理解算理，充分感受了"破十"的过程。学生图式激活如图 2-39 所示。

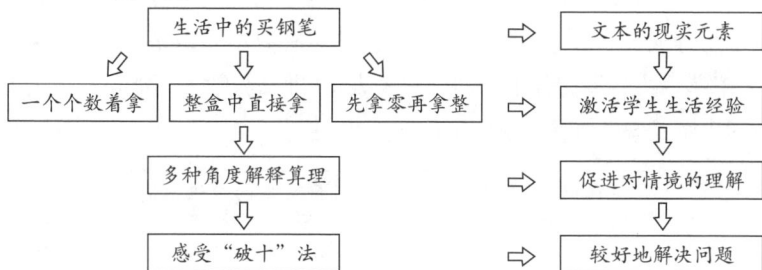

图 2-39

2. 精选组织结构，图式激活促进本质理解

有了文本就需要进行组织，形成问题结构。一个问题至少包括两层结构：一层是问题的表层结构，如问题阐述了什么事情，有哪些信息，要解决什么问题等；另一层是问题的深层结构，如问题属于哪种类型，要用什么数学知识来解决，有哪些条件的约束

等。文本具有良好的组织结构,就能激活学生已有的数学知识,从表层结构迁移到深层结构,促进对问题数学本质的理解,从而帮助问题解决;反之就会停留在表层意义,不能深入认识或错误理解问题,影响问题解决。下面通过两个教学实例,来加以说明。

实例一:《真分数和假分数》

在《真分数和假分数》的教学中,人教版数学教材提供了下面的文本。(图 2-40)

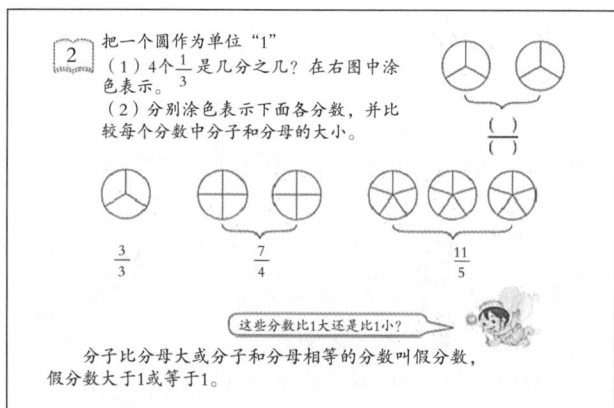

图 2-40

在教学中发现:第 2 小题中,用涂色表示分数“$\frac{7}{4}$”时,绝大部分学生会产生疑惑,认为涂色表示的应该是“$\frac{7}{8}$”。不解决学生的疑问,就无法继续观察分子和分母的特点,并归纳出假分数的特征。这和文本的组织结构是有关系的。教材上所呈现的是静态的图(结果),没有很好地体现文本的深层结构,即:当分数单位不断累加,等于或大于 1 个单位“1”时,假分数就由此产生了(过程)。因此,学生只能看到文本的表层结构——平均分成 8 份,取其中的 7 份,激活的原有数学知识是“分数的意义”,图式产生误导,用熟悉的分母比分子大的分数来表示(即真分数),不能与给出的假分数联系起来。学生图式激活如图 2-41 所示。

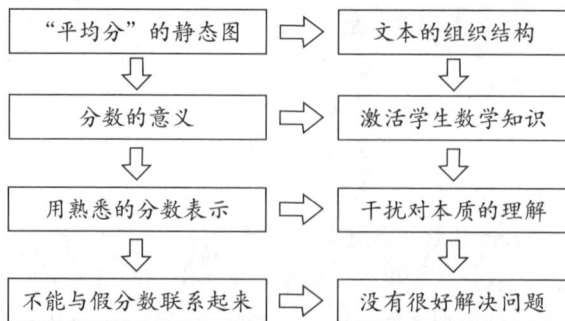

图 2-41

实例二:《乘法问题和加法问题比较》

在《乘法问题和加法问题比较》的教学中,教材提供了下面的文本。

（1）有4排桌子,每排5张,一共有多少张?

（2）有两排桌子,一排5张,另一排4张,一共有多少张?

文本在组织上有良好的组织结构。从问题表层结构来看,两个问题非常相似:都讲了"数桌子"这一件事情,提供的信息中都出现了"4"和"5",都要解决"一共有几张桌子"这个问题。这就促使学生在理解问题时透过表层意义,进一步把握问题的深层结构,激活学生原有的数学知识,利用图式引导思考:第一个问题的类型是"几个几",在前面的学习中已经知道应该用乘法计算解决;第二个问题的类型是"几和几",在前面的学习中已经知道应该用加法计算解决。学生图式激活如图2-42所示。

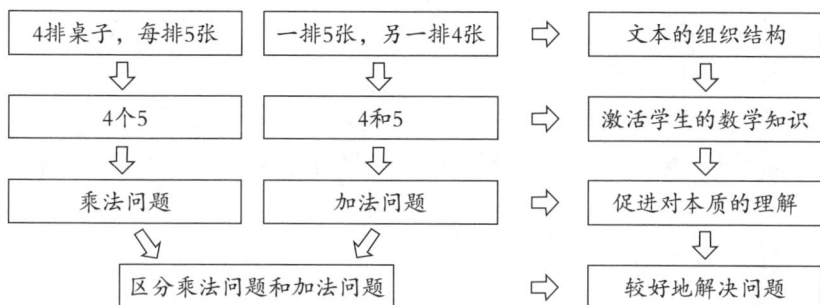

图 2-42

3. 精选呈现方式,图式激活促进关系理解

文本的呈现方式决定问题的空间,问题空间的规模包含问题的难度(垂直复杂性)和开放度(水平复杂性)。问题空间有多大,学生的思维空间就可能有多大,相对应地产生思维的深度和思维的广度。因此,素材的呈现方式能激活学生的思维空间,有效促进问题数量关系上的理解,从而获得更多、更巧妙的问题解决策略。

以下两个教学实例从文本呈现方式激活学生的思维广度和思维深度,下面加以具体说明。

实例一:《连除解决问题》

人教版数学教材五年级上册在《小数除法》单元原来安排了一个《连除解决问题》,文本如图2-43所示。虽然近期教材改版,这个例题不再安排,但这个例题仍有它的讨论价值。连除解决问题最早出现在三年级教材,主要是结合整数乘除法笔算学习,运用两步运算解决问题;五年级继续安排连除解决问题,并不仅仅从整数除法拓展到小数除法,更重要的是借助问题情境,对这类连除解决问题的数量关系再做一些深入的思考。

图 2-43

　　教材中的例题呈现了所有信息,在实际教学中,可以改变文本呈现的方式,如图 2-44 所示,对信息逐步进行呈现。

　　(1)第一次呈现部分信息:出示信息①,讨论哪种奶牛产奶量高?

　　(2)第二次信息补充完整:还需要知道什么? 出示信息②,现在能比较了吗?

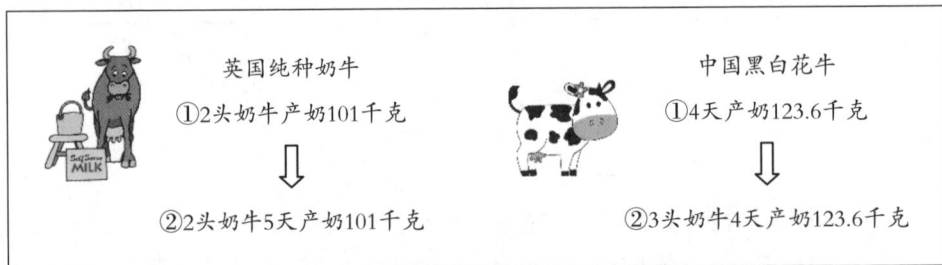

图 2-44

　　为什么要将文本的呈现方式从原来的"一起呈现"变成后来的"逐步呈现"? 这类连除解决问题的解决方法是两次"归一",也就是以前的"双归一"问题。可以发现,直接出示教材上的文本,学生列式计算不是难点,因为在三年级已学过用连除方法解决实际问题,但不少学生出现能列式计算却不能解释思路的现象,只是在套"格式"。将文本逐步呈现后,就能给学生一个缓冲时间,先激活原有的思维空间,是归一问题中的"总量 ÷ 份数 = 每份数";接着在不断补充信息中,逐渐感受到"双归一"问题的总量与两个变量有关系,是"总量 ÷ 份数 ÷ 份数 = 双每份数",为后面多种方法解决问题奠定基础。学生图式激活如图 2-45 所示。

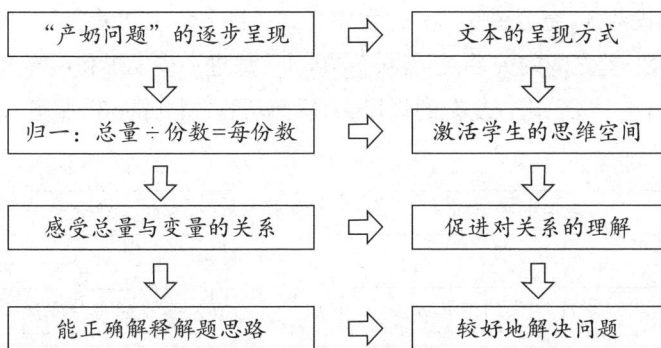

图 2-45

实例二:《十几减 8》

关于《十几减 8》的学习内容,人教版数学教材上有一组提供的文本(图 2-46),引导学生在计算中发现快速口算的规律:"2"加上被减数个位上的数就是计算结果。

图 2-46

在这一课的教学实践中,可以改变文本呈现的顺序:先出示点子图,根据图写出算式,再发现规律。(图 2-47)

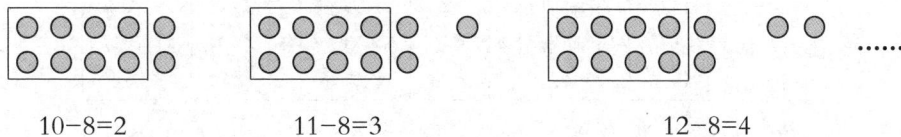

10-8=2   11-8=3   12-8=4

图 2-47

在发现巧算方法的教学中,一般做法是先呈现算式,再进行计算,最后观察发现规律。但在实际教学中,学生很难发现"2+被减数个位上的数 = 结果"这个规律;即使有个别学生发现了,也难以让其他学生留下深刻印象。为此,可以改变文本呈现的顺序,将算式推迟出现,先出现直观的图,激活学生原有思维空间——用"破十"法进行计算。通过图不断地动态变化,算式和得数也相应地发生变化,强化这一过程。接着,将图与算式结合,充分感受这一过程中算式各部分量之间的变与不变,不仅能发现被减数、减数、差之间的关系,还能联系"破十"法进一步发现和理解"2+被减数个位上的数=结果"这样比较复杂的规律,为后面巧算"十几减8"服务。学生图式激活如图 2-48 所示。

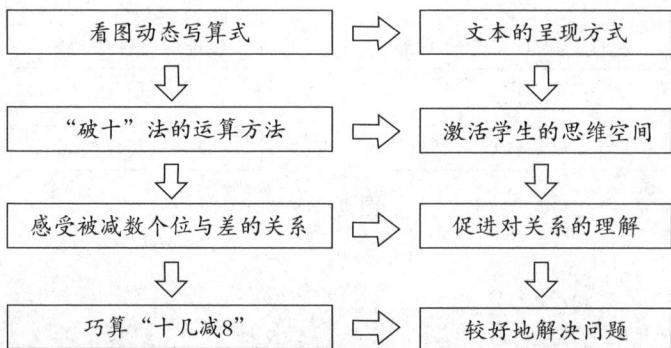

图 2-48

(二)过程渐进,图式有效表征,促进问题解决

每个学生都具备许多原有的图式,这些图式一旦被问题激活,就需要进行正确的选择,通过具体的表征,指导问题有效解决。图式的表征主要体现在:语义转化,对问题中的表面信息进行提取,对隐含信息进行补充,转化成问题框架;样例分析,借助各种形式的直观图来进行示例,找到信息之间的对应关系,寻求解决方法;类型归纳,提取样例经验,对问题进行分类,形成解决问题的新图式(图 2-49)。

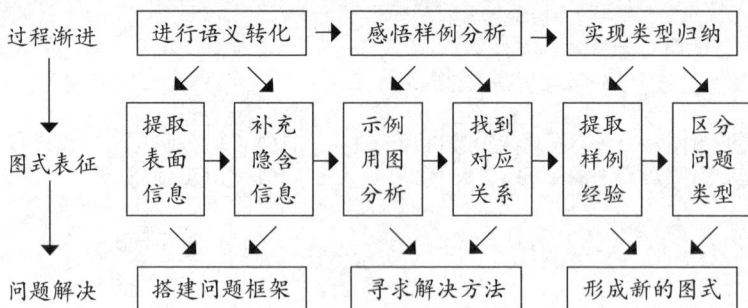

图 2-49

1. 进行语义转化,图式表征搭建问题框架

问题解决的第一步是"知道了什么",图式表征通过对信息意义的解读,即表面信息的提取和隐含信息的补充,与问题相对应,搭建出问题框架。表面信息在提取的过程中要进行"筛选",选择相关信息,排除无关信息;还要通过对表面信息的"预

测"，补充隐含信息，挖掘信息关系，寻找缺失信息。下面举例加以说明。

实例一：筛选、提取表面信息

一年级《排队问题》教学片段：

师：小朋友们，你们去过动物园吗？有些小朋友也打算去呢！瞧，他们排着整齐的队伍来到动物园门口了。他们打算分成四组来活动，第一小组来到了熊猫馆。(视频播放人教版数学教材的情境图，如图 2-50 所示)

图 2-50

师：看了刚才的视频，你知道了什么？(板书：你知道了什么？)

生：小丽排第 10，小宇排第 15。

师：你观察得真仔细，我们一起来看一看，小丽在哪儿啊？(指着屏幕)她说了什么？我们一起来读一读。

学生一起读：我排第 10。

师：小宇说了什么？我们也来读一读。

学生一起读：我排第 15。

师：我们要解决的问题是什么？

生：小丽和小宇之间有几人？

师："之间"是什么意思？

生：就是排在小丽和小宇中间的人有几个。

师：小丽和小宇这两个人算不算？是哪些人呢？

生：不算，是树挡着的那些人。

师：老师把我们知道的写在黑板上。小丽排第 10，小宇排第 15(板书：小丽第 10，小宇第 15)，求小丽和小宇之间有几人，也就是求他们中间被树挡着的这一部分有几人(板书：□，？人)。

在上述教学实例中,可以看到教师在引导学生提取问题的表面信息。结合视频的播放、图像的定格,先选择了和问题相关的信息:小朋友在排队,小丽排在第10个,小宇排在第15个。再通过对"之间"的理解,筛选了和问题无关的信息:小丽和小宇这两个人不算,是求他们中间被树挡着的这一部分人。从而在图式表征中,得到了与问题相对应的框架,如图2-51所示。

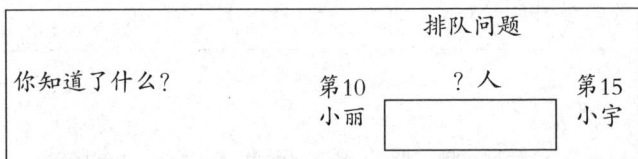

排队问题			
你知道了什么?	第10 小丽	? 人	第15 小宇

图 2-51

实例二:预测、补充隐含信息

三年级拓展活动《等量代换》教学片段:

师:大象是动物园里的体重冠军,小狗、小猪、小兔也在比体重,从图中你能知道谁最重,谁最轻吗?你是怎么看出来的?(图2-52)

（a）　　　　　　　　　　　　　　（b）

图 2-52

生:小猪最重,小兔最轻。天平沉下去这头重,天平翘起来这头轻。

师:你能用一个式子表示第一架天平的关系吗?第二架天平呢?

生:小猪的质量>小狗的质量,小狗的质量>小兔的质量。

师:又来了一只小狗跳上了天平,你发现了什么?你能用一个式子表示它们质量之间的关系吗?又有两只小兔子也跳上来了,你还能发现什么?(图2-53)

（a）　　　　　　　　　　　　　　（b）

图 2-53

生：1只小猪的质量＝2只小狗的质量，1只小狗的质量＝3只小兔的质量。

师：数学上把相等的几个量称为一组等量。从图中，你还能找到哪些等量关系？

生：2只小猪的质量＝4只小狗的质量。

生：3只小狗的质量＝9只小兔的质量。

生：1只小猪的质量＝6只小兔的质量。

……

在上述教学实例中，教师在引导学生从表面信息预测隐含信息。在课件的动态演示中，学生不断挖掘"小猪、小狗、小兔"之间的质量关系，体验了量和量之间的关系从"不等"到"相等"的转变。借助天平直观，学生先是发现了"1只小猪的质量＝2只小狗的质量""1只小狗的质量＝3只小兔的质量"，在此基础上，进一步寻找缺失的信息，从一架天平信息的补充到两架天平信息的补充。在图式表征中，最终形成问题框架。

等量代换

1只小猪的质量＝2只小狗的质量。

1只小狗的质量＝3只小兔的质量。

1只小猪的质量＝?只小兔的质量。

2. 感悟样例分析，图式表征寻求解决方法

问题解决的第二步是"怎样解答"，图式表征时通常将示例用图进行分析，例如使用实物图、表格图、线段图、树状图等；在直观图的帮助下找到已知信息和所求问题之间的对应关系，寻求解决问题的方法。在用各种图式表征分析关系，寻求解决方法时，也要关注不同层次，通常第一学段使用较多的是实物图、表格图，第二学段使用较多的是线段图和树状图，学生对图式表征的理解和使用是一个不断发展的过程。下面举例加以说明。

实例一：操作，实物图直观分析

三年级拓展活动《等量代换》运用实物图表征。

第一步：示例用图分析

（接上）

生：1只小猪的质量＝6只小兔的质量。

师：小猪和小兔没有在一架天平上，怎么得到的呢？我们一起来研究。老师给同学们也准备了一些学具，你可以动手摆一摆。

生：将第一架天平中的每只小狗都换成3只小兔，得到1只小猪的质量＝6只小兔的质量。（图2-54）

（a）　　　　　　　　　　　（b）

图 2-54

生：将第二架天平中的左边增加 1 只小狗,右边就要增加 3 只小兔,得到 1 只小猪的质量 = 6 只小兔质量。（图 2-55）

（a）　　　　　　　　　　　（b）

图 2-55

第二步：找到对应关系

师：两种不同的摆法有没有相同的地方呢?

生：1 只小狗都用 3 只小兔来换。

师：是啊,我们借助了"1 只小狗的质量 =3 只小兔的质量"这样的等量关系,把一种量换成另一种和它相等的量,这个过程我们就把它叫作等量代换。

学生在用实物图动手操作的过程中,借助直观分析,形成共识:两架天平上都有小狗,只要将小狗数量变得一样,就能找到小猪和小兔之间的质量关系。进一步找到解决问题的方法:在换的过程中,要进行"等量代换",即都是用 1 只小狗换 3 只小兔。

实例二：整理,表格图直观分析

二年级数学广角《搭配问题》运用表格图表征。

第一步：示例用图分析

智慧老爷爷的组数游戏：用 1,2 和 3 组成两位数,每个两位数的十位上的数和个位上的数不能一样,能组成几个不同的两位数?

生：先从 3 个数里面选出 2 个数 1 和 2,组成一个两位数,再把个位上的数、十位上的数互换,组成了另一个数。再选出 2 个数 1 和 3,组成一个两位数,把个位上的数、十位上的数互换，又组成了另一个数。最后选出2个数2和3，组成一个两位数，也把个位上的数、十位上的数互换，组成了另一个数。一共能组成6个不同的两位数。

生：先固定十位上的数是1，再把2,3分别放在个位上，和十位上的1搭配，组成12,13这两个不同的两位数。再固定十位上的数是2，把1,3分别放在个位上，和十位上的2搭配，又组成21,23这两个不同的两位数。接着十位上放3，把1,2分别放在个位上，和十位上的3搭配，又组成了31,32这两个不同的两位数。一共能组成6个不同的两位数。

生边说，师边把学生组的数记录在表格里。

第一种：

十位	个位
1	2
2	1
1	3
3	1
2	3
3	2

第二种：

十位	个位
1	2
1	3
2	1
2	3
3	1
3	2

第二步：找到对应关系

师：他们这样摆，你感觉怎么样？

生：很有顺序，很有规律，不会遗漏。

师：第一种方法有什么特点？

生：十位上的数和个位上的数换位置。

师（带领生观察表格）：你能给这种方法取个名称吗？

生：换位法。

师：谁能总结一下第二种方法？

生：每次都是先固定十位上的数，再搭配个位上的数。

师：这样的方法，我们把它叫作固定法。

师：除了固定十位上的数，还能怎么固定？

生：固定个位上的数。

师：这样固定，你能很快报出组成的6个不同的两位数吗？

教师将学生的想法整理在表格里，清晰地展现了解决问题的过程。在教师的带领下，学生结合表格，分析每一种解决问题的思路，提炼出排列问题的两种解决方法是"换位法"和"固定法"，它们的共同点都是"有顺序、不遗漏"。

实例三：对应，线段图直观分析

五年级《连除解决问题》运用线段图表征。

第一步：示例用图分析

英国纯种奶牛:2头奶牛5天产奶101千克,每头奶牛每天产奶多少千克?

师:你会解决吗?

生:$101 \div 5 \div 2$, $101 \div 2 \div 5$, $101 \div (2 \times 5)$。

师:你能看懂吗? 选一种你能理解的方法在线段图上表示出来。

生画线段图。

第二步:找到对应关系

师展示学生画的线段图,图、式对应理解前两种方法中算式的每一步意义。(图2-56)

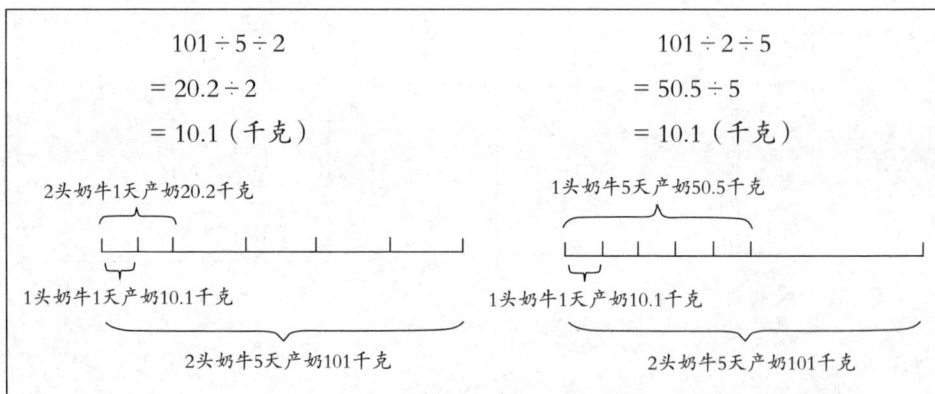

$$101 \div 5 \div 2$$
$$= 20.2 \div 2$$
$$= 10.1 （千克）$$

$$101 \div 2 \div 5$$
$$= 50.5 \div 5$$
$$= 10.1 （千克）$$

图 2-56

师:算式很相似,但是解题思路一样吗?

生结合图做出解释。

师:第三种方法与众不同,这里的"2乘5得10"表示什么意思呢? 你能从刚才我们画的线段图中找到"10"吗?

生:这里1份表示1头奶牛1天的产奶量,一共有这样的10份。

师:是的,2头奶牛5天,就可以假设为是1头奶牛10天或者是10头奶牛1天的产奶量。这是数学上很重要的方法,叫作假设法。

连除解决问题的难点是对算式表示的数量关系的理解,画线段图,不断"平均分"的过程中,图与算式一一对应;感受到连除问题解题思路的"不同",不是仅仅将算式中的除数换一下位置就可以了,它们"形似而神不似";第三种解题思路则是在线段图的对比中沟通三种解题思路的"同",都是"平均分成了2×5份",巧妙渗透了假设法。

实例四:流程,树状图直观分析

四年级《速度、时间、路程》运用树状图表征。

第一步：示例用图分析

（1）某个雨天，王叔叔从A地驾车到B地送货，早上7时从A地上高速，中午12时能从B地下高速吗？你能帮他解决问题吗？

高速信息如图2-57所示。

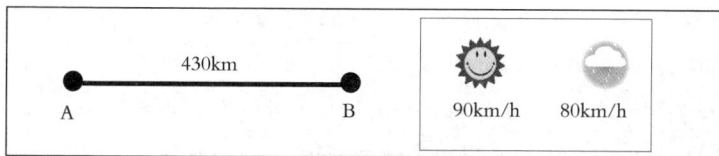

图2-57

（2）在获取信息的基础上，师生共同画出解决问题的树状图。（图2-58）

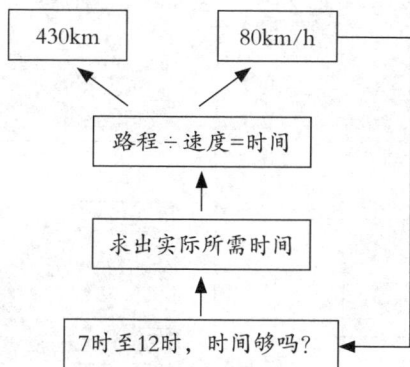

图2-58

第二步：找到对应关系

师：在解决问题的过程中，我们运用了什么数量关系？

生：路程 ÷ 速度 = 时间。

师：如果这天是晴天呢？

生：速度用90km/h。

师：王叔叔早上7时出发，大约几时能到？

生：1时左右。

师：如果问题改成求速度呢？求路程呢？

生：路程 ÷ 时间 = 速度，时间 × 速度 = 路程。

树状图的特点是从问题出发，一直往上倒推到已知的信息，形成主干和分枝。树状图运用在较复杂的行程问题中，能帮助学生理清解题思路，就像一个操作的流水线，信息被一个个填充到相应的位置，迅速找到解决问题的方法。

实例五:层次,图式图逐步发展

一年级《8和9用数学》中回顾图式图的发展过程:

师:同学们回忆一下,我们前面也学过用加、减法解决问题,你还记得吗?（出示人教版数学教材的图）以前我们是在实物图上分析,用实物图帮助我们解决问题,慢慢地变成了用有符号的图,最后就是用今天这样有文字的图了。（课件逐步展示从实物图到线段图的雏形,再到简单的树状图）

师:同学们有没有发现,左边一列的图都是告诉我们一共有多少,去掉一部分,求剩下的一部分是多少,所以都是用减法计算;而右边一列都是把两个部分合起来求总数,所以都是用加法计算。（图2-59）

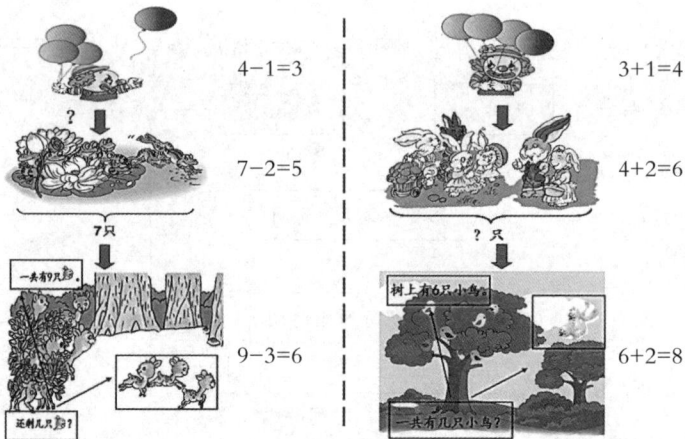

图 2-59

通过这样的回顾,学生感受到图式图在学习的过程中在逐步地变化,变得越来越抽象,越来越具有"数学味"。学生在"串联"的过程中,逐步抽取出数学问题的结构:部分 + 部分 = 总数,总数 − 部分 = 部分。

3. 实现类型归纳,图式表征形成新的图式

问题解决的第三步是"解答得怎么样"。图式表征通过比较几个样例问题的解决程序,以样例问题特征的相似性寻求解决一类问题的办法,具体可以包括提取样例经验和区分问题类型。提取样例经验需要让学生接触同类问题中的变式问题,感悟其中的"变"与"不变",体会问题类型的特征;区分问题类型则要让学生把这类问题置于生活背景中,体会问题类型的实际运用,形成新的解决问题的图式。下面举例加以具体说明。

实例一:变式,提取样例经验

三年级拓展活动《等量代换》教学片段:

步骤一：变问题（图2-60）

师：三种小动物中，小猪是体重冠军，它可得意了，它又找来了小羊、小牛来比体重。你们可以提什么问题呢？

生：1头牛的质量等于几只羊的质量？

师：同学们提的问题很不错。老师把你们的问题变得更有挑战性，变成"2头牛的质量等于几只羊的质量"，这个问题你能来挑战一下吗？请你自己想办法解决，同桌两位同学互相讨论。

生解释等量代换过程，教师进行课件演示。

师：看来我们只要知道"1头牛的质量等于几只羊的质量"，就能解决了。

步骤二：变条件（图2-61）

师：还想继续挑战吗？老师这儿还有一个问题，请你挑战。还少了什么？现在你能解决了吗？请同学们思考一下，可以怎么替换呢？

生：用1只半猴子去替换1只猪。

生：我觉得在现实生活中不太可能用半只动物去换的。

师：有没有更好的替换方法呢？

生：我想到了！把2只猪看成一组，3只猴子看成一组，一组猪替换一组猴，就能解决了。

师：看来，我们在找等量关系替换的过程中，也可以用巧办法。但不管怎么换，都要找到一组等量关系，把原本没有直接关系的两个物体联系在一起。

图 2-60

图 2-61

教师在原有例题上，提供了不同的变式，通过变问题，变条件，学生对等量代换的过程有了更丰富的认识和体验：无论怎么变，等量代换要遵守的原则都是"等量"才能代换；将典型问题进行一定的改变后，针对问题的特点，还可以形成一些代换技巧，例如整组代换等。

实例二：运用，区分问题类型

五年级《植树问题》教学片段：

师：我们研究了排队、锯木头、植树，像这样特殊的除法解决问题，数学上称为"植树问题"。在生活中你们看到过这样的问题吗？属于植树问题的哪种类型？又该怎么解决呢？

生举例：路灯安装、课桌摆放、插彩旗……

师：老师也找了一些，请你们来判断。

课件演示（随着学生判断，附上线段图）。（图 2-62）

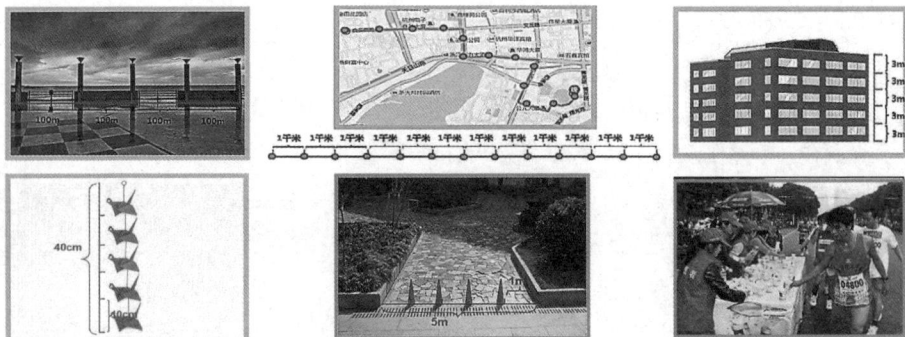

图 2-62

将数学问题拓展到生活中，运用植树问题的解决方法解决生活中的实际问题。学生经历了这样的解决过程：首先判断和植树问题有没有联系？接着区分属于植树问题的哪种类型？再进一步将生活中的事物和植树问题中的"棵数""段数""总长度"等一一对应；最后，找到求其中某个量的关系式，进行计算。由此，学生形成了新的植树问题解决图式（图 2-63），能应用到更为广泛的问题情境中。

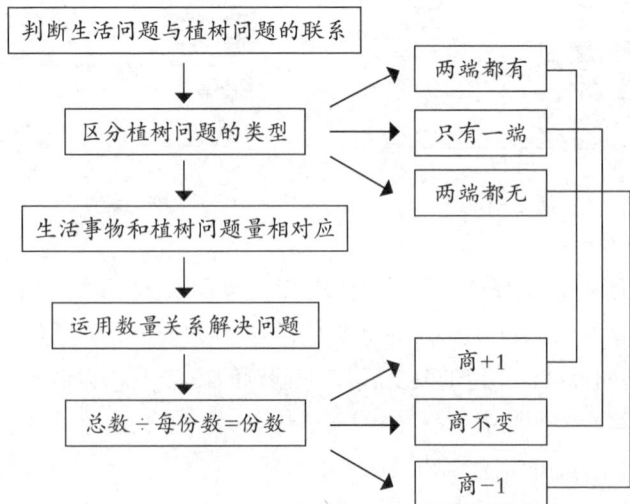

图 2-63

（三）层次重组，图式有效提升，促使问题反思

在问题解决的过程中，旧知得到了应用，新知得到了建构。教师引导学生沟通旧知与新知的联系和区别，促使对问题进行反思，学生能将知识按层次组织起来，使新产生的图式概括性更强，对解决这类问题更具有指导性。通过反思，我们还可以看到，解决问题能力强的学生，形成的图式水平高，在下一次问题解决中会使用更为灵活的策略；而解决问题能力弱的学生，形成的图式水平低，在下一次问题解决中仍会使用较为常规的策略。因此，要通过提升学生的图式水平，促使学生获得更为"智慧"的策略。（图 2-64）

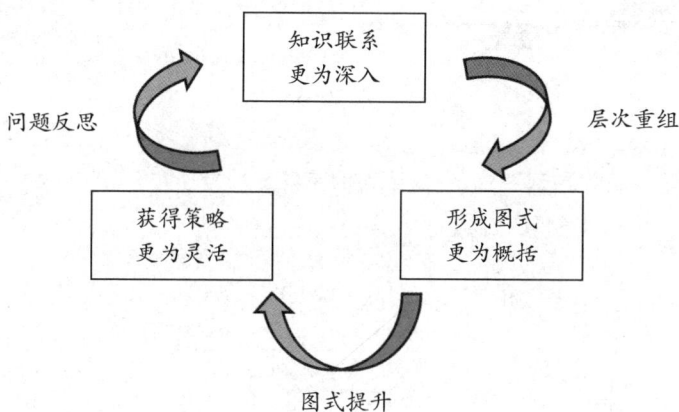

知识联系
更为深入

问题反思　　　　　　　　　层次重组

获得策略　　　　　　　　形成图式
更为灵活　　　　　　　　更为概括

图式提升

图 2-64

1. 指向结构：知识联系更为深入

新问题解决后，引导学生追溯以往学过的类似问题，比较新、老问题。在比较时，不能仅仅关注问题的表层信息，更要重点关注问题的深层结构；新、老问题在结构上有什么相同处和不同处，在结构上又可以有哪些进一步的变化和发展？学生通过比较，将知识按层次组织起来，形成新的认知结构。

实例一：纵向对比，结构纳入

三年级拓展活动《等量代换》教学片段。

师：如果把猴用正方形来代替，把猪用三角形来代替，把牛用圆形来代替，我们就可以得到两个等式：□＋□＋□＝△＋△，△＋△＋△＋△＝○。那么，○＝（　　）个□。这样的问题我们以前碰到过吗？你是怎么思考的？

生解释。

师：其实和在天平上摆一摆是一样的道理，都是运用等量代换来解决问题，只不过形式不同。（图 2-65）

$$\square+\square+\square=\triangle+\triangle$$

$$\boxed{\triangle+\triangle} + \boxed{\triangle+\triangle} = \bigcirc$$

$$\boxed{\square+\square+\square} + \boxed{\square+\square+\square} = \bigcirc$$

? 只猴子 $\bigcirc=（6）个\square$

图 2-65

师：接下来请你再试一试，完成下面的练习。

求出 $\bigcirc$、$\triangle$、$\square$ 所代表的数。

（1） $\triangle+\square=240$

$\triangle=\square+\square+\square$

$\triangle=?$

$\square=?$

（2） $\bigcirc+\square=91$

$\triangle+\square=63$

$\triangle+\bigcirc=46$

$\bigcirc=?\ \triangle=?$

$\square=?$

在上述实例中，教师将本节课学习的等量代换问题与原来接触过的填数问题巧妙进行沟通。学生在解决"$\bigcirc=（\quad）个\square$"的过程中，感受到两种问题的问题结构是一样，因此解决的方法也都是一样的。在此基础上，进一步用等量代换的思路解决较复杂的填数问题。在这个纵向对比过程中，学生的认知结构得到了层次重组，将旧知"填数问题"纳入新知"等量代换"之中。

实例二：横向对比，结构发展

五年级《连除解决问题》教学片段。

片段一：连除问题（双归一）和连乘问题（归总）对比

师：把刚才我们解决的这道问题的信息放到表格里。

师：仔细看，还是这 4 辆卡车，但次数变成 6 次，那么你觉得什么会变呢？什么没有变呢？

生：总量变了，一辆卡车一次运的量没变。

师：现在要求总量，你会吗？

总量 / 吨	车数 / 辆	次数 / 次	1 辆卡车 1 次运土量 / 吨
67.2	4	3	5.6
?	4	6	5.6

生：4×6×5.6= 134.4（吨）。

师：那么它的每一步表示什么意思呢？（出示线段图）这是个连乘问题，和我们今天研究的连除问题的思考过程正好——相反。

师：又变了，还是这样的卡车，车数变成 2 辆，运的次数变成了 5 次。什么没变？结果是多少？请你口答。

总量 / 吨	车数 / 辆	次数 / 次	1 辆卡车 1 次运土量 / 吨
67.2	4	3	5.6
?	4	6	5.6
?	2	5	5.6

生：2×5×5.6= 56（吨）。

片段二：连除问题和连乘问题组合成较复杂的问题

师：观察这张表格中，什么在变？那么总量是随着什么的变化而变化的呢？

生：总量随着辆数和次数的变化而变化。

师：什么没变？

生：1 辆卡车 1 次运土量没变。

师：是的，始终是这样的车。在数学上我们可以用一句话来代替，一起读：照这样计算。

总量 / 吨	车数 / 辆	次数 / 次	1 辆卡车 1 次运土量 / 吨
67.2	4	3	照这样计算
?	4	6	
?	2	5	

师：注意看，老师现在把信息重新组合了，我把两个问题合在了一起，这个问题是不是变复杂了？这个问题留给大家课后去思考，继续研究。

> 4 辆同样的卡车，3 次一共可运土 67.2 吨。照这样计算，2 辆这样的卡车，5 次一共可以运土多少吨？

上述教学片段中，教师引导学生将连除问题和连乘问题进行沟通，让学生明白两种问题类型在结构上都是一个量随着另外两个量的变化而变化；不同的是思考过程正好相反。教师还将两种类型的问题进行了组合，形成较复杂的问题，为学生后期的学习做铺垫。在这个横向对比过程中，学生的认知结构得到了层次重组，将"连除问题"和"连乘问题"发生关联，并进一步发展成较复杂的问题结构。

2. 不断提炼:形成图式更为概括

知识结构形成的同时,新图式也在不断的提炼之中,在原有的基础上更为概括,更加体现数学本质;图式水平的提高进一步加强对问题的表征,指导学生对问题的解决。

实例一:由此及彼,凸显本质

三年级数学广角《搭配问题》教学片段:

生用图表示两种不同的搭配过程(圆形代表上衣,三角形代表裤子)(图2-66)

(a)   (b)

图 2-66

师:先看图(a),1件上衣可以搭配3种裤子,2件上衣就有2个3种,3件上衣呢？4件上衣呢？78件上衣呢？发现了什么？

生:有几件上衣,就有几个3。

师:这里的"3"表示什么？

生:1件上衣搭配3条裤子。

师:再看图(b),1条裤子可以搭配2种上衣,2条裤子就有2个2种,3条裤子呢？4条裤子呢？48条裤子呢？你发现了什么？

生:有几条裤子,就有几个2。

师:这里的"2"表示什么？

生:一条裤子搭配2件上衣。

师:看下面的表格,有什么不同之处？有什么相同之处？

过程	不同	相同
	先选上衣，再选裤子，几个3	几个几，可以用乘法解决
	先选裤子，再选上衣，几个2	

学生用画图方法解决搭配问题,产生了新问题解决图式。在此基础上,教师引导学生不断增加上衣数量,发现有几件上衣,就有"几个3";不断增加裤子数量,发现

有几条裤子，就有"几个2"。学生进一步对比发现，虽然选法不同，但本质上都是在解决"几个几"，可以用乘法模型解决，从而将新图式更加概括化。

实例二：化繁为简，抽取本质

五年级《植树问题》教学片段。

师：将刚才研究过的各种植树情况汇总整理成表格。横向观察，有没有共同点？

道路长度 / 米	（每隔 5 米种 1 棵）棵数 / 棵			算式	数量关系
15	4	3	2	15÷5=3	总长度 ÷ 每段长度 = 段数
40	9	8	7	40÷5=8	
100	21	20	19	100÷5=20	
2000	401	400	399	2000÷5=400	
			......		
数学模型	棵数 = 商 +1	棵数 = 商	棵数 = 商 −1	一一对应的数学思想	

生：都是总长度 ÷ 每段长度 = 段数。

师：是的，也就是我们以前学习过的数量关系"总数 ÷ 每份数 = 份数"。

师：再纵向观察，为什么对结果的处理不同呢？有时候棵数是"商 +1"，有时候棵数是"商 −1"，而有时候棵数就是"商"？

通过课件动态演示，师生结合线段图来解释：商就是线段图中的"段数"，棵数就是线段图中的"点数"，渗透"一一对应"数学思想。

五年级上册《植树问题》教学中，需要理解三种不同的情况，即"两端都种""只种一端""两端都不种"，新产生的图式比较复杂，造成学生记忆负担较重，在解决问题时不够理想。我们思考，如果将这三种情况都罗列在表格中，进一步抽取其中的数学本质，能否寻求一种更具有普遍意义的数学模型呢？图式概括，帮助学生更好地解决问题。教学过程中，在教师的引导下，学生顺利地将解决植树问题的图式概括为除法解决问题模型，图式将问题解决思路简单化。

3. 关注差异：获得策略更为灵活

新的图式通过提炼，更加概括；而图式水平的提升又将进一步指导问题的解决，学生通过快速"检索"，将获得解决问题更为灵活的策略。图式水平高低和解决策略的"好差"有正相关的联系，由此可以解释为什么有的学生问题解决能力较弱，而有的学生则问题解决能力较强。

下面以四年级的《烙饼问题》为例，加以具体说明。

实例一：水平不同，策略不同

师带领学生通过实物操作，将烙 2 个、3 个饼的情况整理在表格中。

师：烙 4 个饼最少需要几分钟呢？烙 5 个饼呢？

个数 / 个	方法			面数 / 面	次数 / 次	时间 / 分钟
2	(1正2反)	(1反2正)		4	2	6
3	(1正2正)	(1反3正)	(2反3反)	6	3	9
4						
5						

注:每次最多烙 2 个面,烙一个面需要 3 分钟。

师观察学生有以下几种解决方法:

(1)仍然借助画图解决。

(2)把 4 只饼分成 2+2 只,用 6+6 = 12(分钟)解决;把 5 只饼分成 2+3 只,用 6+9 = 15(分钟)解决。

(3)观察到面数、次数、时间之间的关系。4 只饼要烙的面数 4×2 = 8(个),让锅不空着,每次烙两个面,8÷2 = 4(次),共需时间 4×3 = 12(分钟)。5 只饼要烙的面数 5×2 = 10(个),10÷2 = 5(次),共需时间 5×3 = 15(分钟)。

可以看到,面对同样的问题,学生的问题解决策略区分出了三个层次,那是因为这三类学生的图式水平高低是不同的。

第一类学生:图式水平低,使用的策略也是一般的策略(画图寻求解决方法),甚至还是错误的策略(有的学生把图画错)。

图式水平一(图 2-67):

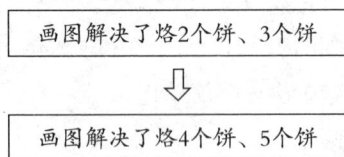

图 2-67

第二类学生:图式水平有所提升,使用的策略也更加数学化,将烙饼总数进行拆分,与前面的烙 2 个饼、3 个饼发生关联,通过加法算式就能较快地解决问题。

图式水平二(图 2-68):

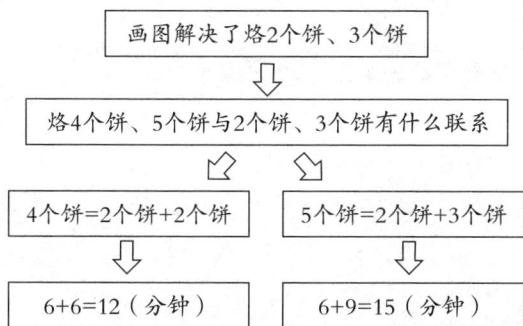

```
┌─────────────────────────────┐
│   画图解决了烙2个饼、3个饼     │
└─────────────────────────────┘
              ▼
┌─────────────────────────────────────┐
│ 烙4个饼、5个饼与2个饼、3个饼有什么联系  │
└─────────────────────────────────────┘
        ↙              ↘
┌──────────────────┐  ┌──────────────────┐
│ 4个饼=2个饼+2个饼  │  │ 5个饼=2个饼+3个饼  │
└──────────────────┘  └──────────────────┘
        ▼                     ▼
┌──────────────────┐  ┌──────────────────┐
│ 6+6=12（分钟）     │  │ 6+9=15（分钟）     │
└──────────────────┘  └──────────────────┘
```

图 2-68

第三类学生：图式水平进一步提炼，使用的策略更具有普遍意义，概括出烙饼的面数、次数和时间的关系式，这种关系式只要进行量的带入，就能解决烙饼问题的所有类型。

图式水平三（图2-69）：

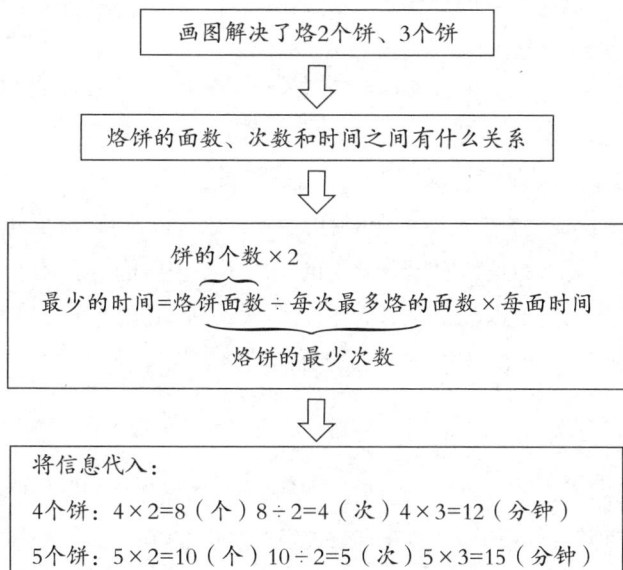

```
┌─────────────────────────────┐
│   画图解决了烙2个饼、3个饼     │
└─────────────────────────────┘
              ▼
┌─────────────────────────────────┐
│ 烙饼的面数、次数和时间之间有什么关系 │
└─────────────────────────────────┘
              ▼
┌───────────────────────────────────────────────┐
│              饼的个数×2                          │
│              ⏞                                  │
│ 最少的时间=烙饼面数÷每次最多烙的面数×每面时间      │
│              ⏟                                  │
│            烙饼的最少次数                         │
└───────────────────────────────────────────────┘
              ▼
┌───────────────────────────────────────────────┐
│ 将信息代入：                                     │
│ 4个饼：4×2=8（个）8÷2=4（次）4×3=12（分钟）        │
│ 5个饼：5×2=10（个）10÷2=5（次）5×3=15（分钟）      │
└───────────────────────────────────────────────┘
```

图 2-69

实例二：水平提升，策略提升

（接上）

生交流不同的解决问题方法，师引导学生理解。

师：接下来烙18个饼，请你选择你喜欢的方法试一试。

生尝试并汇报。

师：为什么你们不画图解决了？

生：太麻烦了，容易画错。

师：看来用计算的方法比较简单。

师：如果我们改变信息，将"一次最多烙 2 个面"改为"一次最多烙 3 个面"，烙 4 个饼需要多少时间？再请你选择喜欢的方法试一试。

生尝试并汇报。

师：为什么不用加法计算了？

生：和前面烙的条件不一样了。

师：看看用关系式计算，有没有碰到问题？

生：$4 \times 2 = 8$（个），$8 \div 3 = 2$（次）……2（个），有余数应该是烙几次呢？

生：还剩 2 个面，应该再烙 1 次，一共需要 2+1=3 次。

师：是这样的吗？2 个面正好一锅烙。有余数的时候，要多加一次。接下来你会解决吗？

生：$3 \times 3 = 9$（分钟）

师：看来，有了关系式，我们能解决不同的烙饼问题。如果将"每次烙 3 分钟"改为"每次烙 4 分钟"，你还会吗？

生：只要把算式里的"3 分钟"换成"4 分钟"就行了！

教师首先要看到学生在面对问题时，由于图式水平的高低，解决问题的策略也有"好差"之分。更重要的是如何提升学生的图式水平，从而获得"智慧"的问题解决策略。在教学中，我们可以改变问题情境，让学生不断"选择策略"，在"选择"和"优化"的过程中，感受到更数学化、更有普遍意义策略的优势，最终掌握"智慧"策略。

三、总结与思考

综上所述，图式干预下的"问题解决"形成了整体操作框架：精选文本，图式有效激活，促进问题理解；过程渐进，图式有效表征，促进问题解决；层次重组，图式有效提升，促进问题反思。

三方并列，图式有效激活策略：文本的现实元素贴近实际，激活学生原有的生活经验，促进问题情境的理解；文本的组织结构指向深层，激活学生原有的数学知识，促进问题本质的理解；文本的呈现方式拓展广度，延伸深度，激活学生原有的思维空间，促进问题关系的理解。

三层递进，图式有效表征策略：进行语义转化，筛选中提取表面信息，预测中补充隐含信息，搭建问题框架；感悟样例分析，实物图操作直观分析，表格图整理直观分析,线段图对应直观分析,树状图流程直观分析,图式图逐层发展,寻求解决方法;实现类型归纳,变式中提取样例经验,运用中区分问题类型,形成新的图式。

三步循环,图式有效提升策略:指向结构,纵向对比结构纳入,横向对比结构发展,知识联系更为深入;不断提炼,由此及彼凸显本质,化繁为简抽取本质,形成图式更为概括;关注差异,水平不同策略不同,水平提升策略提升,获得策略更为灵活。

三大策略合力,教师在教学中运用图式有效干预学生的问题解决过程,关注学生原有图式的激活,放手让学生自己对问题进行图式表征,并进一步关注不同层次学生图式水平的差异。数学课堂中运用图式干预问题解决过程,学生从旧知主动应用到新知自主建构,在图式水平不断提升的同时,获得的解决策略也更为智慧;在有效的问题解决过程中,学生能更好地经历与学习对象、学习同伴和自我的对话过程,在沟通、分享中进行意义探究。

第三节　学习视角下的"微课开发"

环境、媒体、工具等媒介是为了营造对话的氛围,给予对话有效的支撑。微课设计如何从学习视角出发,探讨主题选择、脚本设计、录制方式、有效使用等具体策略,支撑学生更好地开展对话? 在这一章中,我们将围绕数学课堂中的"微课开发",做一些具体的讨论。

一、学习视角与"微课开发"

新课程的实施对教师的教学设计提出了更高的要求,在设计思维上从原来教学视角的"教材忠实的执行者",要转变为学习视角的"教材创造性设计者";在设计技术上,期待更多的新型教学媒体辅助教师提升教学设计的有效性。

当下,"微课"已成为教育界的热门话题,各地兴起了研究和制作微课的热潮。但现状是:微课的数量不少,质量却不高;过于分散,大多不成体系;多是为比赛服务,鲜少用于教学。不少教师对于为什么要设计、开发微课,怎样设计和开发微课,以及设计开发之后,应该如何使用微课,缺乏清晰的认识和规划。

一连串问题的提出,让微课的研究从感性冲动走向理性思考:要从学习视角重新审视微课的价值定位,让微课有效融入小学数学课堂教学,使之更好地为学生的学习服务。

微课的开发是一个系统规划、整体推进的过程,一般要经历选题备课、撰写脚本、制作录制、使用修改等步骤,每个步骤都应该有明确具体的操作策略,这样才能确保质量。其中选题备课和撰写脚本显得尤为重要。教师只有不断地尝试和修改,才能使微课真正支撑学生的学习过程。

二、具体实施策略

学习视角下的"微课开发",主要体现在:微课的主题确定聚焦学生的学习需求,在精心选择中促进教师对教学目标的正确把握;微课的脚本设计关注增强学生的学习体验,在反复打磨中促进教师对教学内容的有机整合;微课的录制过程为了凸显学生的学习互动,运用多种呈现形式促进教师创设生动的教学情境;微课的使用重在丰富学生的学习方式,在灵活使用中促进教师合理选择教学策略。

(一)"精选"微课主题:聚焦学习需求,明晰教学目标

微课的主题选择应该以教材为线索,在梳理知识体系的基础上,考虑知识点的前后联系,构建整体框架。具体可以分为以下三大类:聚焦学习层次性,以"分解"为主题,明晰课时目标;聚焦学习递进性,以"延续"为主题,明晰单元目标;聚焦学习系统性,以"趋同"为主题,明晰领域目标。(图2-70)

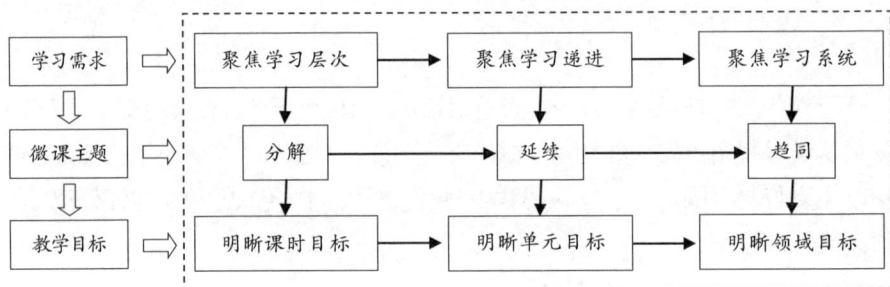

图 2-70

1. 分解:聚焦学习层次性,明晰课时目标

教材呈现的教学内容是一个整体,而学生对一个知识点的掌握具有一定的层次性。教师应站在学生的层面,思考如何通过微课将教材内容的重点、难点进行分解,从而有利于在教学设计时更加清晰课时目标。

【案例】

◆聚焦学习层次性

人教版数学教材三年级上册《列表法解决问题》的教学内容如图2-71所示。

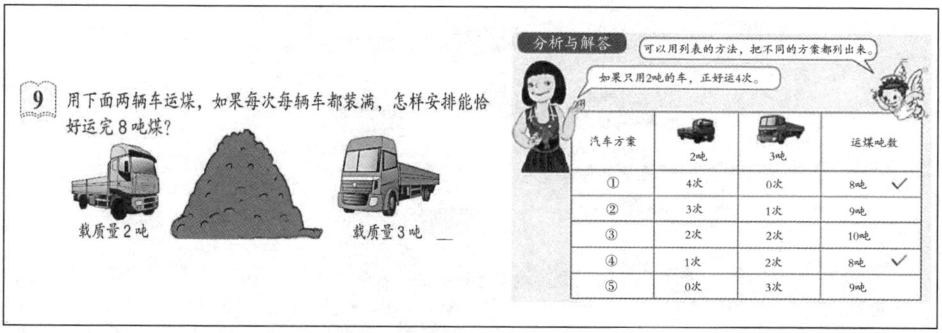
9 用下面两辆车运煤，如果每次每辆车都装满，怎样安排能恰好运完8吨煤？

载质量2吨　载质量3吨

分析与解答

可以用列表的方法，把不同的方案都列出来。

如果只用2吨的车，正好运4次。

汽车方案	2吨	3吨	运煤吨数
①	4次	0次	8吨 ✓
②	3次	1次	9吨
③	2次	2次	10吨
④	1次	2次	8吨 ✓
⑤	0次	3次	9吨

图 2-71

通过分析，我们发现，学生在学习过程中要经过以下三个层次：从理解问题出发，唤起使用“列表法”的需求；在解决问题过程中明确“如何列表”，找到正确方案；反思问题，梳理列表法解决问题的思路。

◆“分解”式微课主题

通过微课，分解教学内容，将学生学习过程的三个层次具体展开。

第一层次：唤起列表需求

（1）理解关键信息：微课中用加阴影的形式凸显关键信息“怎样安排恰好运完8吨煤？”，用动态呈现图示的形式帮助学生理解“恰好”就是两种货车将8吨煤正好运完。（图 2-72）

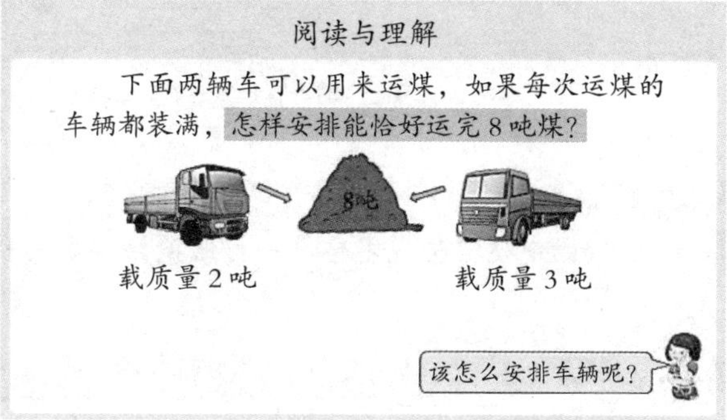

图 2-72

（2）展示不同想法：微课中列举了学生可能出现的几种思路，有的同学说“只派2吨车来运”；有的同学说“先派3吨车试试”；还有的同学暂时还没找到恰好运完的方案。（图 2-73）

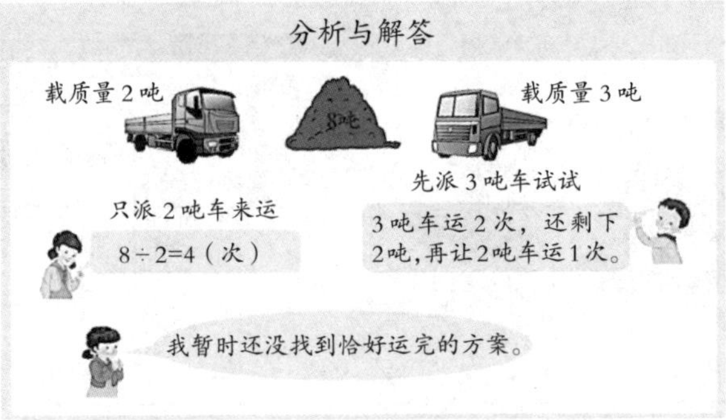

图 2-73

（3）提出列表方法：微课中引导进一步思考"有没有遗漏的情况呢"，并提供了研究的思路"列表格，找一找"。（图 2-74）

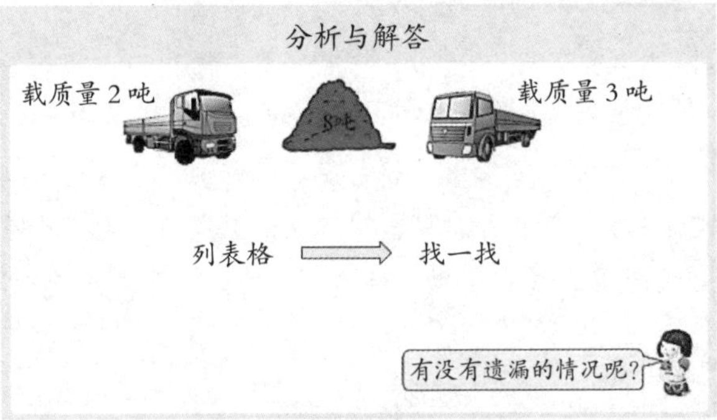

图 2-74

第二层次：具化列表过程

（1）设计表格项目：微课中逐次呈现表格第一行的项目和第一列的项目，指导画表格的过程。（图 2-75）

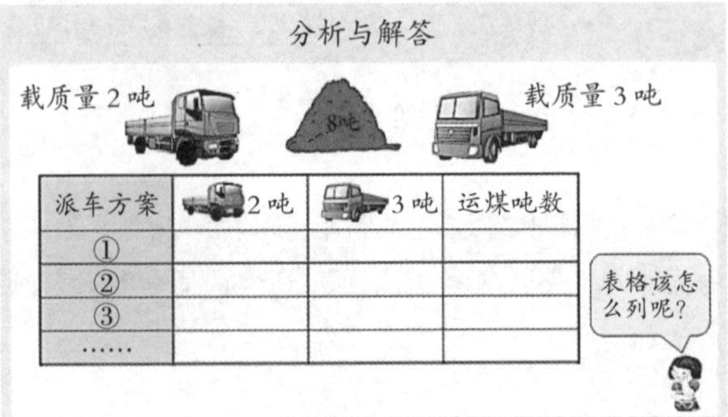

图 2-75

（2）逐行填写表格：微课中边分析边填写表格，有序列举不同的派车方案。（图 2-76）

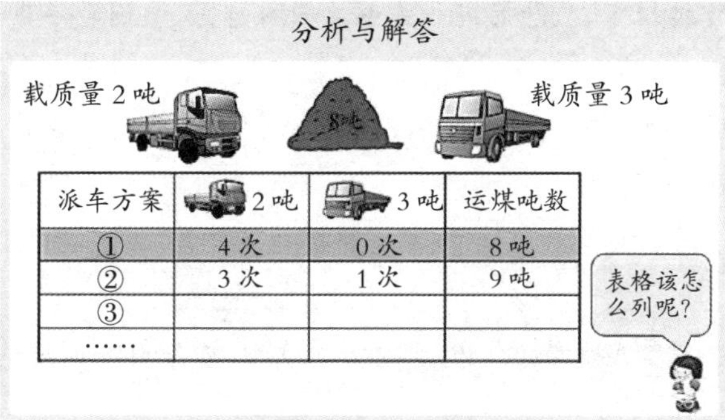

派车方案	2 吨	3 吨	运煤吨数
①	4 次	0 次	8 吨
②	3 次	1 次	9 吨
③			
……			

图 2-76

（3）找到正确方案：微课中回顾不同的派车方案，找到所有符合条件的派车方案。（图 2-77）

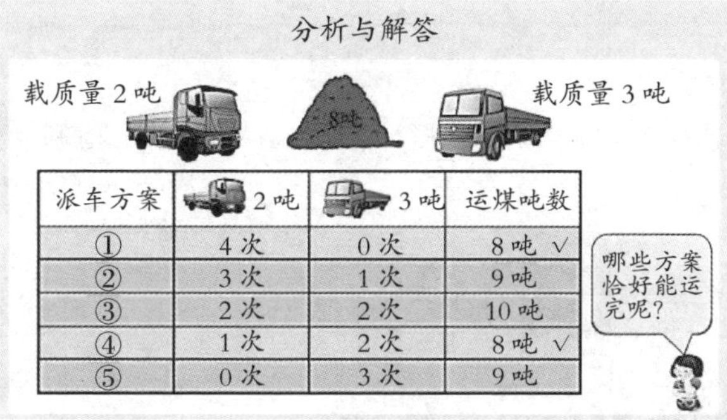

派车方案	2 吨	3 吨	运煤吨数
①	4 次	0 次	8 吨 √
②	3 次	1 次	9 吨
③	2 次	2 次	10 吨
④	1 次	2 次	8 吨 √
⑤	0 次	3 次	9 吨

图 2-77

第三层次：提炼列表策略

微课中梳理列表法解决问题的基本过程。（图 2-78）

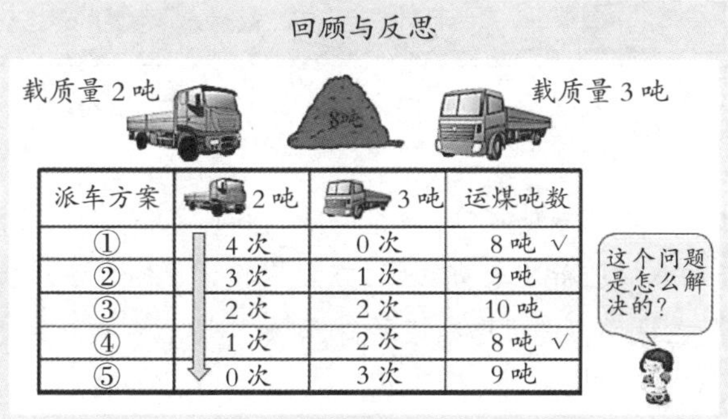

派车方案	2 吨	3 吨	运煤吨数
①	4 次	0 次	8 吨 √
②	3 次	1 次	9 吨
③	2 次	2 次	10 吨
④	1 次	2 次	8 吨 √
⑤	0 次	3 次	9 吨

图 2-78

◆明晰课时目标

在微课的制作过程中,教师要进一步解读教材意图,明确教学重点、难点,准确把握课时目标:

(1)使学生运用列表方法解决问题,学会整理信息,分析数量关系,通过观察、比较找出解决问题的有效方法。

(2)使学生经历通过列表枚举的方法解决生活中实际问题的过程,培养学生有序思考的能力。

(3)使学生进一步感受数学与生活的密切联系,增强解决问题的策略意识,积累解决问题的成功经验。

2. 延续:聚焦学习递进性,明晰单元目标

学生架构知识体系,要经历概念理解,问题解决,思维拓展这样的递进过程。通过一系列相关联的微课主题,教师可以用单元视角整体把握教材内容,进而明晰单元目标,体现知识之间的延续性。

【案例】

◆聚焦学习递进性

人教版数学教材三年级上册《周长》的教学编排如图 2-79 所示。

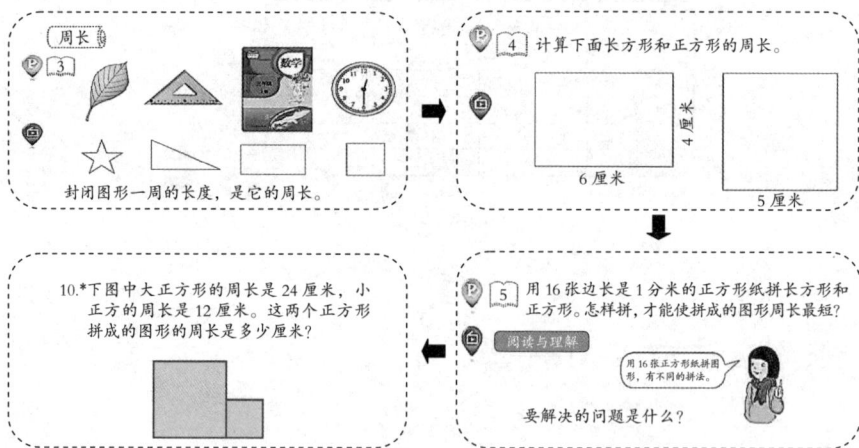

图 2-79

学生对"周长"知识体系的建立,是不断递进和深入的过程:首先建立周长的概念;然后运用周长的意义推导出长方形、正方形周长计算的方法;讨论和解决图形拼组中的问题;最后,在练习中进行思维拓展,探讨组合图形中周长的变和不变。

◆"延续"式微课主题

通过制作单元系列微课,延续教学内容,体现学生架构知识体系的不同阶段。

第一阶段：建构概念

微课《周长的认识》：展现不同的学习素材，凸显策略多样性，加深周长概念的理解。（图 2-80）

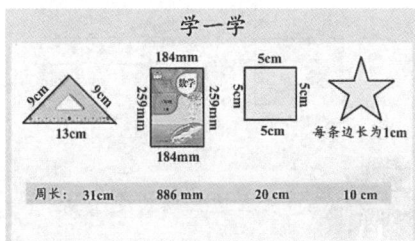

（a）量一量：多边形的周长

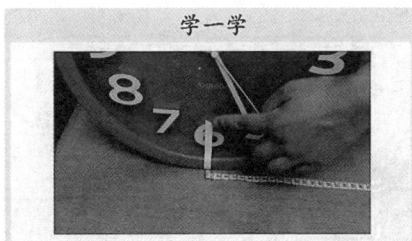

（b）滚一滚：圆形钟面的周长（视频）

（c）绕一绕：叶子的周长（视频）

（d）揭示周长概念，梳理解决方法

图 2-80

第二阶段：解决问题

微课《用周长解决问题》：动态呈现在利用周长知识解决问题的过程中，为什么拼成正方形时周长最短，探讨图形拼组时"重合边越多，周长越短"的一般规律。（图 2-81）

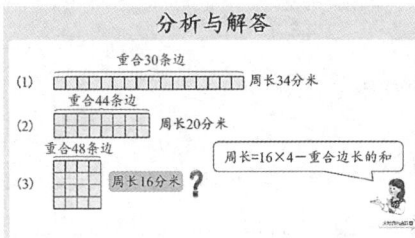

（a）数一数：不同拼法的重合边数

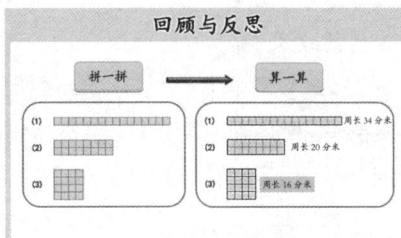

（b）理一理：解决问题的策略

图 2-81

第三阶段：思维拓展

微课《周长变变变》：将书上的思考题进行拓展，引导学生自主研究周长"变"和

"不变"的不同情况。(图2-82)

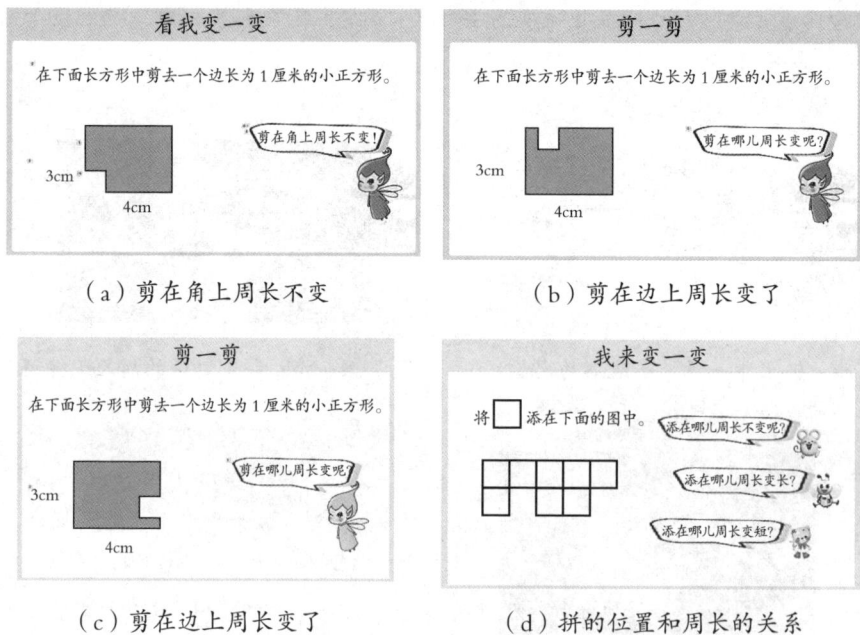

（a）剪在角上周长不变

（b）剪在边上周长变了

（c）剪在边上周长变了

（d）拼的位置和周长的关系

图2-82

◆明晰单元目标

在系列化微课的制作过程中,需要对新知的产生、应用、拓展有整体的分析和思考,促使教师准确把握单元目标:

（1）结合实例使学生知道周长的含义,能测量简单图形的周长,探索并掌握长方形、正方形的周长公式。

（2）使学生能根据长方形、正方形的周长公式,解决生活中的实际问题,感受数学与生活的联系。

（3）通过多种活动,发展学生的空间观念和推理能力。

3. 趋同:聚焦学习系统性,明晰领域目标

同一个学习领域,有着共通的学习方法,关注学生学习过程的系统性,能有效进行学习迁移。将三年级上册的学习内容按照领域的不同,归为几大类微课主题,教师在制作的过程中,关注领域知识的共通性,能从整体视角来把握领域目标。

【案例】

◆聚焦学习系统性

下面列举人教版数学三年级教材中的几个解决问题教学。

《列表法解决问题》(图2-83)

图 2-83

《周长解决问题》(图 2-84)

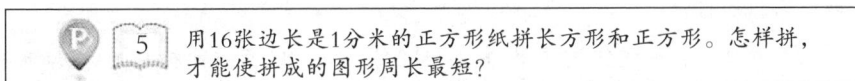

图 2-84

《计算经过时间》(图 2-85)

图 2-85

《分数解决问题》(图 2-86)

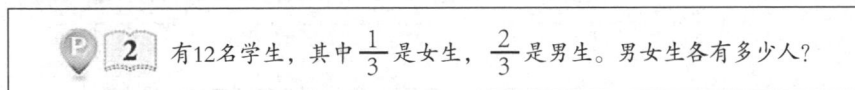

图 2-86

虽然教学内容不同，但它们都属于解决问题领域，学生对于解决问题的步骤，解决问题的策略等，可以进行学习经验的有效迁移。

◆ "趋同"式微课主题

在同样主题的微课中，要展现相同的结构和相似的方法，努力体现同一领域的趋同性。在结构上，学生解决问题的过程都有三个基本步骤：阅读与理解，分析与解答，回顾与反思。在方法上，学生在解决问题的过程中，可以借助直观信息帮助思考，如

图 2-87 所示,画图、列表、动手操作都是很好的策略。

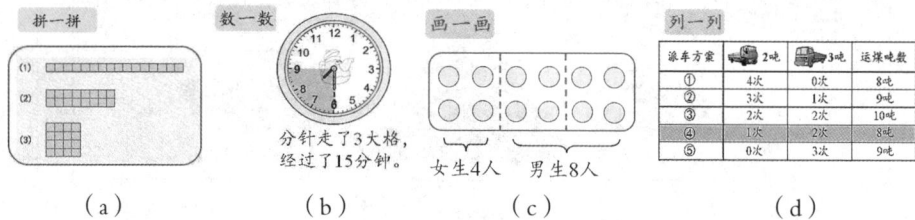

| 拼一拼 | 数一数 | 画一画 | 列一列 |

（a）　　　　　　（b）　　　　　　（c）　　　　　　（d）

图 2-87

◆ 明晰领域目标

在同一领域微课的制作过程中,我们关注学习经验的有效迁移,促使教师准确把握领域目标:

（1）使学生初步学会从数学的角度发现问题和提出问题,综合运用数学知识解决简单的实际问题,初步形成评价与反思的意识。

（2）使学生体验解决问题方法的多样性,获得分析问题和解决问题的一些基本方法。

（3）使学生增强应用意识,提高实践能力,学会与他人合作交流。

（二）"勤磨"微课脚本:增强学习体验,整合教学内容

微课的脚本撰写是最重要的环节。脚本的撰写不是对教材内容的照搬照抄,而是以增强学生的学习体验为目的的对教学内容的有机整合。一个好的微课脚本往往需要团队合作,精心打磨,具体可以从以下三个角度出发:增强体验操作性,替换教学主题;增强体验分享面,丰满教学素材;增强体验明晰度,梳理教学结构。（图 2-88）

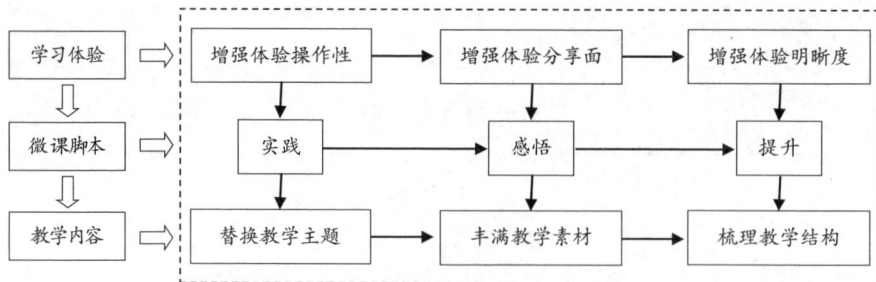

图 2-88

1. 实践:增强体验操作性,替换教学主题

教材上的教学内容是静态的文本,如何在微课脚本撰写中,让文本生动起来? 对于其中的一些教学内容,微课脚本撰写的引入部分,可以替换教学主题,让学生能在

引导下真正参与学习活动，在实践操作中增强学习体验。

【案例】

◆增强体验操作性

例如，人教版数学教材三年级上册的《估计距离》教学内容如图2-89所示。

图 2-89

选择的主题是"估计从家到学校的距离"。从学习的角度分析这个主题，孩子们的情况各不相同，有的家离学校还比较远。如何既体现"估计距离"的教学目标，又让活动具有可操作性？

◆脚本导入替换主题

在微课脚本设计时，一开始就出示主题，将教学主题"估计家到学校的距离"替换成"估计教学走廊的距离"，这样的主题学生不仅熟悉，而且都可以亲身实践，容易把握。（图2-90）

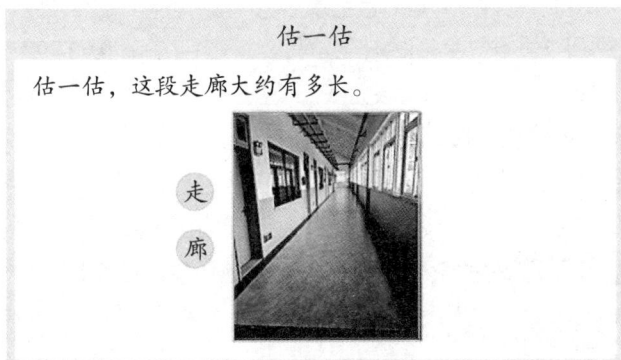

图 2-90

2. 感悟：增强体验分享面，丰满教学素材

如何让学生个人的体验能在群体中进行分享，并在自我直接体验的基础上，还能从他人的分享中获得更多的间接经验？微课脚本撰写的展开部分，要立足把学生的体验拉长、拉宽，利用可视化的优势，搭建分享平台，增强体验分享面，让教材原有的教学素材更加丰厚、饱满。

【案例】

◆增强体验分享面

还是以三年级上册的《估计距离》为例。估计"家到学校的距离"，实践主题比较复杂，学生无法将实践的过程和大家进行深入分享；又因为每个学生的情况不同，在分享的过程中，也很难在经验上获得共鸣。教材上的教学内容、教学素材仅仅靠说来呈现，就显得比较单薄。

◆脚本展开丰满素材

微课是一个可视化的媒介，在微课脚本设计时要凸显优势。在这节微课的主体部分，教师可以利用视频，将学生在走廊上不同的实践过程拍摄下来，使教学素材更加丰满，增强学生的学习体验。学生的估计策略各不相同：有的学生是用"教室的长 × 教室个数"估计走廊的长度（图 2-91）；有的学生是用"走整条走廊的时间 ÷ 走 10 米的时间"估计走廊的长度；还有的学生是用"走整条走廊的步数 ÷ 走 10 米的步数"估计走廊的长度（图 2-92）。

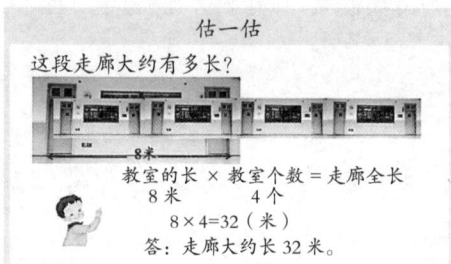

图 2-91

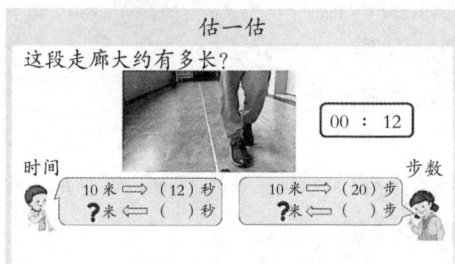

图 2-92

3. 提升：增强体验明晰度，梳理教学结构

在积累感性体验的基础上，教师还要关注理性的提升，即教学结构的梳理。教学主题是"教什么"，教学素材是"怎么教"，那么，教学结构就是"要教得怎么样"。微课脚本撰写的总结部分，要对教学结构进行梳理，增强体验更加明晰。

【案例】

◆增强体验明晰度

对于三年级上册的《估计距离》，教材上的教学内容中有估计方法的交流，但最

后没有进一步梳理，没有体现完整的教学结构，学生无法从感性认识上升到理性认识，归纳出"估计距离"的一般策略。

◆脚本总结梳理结构

因此，为了增强学生体验的明晰性，微课脚本的总结部分对不同的估计过程进行了回顾和梳理（图2-93）：第一位同学是以一个教室的长为标准，推算出走廊的距离；第二位同学是用走10米所需要的时间为标准，推算出走廊的距离；而最后一位同学则是用走10米需要的步数为标准，推算出走廊的距离。反思不同方法的共同之处是：在估计比较长的距离时，可以先确定一个合适的标准，再进行推算。

在回顾和反思的基础上，由此及彼，对得到的估计策略进行及时应用，用步行、骑自行车、坐公交车的一些信息作为标准，来合理估计"家到学校的距离"。（图2-94）

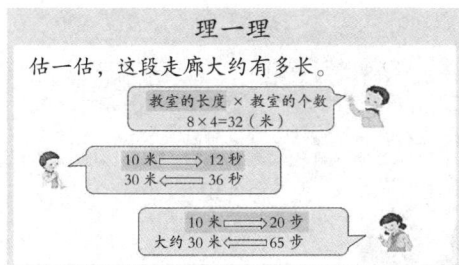

图 2-93

图 2-94

（三）"多样"微课录制：凸显学习互动，创设教学情境

微课在录制过程中，形式可以多样，但目的都是创设凸显学习互动性的教学情境。具体可以体现在以下三个方面：从静态变为动态，凸显学生和多媒体设备之间的互动感，创设直观化的教学情境；从讲授变为对话，凸显教师和学生之间的互动感，创设交互化的教学情境；从画面变为场景，凸显学生和学生之间的互动感，创设真实化的教学情境。（图2-95）

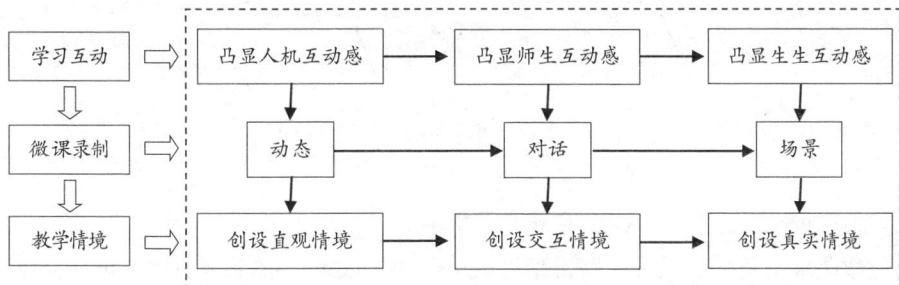

图 2-95

1. 动态：凸显人机互动感，创设直观情境

微课录制可以边语言讲解，边动态分步呈现教学内容，这样学生用耳朵听，眼睛看，动脑想，调动多种器官协作，情境更加具有互动的感觉。有时候，根据教学内容的特征，微课中还可以加入 Flash 动画、几何画板等工具制作的素材，让情境更加直观。

【案例】

◆"Flash 动画"人机互动

人教版数学教材三年级上册的《秒的认识》，就加入了大量的动画效果。

秒的情境引入，"迎接新年的钟声""过马路的红灯""跑步的秒表"都是用动画展现的，唤起学生的生活经验。（图 2-96）秒针在钟面上滴答、滴答地走动，直观感受 1 分 = 60 秒。（图 2-97）

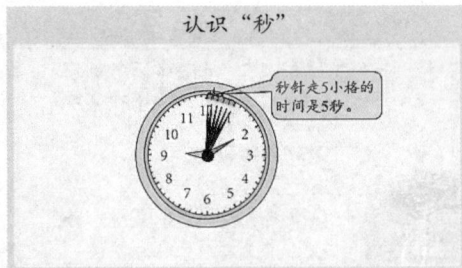

图 2-96　　　　　　　　　　图 2-97

◆"几何画板"人机互动

讲解人教版数学教材三年级上册的《四边形的认识》时，为了突破"凹四边形"也是四边形的知识难点，教师引入了几何画板，动态呈现"凹四边形"的形成过程，突破了"优角"也是"角"的难点。（图 2-98）

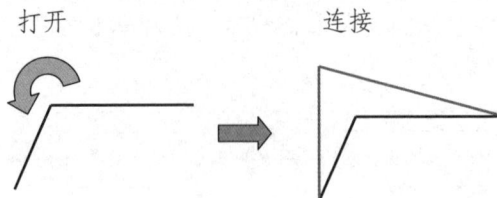

图 2-98

2. 对话：凸显师生互动感，创设交互情境

微课录制要打破教师一路讲到底的单一模式，通过"你会解决吗？请你自己先试试！""看，有的同学是这样解决的，还有的同学想法和他不一样……""你发现了什么，快和小伙伴说一说！"等语言，引导学生在微课的引导下，边尝试，边思考，边交流，开启"师生对话"模式，创设交互情境。

【案例】

◆ "引导实践操作"师生互动

人教版数学教材三年级上册《分米的认识》的微课中，教师请学生自己找一找身边大约长 1 分米的物体，引导学生实践操作。下面是师生互动的具体过程。

我们身边也有很多物体长约 1 分米，你能找到吗？请你用手势估一估，用尺子量一量。对了，从我们的手腕到指尖的长度大约 1 分米。黑板擦的长度约 1 分米。杯子的高约 1 分米。你一定找到更多长约 1 分米的物体了吧！（图 2-99）

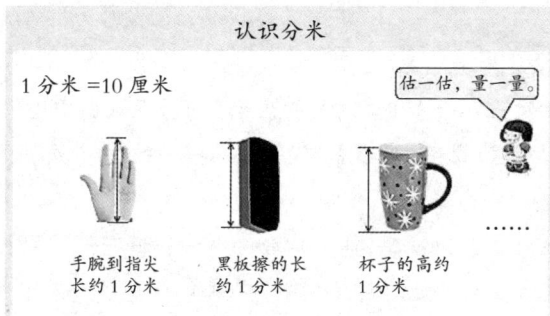

图 2-99

◆ "引导分享交流"师生互动

人教版数学教材三年级上册《认识几分之一》的微课中，教师展示了学生在正方形中表示出"四分之一"的不同作品（图 2-100），引导学生思考和讨论。下面是师生互动的具体过程。

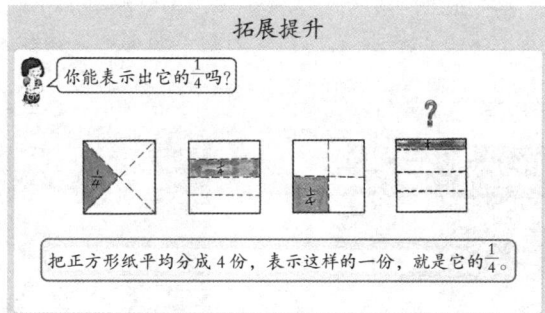

图 2-100

我们先来看这些同学的作品。有的同学是这样表示的，还有同学是那样表示的。请你想一想，他们表示的对吗？噢，有的同学发现问题了。他说第四位同学的作品不能表示四分之一。为什么呢？是的，他没有把正方形纸平均分成 4 份，所以涂色部分不是这张正方形纸的四分之一。你也发现了吗？那其他三幅作品能表示四分之一吗？为什么他们的分法不一样，但涂色部分都表示正方形纸的四分之一呢？是的，他们都是把这张正方形纸平均分成了 4 份，涂出这样的 1 份，就是表示它的四分之一。你也是这样想的吗？

3. 场景：凸显生生互动感，创设真实情境

微课录制中，教师可以事先拍摄学生的活动画面，用视频插入。视频播放时，展现了学生的实践操作过程，营造现场感，增强真实性，更好地带动生生之间互动。

【案例】

◆ "一起学一学"生生互动

人教版数学教材三年级上册《周长的认识》的微课录制中，对"树叶"和"钟面"如何测量周长，教师利用视频，展现了"滚一滚、绕一绕"的方法。下面是生生互动的具体过程。

那么钟面和树叶呢？想一想，你有什么好办法知道它们的周长呢？先来看钟面吧！（图 2-101）这位同学是这样测量的(视频介绍)：我先在圆周上点一个标记，使这个标记对准直尺的 0 刻度线，再沿着直尺滚过去，当标记又转回到尺面上时，钟面刚好转了一周，读出此时刻度上的数据，就是圆的周长。这个圆的周长大约是105cm。你看懂我的做法了吗？再来看树叶吧！（图 2-102）这位同学想到可以用绕一绕的方法来解决(视频介绍)：我先用线沿着树叶的周长绕一圈，绕的时候要注意，线一定要尽可能地贴着树叶的边缘。接着，标出终点，将绳子剪下来，拉直了放在直尺上量一量，看，长度大约是 29cm。你看懂我的做法了吗？钟面和树叶没有直直的边，没有办法用尺子直接量。这两位同学想出了滚一滚、绕一绕的好方法得到了周长。你学会了吗？赶快动手试一试吧！你还想到了哪些好方法和大家分享？

图 2-101

图 2-102

◆"一起做一做"生生互动

人教版数学教材三年级上册《秒的认识》的微课录制中，为了增加对"1秒有多长"的体验，教师运用视频，进行了"请你和我一起做"的活动。下面是生生互动的具体过程。

"1秒"有多长呢？让我们一起来体验一下吧！（播放视频）同学们，请你和我跟随秒针转动的节奏，眨眨眼，眨一下眼大约是1秒；跺跺脚，跺一下脚大约是1秒；拍拍手，拍一下手大约是1秒。1秒确实很短呢！（图2-103）

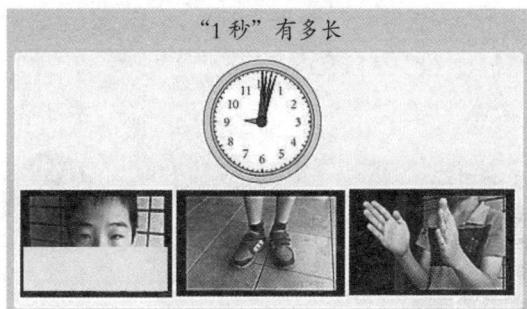

图 2-103

（四）"活用"微课使用：丰富学习方式，选择教学策略

微课录制完，该如何在教学中灵活应用呢？微课的使用目的是丰富学生的学习方式。教师根据微课内容的不同，选择合适的教学策略，可以在课前、课中、课后应用，具体分为以下三个途径：应用微课"预热"，学生进行前置学习促思考，教师采用的是先学后教策略；应用微课"融入"，学生进行辅助学习促理解，教师采用的是边学边教策略；应用微课"驱动"，学生进行后继学习促探索，教师采用的是先教再学策略。（图2-104）

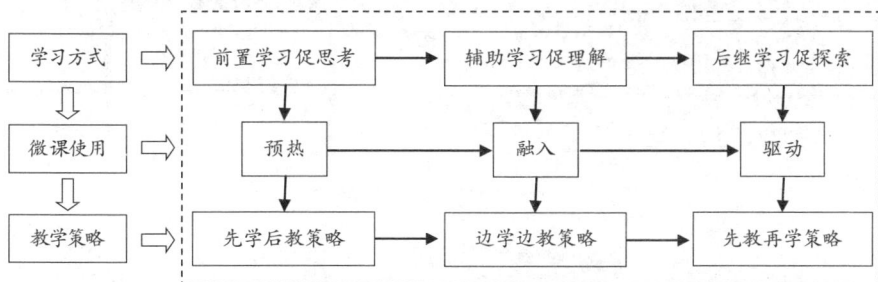

图 2-104

1. 预热：前置学习促思考，先学后教策略

微课放在课前使用，可以引导学生结合微课进行前置性学习，对学习的知识进行预热。在教学内容难度不大，学生又有比较多的生活经验或学习经验可以支撑时，教师可以采用这样的先学后教策略。

【案例】

人教版数学教材三年级上册的《数字编码》的微课，就可以结合学习任务单，在课前使用。微课学习时分为"学一学""找一找""用一用"三个环节，分别对应学习单的"学习馆""探索馆""应用馆"；微课学习后，学生可以在"问题箱"寄给老师问题邮件，在课内继续讨论。（图 2-105）

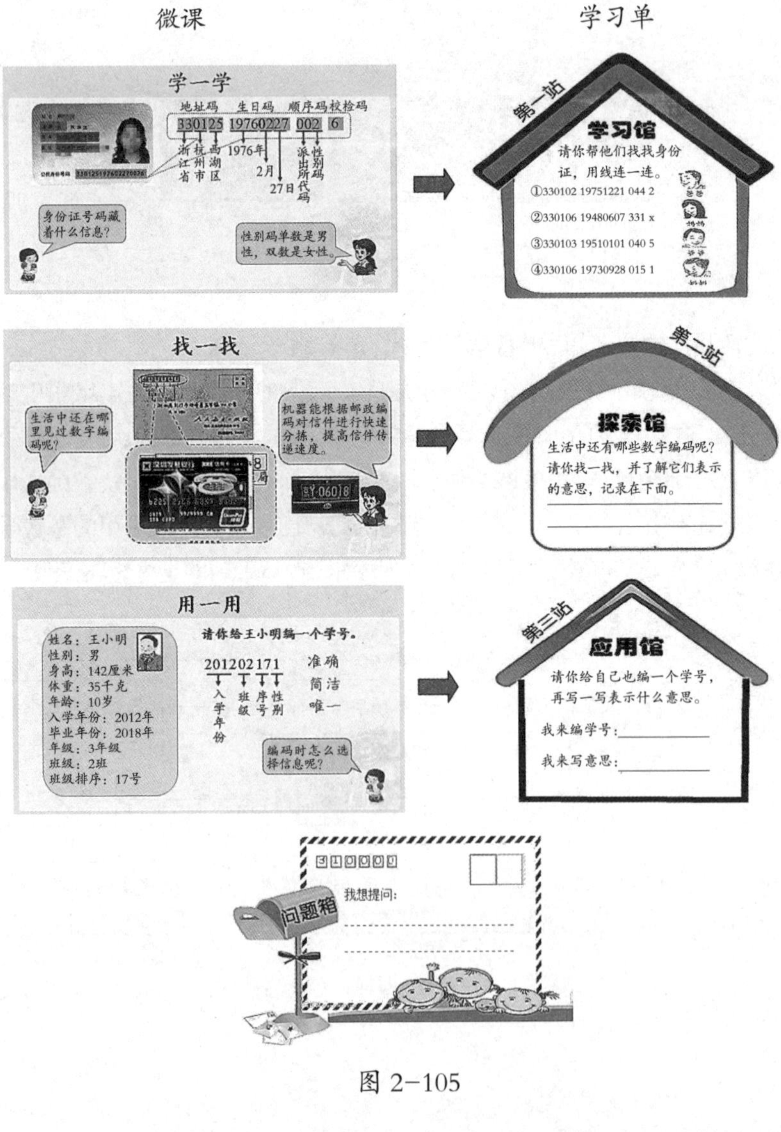

图 2-105

2. 融入：辅助学习促理解，边学边教策略

微课放在课内使用，能辅助学生学习。学生在自主探索后，能结合微课一步理解知识的原理。在较复杂的知识学习或学习知识难点时，教师可以采用边学变教策略，将微课融入课堂教学。

【案例】

人教版数学教材三年级上册的《周长解决问题》是比较复杂的教学内容，学生在课内自主探索，拼一拼，算一算后，知道拼成正方形时周长最短。但需要借助微课直观讲解其中的道理，帮助学生理解拼图形中蕴含的规律：重合的边越多，周长就越短，从而知其然更知其所以然。(图 2-106)

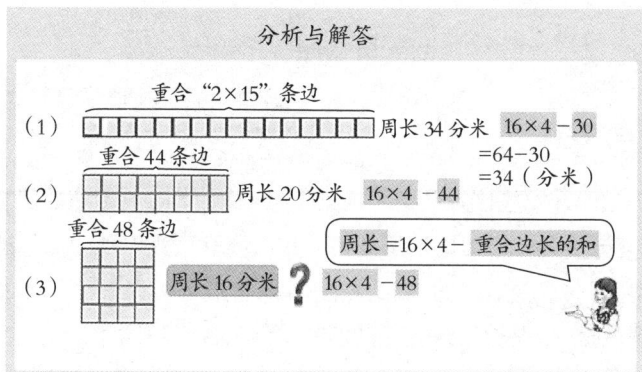

图 2-106

3. 驱动：后继学习促探索，先教再学策略

微课放在课后使用，能让学生带着问题出课堂，结合微课在后继学习中深入探索。在教学内容比较有思维含量时，可以将后继学习设计成一个研究小任务；采用先教再学的策略，先在课内进行探讨，再在课后解决类似的问题。

【案例】

人教版数学教材三年级上册的《周长变变变》是一个思维拓展微课。学生探讨了一个任务"在长方形中剪去一个小正方形"：剪在哪儿，周长不变；剪在哪儿，周长变长；剪在哪儿，周长变短。在此基础上，课后完成一个类似任务"将正方形添入一个组合图形"：添在哪儿，周长不变；添在哪儿，周长变长；添在哪儿，周长变短。微课内容体现不同需求：既能提出问题，也有相关提示，还能在学生有困难时展示详细解答的过程。学生不理解时能反复播放，驱动不同层次的学生自主完成探索。(图 2-107)

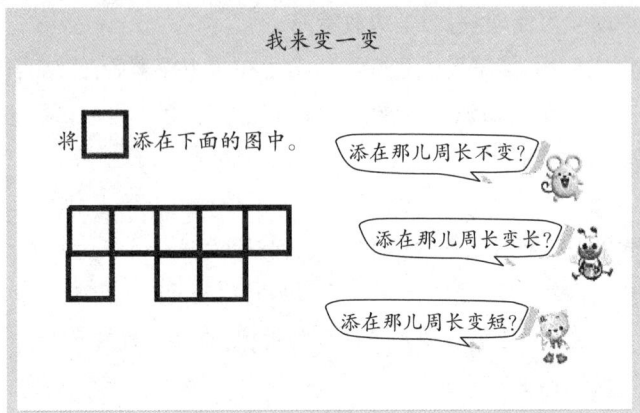

图 2-107

三、总结与思考

综上所述,微课开发应该站在学习视角思考问题:学习的困惑如何有效突破? 学习的过程如何充分展开? 学习的情境如何更加真实和直观? 学习的方式能不能关注不同层次的学生? 带着这样的思考形成的微课,将成为面向学生群体的新型教学媒介,它生动诠释教材,拓展教材内容,打破课堂界限,像学习同伴,像小老师,促进多种互动,激发更多的学生参与到学习中,从而积极营造课堂对话的氛围,给予对话有效的支撑。

从学生维度看,微课在一定程度上降低了教师分层教学的难度。学习有困难的学生可以运用微课进行有针对性的查漏补缺,在学校或家中反复观看,进一步巩固重点、突破难点、理清疑点。同时,相对完整的、系列化的、与教材配套的微课,也能让一部分有条件的、有一定自学能力的学生开展连贯性、完整性的学习,并进行一定的内容延伸和思维拓展,不断提升学习水平。

从教师维度看,一节微课的开发需要立足生本,蕴含教师对教学的思考,是教师教学经验和教学智慧的结晶,能促进教学设计的有效性,提升教师的专业能力。教师要把知识点讲解到位,更加需要吃透教材,了解学情,才能确保微课的示范性和精准性。教师可以把微课应用于数学课堂教学,依据教学目标,确定微课的具体使用目标;丰富教学方式,补充教学内容,将静态文本转换为动态画面,促进学生深入理解、自主建构。在信息化时代,微课将成为课堂上教与学的新媒介,是教师对教材的再理解和再创造的成果。

第四节　理解证据下的"持续评价"

持续评价是为了评估对话的成效，展现知识理解、同伴合作、自我建构的较好表现，让学习走向深入。构建以"理解"为核心的"单元教学评价连续统"，让"理解"可见，让教学有据。在这一章中，我们将围绕数学课堂中的"持续评价"，做一些具体的讨论。

一、理解证据与"持续评价"

随着课程改革的不断推进，数学课堂教学的视角已经从关注"教材内容的有效传递"，转变为关注"学生的有效学习"。数学课堂教学的目的不再是知识、技能的勤学苦练，而是注重知识的理解和应用，在知识的获取中获得基本的数学思想方法和解决问题的具体策略，在新的情境中学会灵活迁移。

"理解"是一个持续形成的过程，不可能仅从传统测试中获得，对"理解"的评价需要学习证据。如何判断学生是真正理解知识而不是简单知道？如何区分出学生达到的理解水平？如何通过诊断促进学生理解的形成？……评价要伴随整个教学单元，随着学生对某一部分学习内容的持续探究和反思，不断收集、形成内在"理解"外在可见的"证据集"，反映出学生的"真实学业表现"。

教师应发挥评价的诊断和改进功能，构建贯穿单元教学全过程的评价连续统，随着单元教学的不断推进，运用不同的方法对"理解"进行持续评价。

（一）评价指向：贯穿全程

评价连续统贯穿整个单元教学过程，与单元教学的每个阶段相对应，指向学生"理解"证据的收集：在单元教学启动时，评价指向单元学习中"学生需要达到怎样的理解"，结合"课标、前测"两个维度，形成 KWH 表，驱动学习；在单元教学过程中，评价指向单元学习中"哪些可以作为学生理解的依据"，通过"学习单、出门票、日志本、思维图、任务卡"，形成元认知支架，监控过程；在单元教学总结中，评价指向单元学习中"如何判断学生理解的程度"，可以根据不同的内容，设计"流程量规、能力量规"，指向成长。

（二）评价策略：理解可见

评价连续统中运用多种方法，形成具体操作策略，是一个持续递进的统一过程。

课时中使用"学习单",学生用自己喜欢的方式表征对知识的理解,在讨论中不断补充和修正,留下思考痕迹;课时结束后使用"出门票",学生运用知识完成练习,诊断理解掌握,调整下一课时设计;单元学习结束后,学生梳理知识间联系,根据理解画出思维导图,搭建知识框架;结合本单元内容,进行拓展任务,学生将知识迁移到新情境,在真正理解的基础上创造性解决问题;最后,将学习过程中产生的材料记录到"日志本"上,上面有思考、有问题、有结论,回顾逐步理解核心概念的过程,促进自我反思;这些方法在规模上从简单到复杂,在时间上从短期到长期,从情境上从非真实到真实,从框架上从高度结构化到非结构化。

(三)评价目的:教学有据

运用评价连续统获取大量"理解"的证据,目的在于围绕证据,回到这个单元教学的开始,具体分析每个阶段中的教与学,思考问题的根源在哪里,下一次再进行单元教学时,可以如何加以改进。在分析—反思—改进的过程中,对运用评价连续统促进学生的理解不断进行完善,提升教师的教学水平和学生的学科素养。

二、具体实施策略

指向学生"理解证据"的收集,贯穿整个单元教学,如图2-108所示,评价连续统是一个运用多种方法持续递进的统一过程:搭建评价连续统每个阶段的操作框架;提炼评价连续统中各种方法的具体策略;积累运用评价连续统促进学生理解的分析案例。

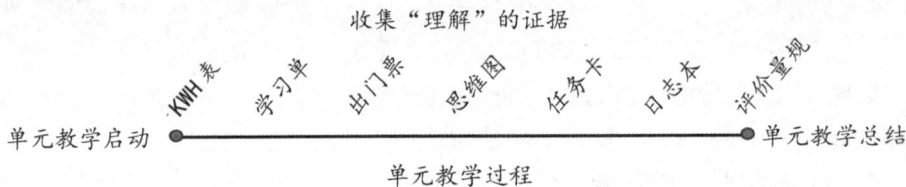

图 2-108

(一)KWH 表,驱动学习

KWH 表是"Know-What-How"的简称,表示"我已经知道了什么—我还想知道什么—运用这些知识我可以解决怎样的问题"。这种评价工具可以用于单元教学启动阶段,检查学生在学习这个单元前已有的经验和学习起点,对照单元学习中期望学生架构的核心概念,帮助学生提出问题,明确单元学习要理解什么,驱动主动学习。在具体使用时,从两个维度进行设计:依据课标进行教材的核心概念分析;组织前测,进行学生潜在状态的调查。

1. 课标：教材核心概念分析

作为单元主题教学的核心概念是学生通过深入探究而得到的来之不易的成果，用于强化思维，连接不同的知识，使学生具备应用和迁移的能力。在单元教学的开始，教师要依据课标，确定通过本单元学习，期望学生通过理解架构怎样的核心概念。然后围绕核心概念确定单元教学的优先次序，对教学内容进行有机整合，把教学精力放在重要的、可迁移的部分。

从课程标准看，人教版数学教材三年级下册的《面积》单元属于空间与几何领域中的"图形测量"内容。课程标准中指出："运用适当的度量单位描述现实生活中的简单现象。"图形的测量在小学数学教学占有重要的地位，度量单位的确定、测量过程的经历，测量结果的获得，能帮助学生对物体从定性描述发展到定量刻画，发展空间观念。因此，本单元的核心概念是"面积单位"。（表2-6）"面积单位"的概念贯穿单元始终，教师应围绕核心概念，对教学内容进行重构。

表2-6 《面积》单元内容重构前后对照表

人教版教材编排	围绕核心概念重构
例1、例2：面积的含义	主题1：认识面积和面积单位
例3：常用的面积单位	
例4、例5：长方形、正方形的面积	主题2：用面积单位测量
例6、例7：面积单位的进率	
例8：解决问题	主题3：用单位面积解决问题
单元复习	单元整理

主题1"认识面积和面积单位"：结合实例认识面积；测量面积需要统一的度量单位，建立常用面积单位的表象；知道面积单位间的进率。

主题2"用面积单位测量"：在测量图形面积的过程中进行单位换算；掌握长方形、正方形的面积计算公式，理解用边长求面积的意义；感悟面积和周长的关系。

主题3"用单位面积解决问题"：在"铺单位面积"过程中，体会解决实际问题策略的多样性。

2. 前测：学生潜在状态调研

学生的潜在状态主要指学生已有的知识基础、认知水平、生活经验，情感需求等。对于本单元的学习内容，学生已经达到怎样的程度，存在什么误解？学生从哪里开始学习，适合用什么样的学习方法完成学习任务？在单元教学的开始，我们可以设计前测，对学生的潜在状态进行调研和分析。根据潜在状态进行后续的教学设计，通过启发性问题和挑战性任务,让学生不断思考核心概念并逐步接近概念的内涵,发展高阶思维。

在《面积》单元教学前,对学生进行下面的前测。(图 2-109)

1.我来涂一涂:下面这些图形有面积吗?请你用红色水彩笔表示出来。

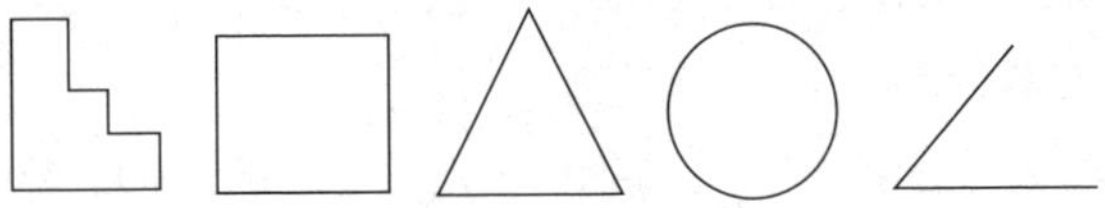

2.我来试一试:在下面的括号里填上合适的单位。

数学书封面的面积是 6 (　　　)　　　　橡皮正面的面积是 8 (　　　)

课桌面的面积是 24 (　　　)　　　　教室地面的面积是 49 (　　　)

图 2-109

如图 2-110 所示,第一题学生有三种情况。第一种情况的学生将面积与之前学过的周长概念混淆起来;第二种情况的学生借助生活经验,将"面积"与"图形边框内部"联系起来,误认为平面图形都有面积;第三种情况的学生对图形的面积有正确的理解。

图 2-110

对于第二个问题,学生之前有度量长度要用长度单位的学习经验。部分学生填了长度单位,不知道测量面积要用面积单位;部分学生填了面积单位,但是没有建立面积单位准确的表象,也没有"面积是几个面积单位拼接的结果"的经验,错误率高,说明学生还不会定量刻画图形的大小。

从前测的情况看,只有让学生对"面积单位"有准确的认识,在测量中才能真正理解面积的本质。

结合两个维度的分析,教师可以和学生合作,一起完成《面积》单元 KWH 表,将其作为单元教学理解核心概念的导引,驱动自主学习。(表 2-7)

表2-7　《面积》单元KWH表

Know：本单元我已经知道了什么？（请尽可能具体描述）	What：本单元学习我还想知道什么？（请列出尽可能多的问题）	How：学了本单元知识我可以解决怎样的问题？（理解"面积单位"）
1. 我观察到生活中哪些现象和本单元的学习有关？ 2. 回顾一下，和本单元相关的数学知识有哪些？ 3. 本单元哪些知识我已经有些了解了？ 4. 其他：	1. 2. 3. 4. 5.	1. 会区分面积和周长，知道面积单位可以测量面积的大小。 2. 认识常用面积单位，能填写合适的单位，进行估测。 3. 知道面积单位间的进率，会准确换算。 4. 会用"面积是几个面积单位拼接的结果"推导长、正方形的面积计算公式，准确计算。 5. 用铺"单位面积"的思路解决实际问题，感悟策略多样。

（二）元认知支架，监控过程

元认知支架，搭建脚手架，让学生能够逐渐意识到他们是如何开展学习，如何不断拓展学习的方法，并对过程进行自我调节和监控的。这种评价工具可以用于单元教学的展开阶段，使用各种方法和形式，把学生对核心概念的理解逐步引向深入，在单元教学的不同阶段收集大量理解的证据，监控整个过程。在具体使用时，设计五大支架：学习单，在单元课时教学中使用，自我表征对知识的理解，留下思考痕迹；出门票，在单元课时教学后使用，完成练习，在运用中对理解进行诊断；思维图，在单元学习完成后使用，梳理结构联系，在理解的基础上画出单元思维导图；任务卡，在单元学习的最后使用，设计表现性任务，在具体情境应用中激发持久理解；日志本，记录每个单元课时的学习过程，在反思中加深理解的程度。

1. 学习单：表征，留下思考痕迹

在设计学习单时要紧扣单元课时内容，将学生对知识的内在理解进行外在表征，留下学习过程中的思考痕迹。按照功能不同，学习单可分为课前预学单、课中导学单、课后延学单。

（1）课前预学单，表征"真实理解"

设计课前预学单，目的是单元课时教学开始前，先让学生进行适度预学，对新的学习内容进行自主尝试，暴露"真实理解"。学生存在个体差异，从预学单中可以看到，有一些认知接近内涵，有一些只是"皮毛"，甚至还可能有"误解"，收集这些"理解证据"，通过分析梳理，这些"理解证据"将成为教师在教学中引导学生走向"真正理解"的典型材料。以人教版数学教材五年级下册的《图形的运动（三）》单元为例，本

单元的核心概念是"描述图形的运动",以理解"旋转变换"为主线。学生在人教版数学教材二年级下册学习时已经初步感受旋转现象,在五年级将进一步自主探索旋转特征。设计下面的预学单,学生进行阅读、填空、画图等自主表征,暴露出对旋转新知的"真实理解"。

五年级下册《旋转》预学单

请你先自学下面的小资料,再尝试完成小任务。

小资料:

二年级时我们认识了生活中的旋转现象。仔细观察下面的旋转现象,你发现了吗? 它们都是绕着某一个点在旋转,这个点称为旋转中心。旋转时方向还可以不同,钟面上时针的旋转方向,叫作顺时针方向;和时针的旋转方向相反的是逆时针方向。旋转时的角度称为旋转角。(图 2-111)

（a）　　　　　　　（b）　　　　　　　（c）

图 2-111

任务 1:想一想,填一填(图 2-112)

从"12"到"1",时针绕点 o 顺时针旋转(　　　)度。

从"12"到"2",时针绕点 o 顺时针旋转(　　　)度。

从"(　　)"到"(　　)",时针绕点 o 顺时针旋转(　　　)度。

图 2-112

任务 2:想一想,画一画(图 2-113)

你能在格子图中画出 △ABC 绕 A 点逆时针旋转90° 后的图形吗?

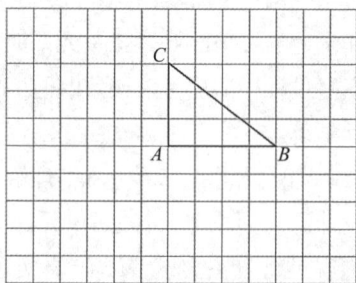

图 2-113

梳理学生完成的预学单可以发现:通过自学小资料,学生能很快认识旋转的"三要素"，任务1的正确率很高，说明这不是需要重点理解的内容；在给出旋转"三要素"，学生尝试画出图形旋转后的位置时，出现了下列几种典型情况（图2-114），这些"证据"将在接下来的课时教学时重点讨论，引导学生真正理解旋转的特征。

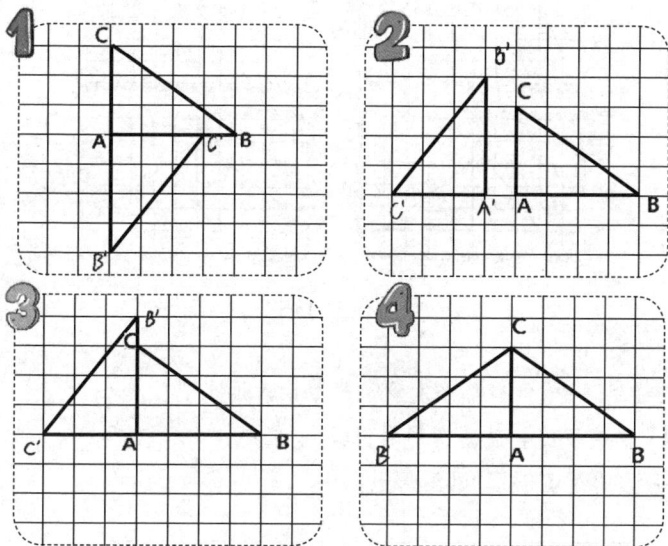

图 2-114

（2）课中导学单，表征"真正理解"

将学生自主探索的过程设计成课中导学单，在单元课时教学展开过程中使用，引导学生对新知逐步走向"真正理解"。从导学单中可以看到，学生走向"真正理解"的路径和方法各不相同；收集这些"理解证据"，通过进一步讨论和交流，有助于学生提炼策略，为接下来的"深入理解"做好铺垫。以人教版数学教材五年级下册的《图形的运动（三）》单元为例，为了梳理预学单上的典型材料，我们设计了下面的导学单，学生借助实物、线段、点等学习材料验证，在作品上操作、标注、画图，进行自主表征，在交流中对旋转特征走向"真正理解"。

五年级下册《旋转》导学单

◆判断：下面的作品画对了吗？请你想办法验证，可以用上锦囊里的工具。将验证的过程表示在作品上，可以写一写、画一画，让大家都能看明白。

在格子图中画出△ABC绕A点逆时针旋转90°后的图形。（图2-115）

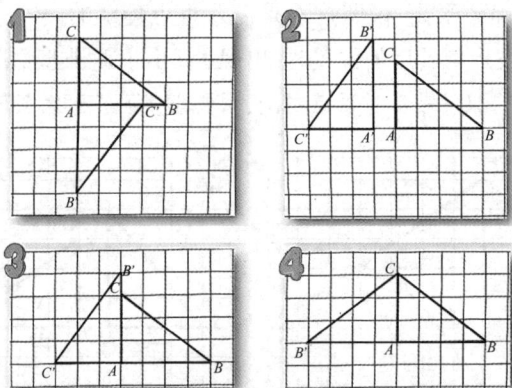

图 2-115

◆ 思考:通过讨论,你有什么发现? 赶紧记录下来吧!

"三要素"确定了旋转后新图形的位置,它们是:_____

旋转后画出的新图形,与原图形比:

不变的是:_____

变化的是:_____

◆ 尝试:你会按要求画图了吗? 赶快来挑战一下!

★①请在格子图中画出△ABC 绕A 点顺时针旋转 90° 后的图形。(图 2-116)

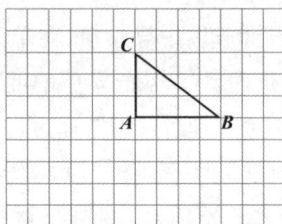

图 2-116

★★②请在格子图中画出△ABC 绕B 点逆时针旋转 90° 后的图形。(图 2-117)

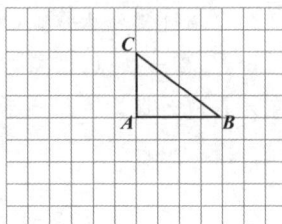

图 2-117

③挑战成功了吗？我想和大家分享：_____

梳理学生完成的导学单，可以发现学生在理解旋转特征的过程中，路径各不相同：有的借助实物三角形研究，如图2-118（a）所示，发现旋转后三角形的位置变了，形状大小没有改变；有的借助小棒来研究，如图2-118（b）所示，发现旋转后三角形上的每条边都绕A点向同一方向旋转了相同的角度；有的借助格子图上的格点来研究，如图2-118（c）所示，发现旋转后三角形上每个点都绕A点向同一方向旋转了相同的角度。收集这些证据，引导学生进行分享、交流，逐步提炼出在格子图中画出图形旋转后的位置，基本策略是"找关键点"的位置。

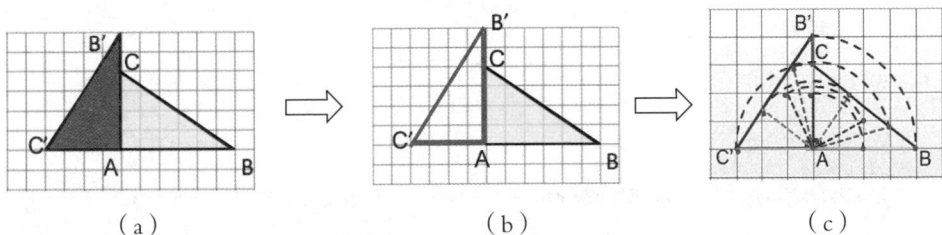

（a）　　　　　　　　　（b）　　　　　　　　　（c）

图 2-118

（3）课后延学单，表征"深度理解"

课后延学单是在单元课时教学的最后使用，设计时将学习内容进行拓展，延伸到更广阔的领域，激发学生对新知的深度理解。从延学单中可以看到，学生对新知的理解程度不同，收集这些"理解证据"，通过展示和分享，能激发思维，带动更多学生加深理解。以人教版数学教材五年级下册的《图形的运动(三)》单元为例，在课的最后，我们设计了下面的延学单，学生运用"旋转"知识，在静态图案上动态还原图形变换过程，通过想象、标注、画图进行自主表征，在展示、分享的过程中深入理解旋转特征。

五年级下册《旋转》延学单

这幅作品是荷兰版画大师埃舍尔画的一幅平面镶嵌图案(图2-119)。你能在图中找到"旋转"吗？你能找到哪些不同的旋转？

想一想：哪个图形在旋转？把这个图形描出来。

画一画：它是怎样在旋转的呢？把旋转"三要素"在图中表示出来。

说一说：和同桌说说图形旋转的过程。

图 2-119

梳理学生完成的延学单,发现学生理解力的不同:有的学生能在作品中发现旋转,但是因为旋转角度不是 90°,不能用"三要素"准确描述旋转过程;有的学生能将图案转化为图形,用"找关键点"位置的策略,准确描述旋转过程;对于同样的基本图形"鱼",还有的学生能变化旋转"三要素",想象出不同的旋转过程。(图 2-120)

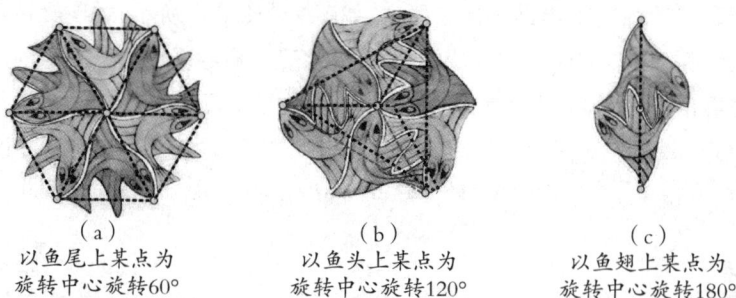

(a)	(b)	(c)
以鱼尾上某点为旋转中心旋转60°	以鱼头上某点为旋转中心旋转120°	以鱼翅上某点为旋转中心旋转180°

图 2-120

2. 出门票:运用,诊断知识掌握

出门票是一种及时检测的方式。上完课后,学生马上运用新知完成练习,教师对学生的理解进行诊断,并根据"出门"情况及时调整下一课时的教学设计。按照类型不同,出门票可以分为进阶练习和项目活动。

(1)进阶练习,诊断理解深度

针对有差异的学生,教师设计一些有思维层次的进阶练习,分为"易错题、变式题、综合题"三阶,使学生在运用中巩固知识,诊断学生的理解深度。对练习的达成度进行分析,达到"一阶"、"二阶"、"三阶"的各有几人,收集这些"理解证据",教师可以对本课时的教学过程进行反思,在下一课时"查漏补缺"。以人教版数学教材四年级上册的《角的度量》单元为例,本单元的核心概念是"度量单位的建立",以理解"角的度量"为主线。第二课时《角的度量和分类》学完后,设计下面的进阶练习,让学生独立完成,及时进行诊断。

四年级上册《角的度量和分类》进阶练习

★ 判断

①12 时整,时针和分针形成一个周角;6 时整,时针和分针形成一个平角;3 时或 9 时整,时针和分针形成一个直角。( )

②一个钝角分成两个角,如果其中一个角是直角,那么另一个角一定是锐角。( )

③把一个 30° 的锐角放在可以放大 5 倍的放大镜下,我们看到一个 150° 的钝角。( )

★★ 填空（图2-121）

用平面图形进行密铺，图2-121（a）中∠1=（　　　　）°；图2-121（b）中
∠2=（　　　　）°。

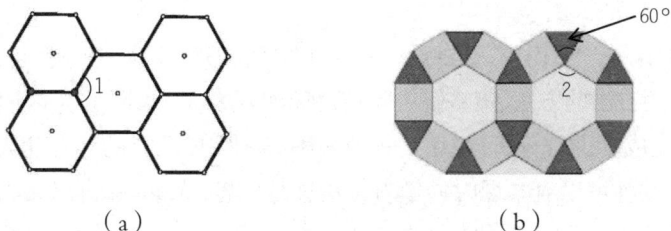

（a）　　　　　　　　　　　（b）

图 2-121

我发现平面图形能密铺，拼接处所有角合起来正好是（　　　　）°。

★★★ 解决问题

量一量，算一算，下面这些角中，哪几组角相等？（图2-122）

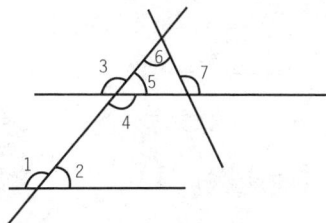

图 2-122

我的发现：_____

_____

_____

 我达到了（　　　　）阶

全班共42人，统计进阶练习的达成情况。

进阶	达成一阶	达成二阶	达成三阶
人数	35	24	11

"一阶"绝大部分学生能达成，错误率比较高的是判断题3，说明个别学生对于
"角的定义"中，"角的大小与什么有关"的这个点比较容易出错，理解不到位；"二阶"
达成情况也还不错，错误率比较高的是"∠2的度数"，说明在新情境中，部分学生对

"周角和直角"的定义理解不够灵活;达成"三阶"的只有少部分学生,问题解决中需要综合应用角的测量、角的分类知识,并进行逻辑推理和观察归纳,说明大部分学生对知识的综合理解水平仍需提升。

(2)项目活动,诊断理解广度

教师针对某些学习内容,可以设计一个开放性的项目活动,让学生可以自主选择不同的材料,用自己的方法、策略解决问题,获得学习体验,诊断学生的理解广度。对项目活动的完成度进行分析,能用一种或多种方法完成项目的各有几人;收集这些"理解证据",教师可以对本课时的学习方法进行反思,在下一课时"查漏补缺"。以人教版数学教材四年级上册的《角的度量》单元为例,第三课时《画角》学完后,设计下面的项目活动,让学生独立完成,及时诊断理解。

四年级上册《画角》项目活动

选择下面的工具,你能画出几度的角呢? 你是怎么做的? 先动手操作,再在方框里画下草图,让人一眼看明白。(图2-123)

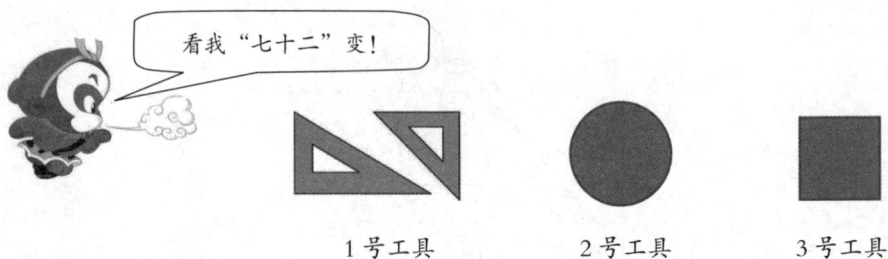

1号工具　　　2号工具　　　3号工具

图2-123

① 我选择(　　)号工具,我能画出(　　　　　　　　　　)的角。
我的操作过程(画一画,写一写):

② 我还选择(　　)号工具,我能画出(　　　　　　　　)的角。

我的操作过程(画一画,写一写)：

全班共 42 人,统计项目活动的完成情况。

材料	选择一种	选择两种	选择三种
人数	41	30	15

从数量看,学生基本都能选择一种材料完成项目,选择两种的也不少,还有部分学生能选择三种完成。从质量看,选择好材料后,有的学生只是简单罗列,没有找到规律;有的学生能有序思考,根据规律,列出所有可能,如图 2-124 所示。从完成度来看,学生局限于使用量角器画角,对材料的选择与策略的运用之间的把握欠缺,理解的广度需要加强。

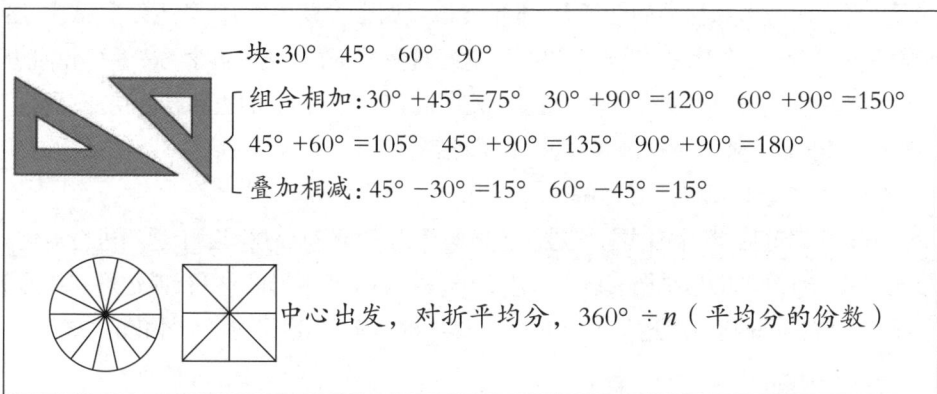

一块:30°　45°　60°　90°

组合相加:30°+45°=75°　30°+90°=120°　60°+90°=150°
45°+60°=105°　45°+90°=135°　90°+90°=180°

叠加相减:45°-30°=15°　60°-45°=15°

中心出发,对折平均分,360°÷n(平均分的份数)

图 2-124

3. 思维图:联系,搭建知识框架

单元教学结束后,教师围绕本单元的核心概念,结合图文,搭建知识的结构框架,使学生根据理解形成凸显联系的思维导图。思维导图关注形式和内容:在形式上指导学生展现理解脉络,以核心概念为中心,单元主题为分支,重要内容为枝丫,搭建框架;在内容上学生自主设计,反映出对本单元核心概念的个性理解。

（1）框架搭建,展现理解脉络

教师指导学生将单元的核心概念放在正中间,这是思维导图的"中心";再由此进行发散,回顾从哪几个主题的学习对核心概念进行理解,这是思维导图的"分支";

然后将各分支再细化,重要内容成为"枝丫";最后,将中心与分支连起来,不同分支用不同颜色;分支和枝丫的连线要比中心与分支的连线细一些。以人教版数学教材四年级上册的《平行四边形与梯形》单元为例,图形认识的核心概念是"图形特征",教师可以和学生一起回顾,先把本单元理解的脉络展现出来。(图2-125)

四年级上册《平行四边形和梯形》思维图框架

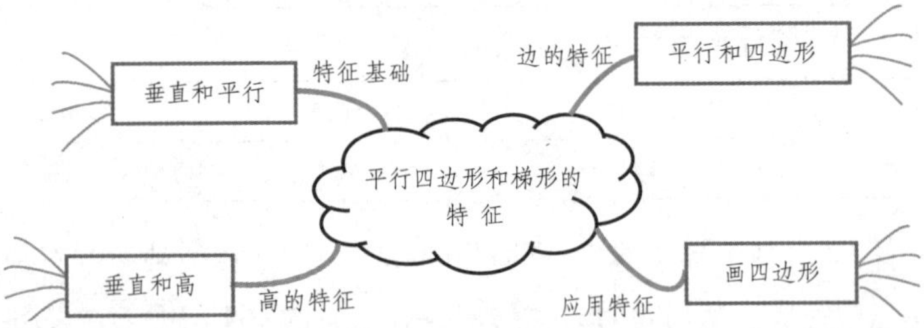

图 2-125

图2-115中展现了《平行四边形和梯形》单元的理解脉络。本单元的核心概念是"平行四边形和梯形的特征"。本单元通过四个主题内容,使学生发散思考,逐步理解核心概念:先学习"垂直和平行",这是理解特征的基础;再学习"平行和四边形""垂直和高",分别从平行、垂直角度理解平行四边形、梯形的边和高的特征;最后,应用平行四边形、梯形特征画四边形,加深理解。

(2)自主设计,反映个性理解

框架搭建好后,学生自主补充枝丫上的具体内容,还可以在图案上适当进行美化,形成反映个性理解的思维图。以人教版数学教材四年级上册的《平行四边形和梯形》单元为例,在"画四边形"这条支干上,如图2-126所示,学生展现了个性化的"枝丫"。

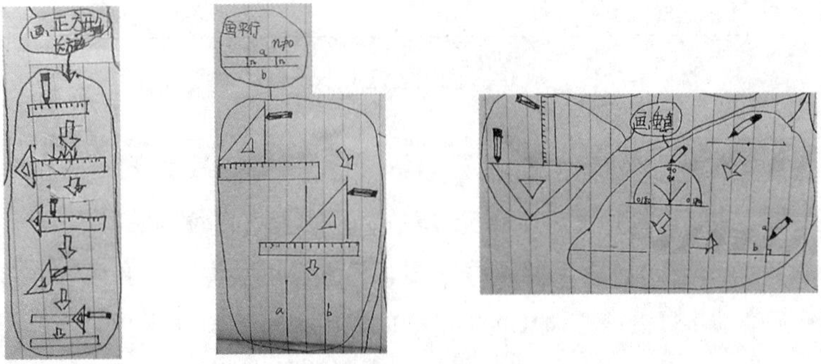

(a)　　　　　　(b)　　　　　　(c)

图 2-126

截取学生思维图中"画四边形"这条支干的部分枝丫。学生根据自己的理解,大致有两种情况：一种是从"画什么样的四边形"进行枝丫分叉，画长方形、正方形、平行四边形、梯形的步骤，如图（a）所示，结合图文分步演示了画长方形、正方形的步骤；一种是用"画四边形的方法"进行枝丫分叉，如图（b）和（c），结合图文直观展示"画平行""画垂直"的不同方法。

4. 任务卡：迁移，发展综合能力

教师在本单元的最后使用任务卡，设计表现性任务。学生一般需要亲身实践，在3–5天内完成，在具体情境应用中激发对"核心概念"的持久理解。表现性任务的情境与生活紧密结合，学生在解决问题的过程中综合应用所学知识，灵活迁移，展现不同的表现。在设计任务卡时：可以是挑战任务，激发理解力；也可以是真实任务，拓展理解面。

（1）创设挑战任务，激发理解力

任务卡的内容不局限于教材知识，创设挑战任务，促使学生综合运用所学的知识、方法，在新问题情境中迁移，创造性完成任务，激发理解力。以人教版数学教材三年级上册的《面积和面积单位》单元为例，单元学习结束后，教师可以发布《估计操场的面积》任务卡（图 2–127），请学生自己想办法在一周内完成任务。

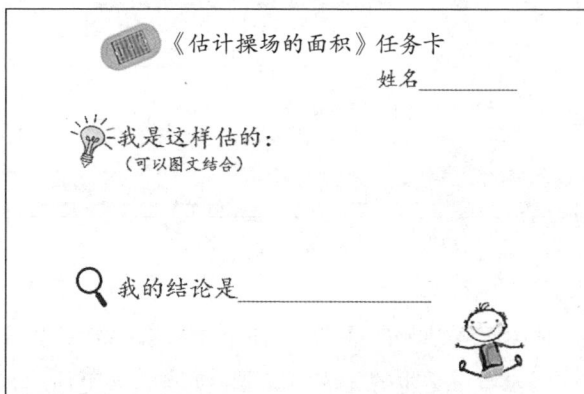

图 2–127

该怎么估测大面积呢？这对于三年级的学生来说是一个挑战。学生调动已有的知识储备，激发理解力；通过实践，创造性地解决问题。方案 1，面积单位度量：用 1 米的步数测量，想象用 1 平方米的面积单位铺操场，一行大约能铺几个，能铺几行，相乘得到面积单位个数，就是操场的大约面积。方案 2，用单位面积推算：以已经知道的多功能厅的面积为度量单位，操场大约有几个多功能厅，就能推算出大约的面积。方案 3，运用公式计算：运用长方形的面积计算公式，用一个大长方形去框操场，计算得到大约面积。（图 2–128）

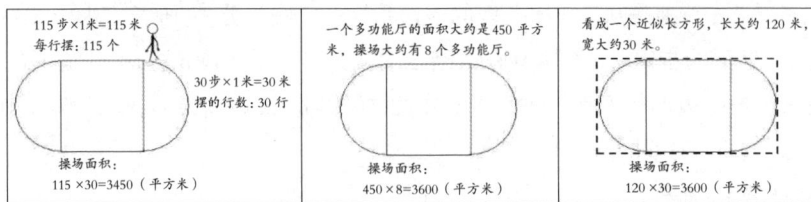

图 2-128

（2）创设真实任务，拓展理解面

　　任务卡的内容可以跳出教材文本内容，教师结合生活实际，创设真实任务，用数学眼光分析生活现象，感受数学的价值，拓展理解面。以人教版数学教材四年级上册的《角的度量》单元为例，单元学习结束后，教师可以发布《滑梯角度的研究》任务卡（图 2-129），请学生想办法小组合作在一周内完成任务。

图 2-129

　　教材上学习了对各种角的测量，生活中角的度数"有讲究"吗？这是四年级学生的研究兴奋点。一起来看看学生的完成情况吧！如图 2-130 所示，学生从"滑梯角度的研究"切入，主动用角度测量知识分析，解释生活现象，对角有更加全面的理解。

（a）　　　　　　　　　　（b）

图 2-130

5. 日志本：反思，记录形成过程

"日志本"是一本学习日志，记录整个单元的学习过程。一个单元学完后，学生可以翻阅日志本，回顾整个单元学了哪些新知，是怎么学习的，及时进行自我反思，对核心概念的逐步理解有一个整体的认识。"日志本"承载了两大功能：剪贴簿，回顾理解进程；小日记，反思理解内容。

（1）剪贴簿，回顾理解进程

将每个课时的学习单、出门票，单元结束后的思维图、任务卡都及时粘贴到"日志本"上，这时"日志本"就是剪贴簿，有记录功能。以人教版数学教材四年级上册的《三位数乘两位数》单元为例，下面是一名学生日志本上的部分粘贴内容。（图2-131）

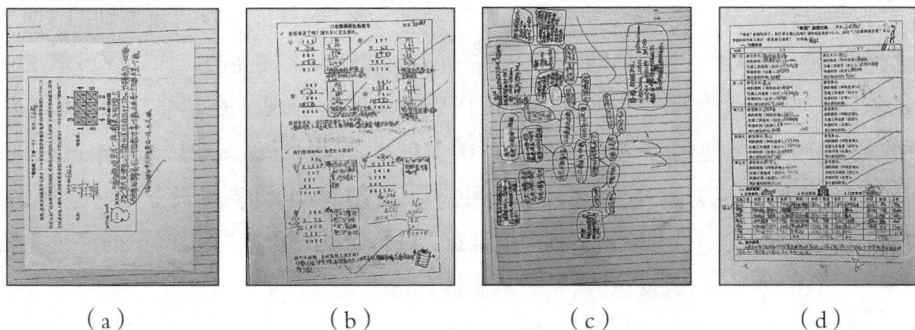

（a） （b） （c） （d）

图 2-131

这些粘贴内容，体现了学生对"三位数乘两位数"的理解不断深入。第1张图是"铺地锦了解一下"，这份"学习单"把古代的计算方法和竖式计算进行沟通，进一步明确算理和算法；第2张图是"三位数乘两位数的纠错练习"，这张"出门票"将典型错题进行变化升级，提升计算的准确性；第3张图是"思维图"，围绕"运算意义"，自主完成这个单元的思维导图，凸显乘法运算的内在联系是"几个几"；第4张图是"设计春节出游方案"，这张"任务卡"是"三位数乘两位数"在生活中的实际运用，算、用结合。

（2）小日记，反思理解内容

填写"日志本"上的反思单，这时"日志本"就是"小日记"，具有自我反思功能，反思本单元的理解内容。以人教版数学教材四年级上册的《三位数乘两位数》单元为例，下面是一名学生日志本上的记录。

	我最重要的收获	联系角度	三位数乘两位数和两位数乘两位数的计算方法是一样的。
		方法角度	用小棒图圈一圈，可以知道竖式每一步的意义。
我的反思	我还困惑的问题	问题描述	三位数乘两位数在计算时有什么巧方法？
		解决方法	梳理不同类型，进行方法归类。
	我的学习感受		这个单元对我来说不难，我通过自学就会准确计算了。但是通过学习，我还要弄清为什么可以这么计算，有什么好方法可以巧算。

小日记中，学生从收获、问题和感受三个方面，反思了本单元的理解内容，获得了积极的学习体验。这为后续"除数是两位数的除法"的学习埋下了孕伏，两个单元的学习方法、学习经验都是可以借鉴的。

（三）评价量规，指向成长

教师设计评价量规，具体罗列评估维度与评分标准，保证评价与收集到的"理解证据"保持一致，给学生具体的反馈，并帮助学生识别可以提高的方面。评价量规具体落实到学生单元学习的过程中，将理解形成过程可视化，成为促进学生数学素养提升的载体。在具体使用时，教师可以设计两类量规：流程量规，展现认知理解过程，可用于学习单评价；能力量规，描述理解水平差异，可用于"出门票""任务卡""思维图"的评价。教师运用评价量规能对"理解证据"进行量化评价。"日志本"的评价主要体现在"小日记"的自我反思，这是一种质性评价。

1. 流程量规，展现认知理解过程

流程量规是按照学生自主探究的过程进行设计的评价量规，每个步骤为评估维度，将学生在每个步骤所达到的不同水平分级，支持和促进学生像"小数学家一样思考"时的学习表现。可以用流程量规来评价每个单元课时的"学习单"中展现的认知理解过程。以人教版教材四年级上册的《三位数乘两位数》单元为例，其中有一课时是《积的变化规律》。教学时，教师根据学习单上的学习步骤，设计流程量规（表2-8），对学生展现的认知理解过程进行评价。

表2-8　《积的变化规律》流程量规

项目	等级			
	1（入门）	2（成长）	3（熟练）	4（模范）
猜想	提出大致猜想，知道"积的变化"与"因数"有关。	能从"一个因数"变化引起"积的变化"的角度提出猜想。	能从"两个因数"变化引起"积的变化"的角度提出猜想。	能从"两个因数"怎么变化可以让"积不变"的角度提出猜想。
计划	计划不清晰，想到了举例。	计划中有体现举一些例子，观察"因数变化"和"积变化"的关系。	计划比较清晰，有体现举例、观察、总结等步骤。	计划中不仅有清晰的步骤，还有具体的操作描述。

续 表

项目	等级			
	1（入门）	2（成长）	3（熟练）	4（模范）
探究	举例简单罗列，看不出研究的过程。	过程中看到了举例，用简单图示试着表示规律。	能举出不同类型的例子，比较全面地研究规律。	举出不同类型的例子开展研究，并能试着用语言总结规律。
改进	讨论后，在原来研究过程中看到了简单补充。	讨论后，对自己研究过程中的举例、结论进行修改，更加准确。	讨论后，能将他人的研究成果也记录下来，结论更加完整。	讨论后，不仅主动补充，而且对研究过程中的关键点标识。
验证	不清楚图和算式的关系。	能将图和算式中的量对应。	能画图解释一种规律。	能画图解释多种规律。

　　学生在学习《积的变化规律》时，按照学习单上的"猜想—计划—探究—改进—验证"来开展学习活动，留下思考痕迹。这节课的流程量规以这五个学习步骤为评估维度，按照不同学习表现分为四个等级：入门级、成长级、熟练级和模范级，进行1~4的赋分，作为评分标准。学生完成学习单后，对照流程量规进行评价，就能明白自己在认知理解过程中，每个步骤所处的水平和可以改进的方向。如表2-9所示，这是张同学完成学习单后，教师依据流程量规，对每个步骤进行逐项的定量评价。表中的"★"显示了该同学对"积的变化规律"的理解过程：整体来看，这个同学达到了熟练级，认知理解比较好，模范级是今后努力的方向；在进行到改进环节时，有些欠缺，需要再进一步提升。

表2-9　张××的《积的变化规律》流程量规

项目	等级			
	1（入门）	2（成长）	3（熟练）	4（模范）
猜想	提出大致猜想，知道"积的变化"与"因数"有关。	能从"一个因数"变化引起"积的变化"的角度提出猜想。	能从"两个因数"变化引起"积的变化"的角度提出猜想。★	能从"两个因数"怎么变化可以让"积不变"的角度提出猜想。
计划	计划不清晰，想到了举例。	计划中有体现举一些例子，观察"因数变化"和"积变化"的关系。	计划比较清晰，有体现举例、观察、总结等步骤。★	计划中不仅有清晰的步骤，还有具体的操作描述。
探究	举例简单罗列，看不出研究的过程。	过程中看到了举例，用简单图示试着表示规律。	能举出不同类型的例子，比较全面地研究规律。★	举出不同类型的例子开展研究，并能试着用语言总结规律。

续 表

项目	等级			
	1（入门）	2（成长）	3（熟练）	4（模范）
改进	讨论后，在原来研究过程中看到了简单补充。	讨论后，对自己研究过程中的举例、结论进行修改，更加准确。★	讨论后，能将他人的研究成果也记录下来，结论更加完整。	讨论后，不仅主动补充，而且对研究过程中的关键点标识。
验证	不清楚图和算式的关系。	能将图和算式中的量对应。	能画图解释一种规律。★	能画图解释多种规律。

2. 能力量规，描述理解水平差异

能力量规从维度和发展程度两方面进行设计，评价某项能力，对理解水平差异进行具体描述。通过出门票、任务卡、思维图收集"理解证据"，梳理证据中主要是哪些能力，设计相应的能力量规进行评价。以人教版数学教材三年级上册的《面积和面积单位》单元的任务卡《用篱笆围菜地》为例，教师可以设计"解决问题能力"的量规（表2-10），评价学生不同的理解水平。

表2-10 《用篱笆围菜地》能力量规

项目	等级			
	1（入门）	2（成长）	3（熟练）	4（模范）
策略	不能根据信息围出菜地。	能根据周长信息围出一种情况。	能根据周长信息围出两种情况。	能将不同情况进行分类思考，根据周长信息围出多种情况。
过程	计算过程不准确。	计算过程有一些小错误。	计算过程准确。	计算过程图、文结合，准确、直观。
结论	没有结论。	有简单的结论。	结论中有一些经验总结。	结论中有一些周长和面积的关系提炼。

学生在完成《用篱笆围菜地》任务卡时，解决问题的能力很重要。教师在设计这个任务的能力量规时，以问题解决的三个方面——策略、过程、结论作为评估维度，按照不同的理解水平进行分级描述，作为评分标准。学生完成任务后，对照能力量规进行评价，就能明白自己"解决问题能力"各方面的水平和改进方向。王同学完成的任务卡如图2-132所示。他可以用表2-10的能力量规进行自我评价：策略等级是4，思考了围篱笆的不同情况，不靠墙，一面靠墙，两面靠墙、三面靠墙等；过程等级是4，图文结合直观，计算过程准确；结论等级是3，有一些经验的总结。通过评价，他反思自己的问题解决能力总体不错，要努力的方向就是结论要从经验总结提升到关系提炼。

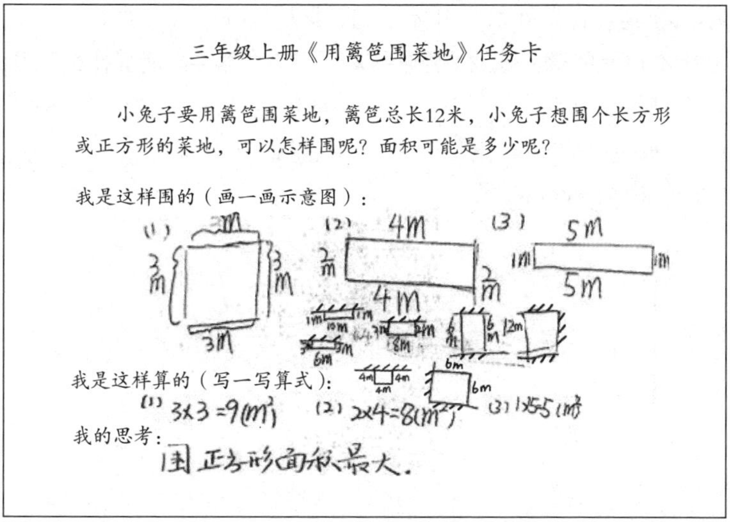
三年级上册《用篱笆围菜地》任务卡

小兔子要用篱笆围菜地，篱笆总长12米，小兔子想围个长方形或正方形的菜地，可以怎样围呢？面积可能是多少呢？

我是这样围的（画一画示意图）：

(1) 3m 3m 3m 3m (2) 4m 2m 2m 4m (3) 5m 1m 1m 5m

我是这样算的（写一写算式）：

(1) 3×3=9(m²) (2) 2×4=8(m²) (3) 1×5=5(m²)

我的思考：

围正方形面积最大。

图 2-132

三、总结与思考

综上所述，理解证据下的持续评价，是从“理解什么”到“怎么理解”，再到“理解得怎么样”。与传统评价不同，单元教学评价连续统以“理解”为核心，在评价过程中明确三个方面：学生需要达到怎样的理解？哪些可以作为学生理解的证据？如何判断学生理解的程度？教师通过评价做出诊断，促进学生学业水平的发展。单元教学评价连续统与单元教学的每个阶段相对应，不同阶段使用不同的方法进行针对性评价，是一个持续递进的过程：KWH 表引领评价的开始；中间部分的五大支架在规模上从简单到复杂，在时间上从短期到长期，在情境上从非真实到真实，在框架上从高度结构化到非结构化，持续收集理解的证据；最后运用评价量规对理解证据进行具体分析。

持续评价让理解可见。单元评价连续统的目的是收集理解的“证据”，在评价中让学生明白自己所处的水平和可以努力的方向，促进学生学业表现的提升。教师运用单元评价连续统中的学习单，能充分展现学生对新知的理解过程，促进核心概念的自主建构；运用单元评价连续统中的出门票、任务卡、思维图，能充分展现学生解决问题过程中的理解水平，促进核心概念的自主迁移；运用单元评价连续统中的日志本和评价量规，能充分展现学生单元学习过程中的持久理解，促进对核心概念的自主反思。

持续评价让教学有据。单元评价连续统引导教师关注“要促进学生理解什么”“学生是怎么理解的”“学生理解得怎么样”，从“生本”角度改进课堂教学。评价先行，引领整个单元教学。在单元教学开始前,教师从"教材"和"学生"两个维度,运用 KWH 表,分析本单元的核心概念,明确单元学习需要学生"理解什么";围绕核心概念,先进行整体架构,改变传统的备课方式。评价跟进,贯穿整个单元教学。在单元教学过程中,教师根据学习单、出门票、任务卡、思维图,了解学生"怎么理解"核心概念,依据证据及时调整教学过程。

第三章

典型课例，
展开对话实践

在这一章中，我们具体列举数学课堂中展开对话实践的一些典型课例。这些课例有的属于概念教学，有的属于问题解决，有的属于数学广角，还有的属于拓展活动，但都体现了"三种对话"在小学数学课堂上的实施策略。

◎ "主题中心"的设计：从领域视角，《植树问题》与"用除法解决问题"有什么关系？《真分数和假分数》如何全面理解分数概念？《条形统计图》如何与统计表建立关联？从单元视角，《平均分》如何围绕意义重组教材？《面积和面积单位》如何围绕核心概念进行单元整体架构？《平行四边形和梯形的认识》为什么两个内容放在一起学习？从课时视角，《旋转》如何在运动变化中加强特征体验……

◎ "同伴协作"的组织：通过学习《观察物体》《不规则物体的体积》《填数游戏》《涂色问题》《汉诺塔游戏》《三角形的反转》《有趣的进制》，学生直面学习对象，动手操作探索，与同伴合作交流，发展思维能力……

◎ "多维表现"的支撑：搭架脚手架，《填数游戏》中学习包的使用，《涂色问题》中正方体的拆分，《有趣的进制》中格子图的直观；激发内驱力，《三角形的反转》中氛围场的营造，《面积和面积单位》中学评单和任务卡的设计……

第一节 概念教学典型课例

《平均分》/围绕意义，重组教材内容

【内容简析】

《平均分》是人教版数学教材二年级下册第二单元《表内除法(一)》的起始课。除法的含义是建立在平均分的基础上的。从具体编排来看,教材通过让学生参与平均分的活动,探索平均分的方法,认识平均分的两种不同的情况:"等分"和"包含分"。同时通过让学生摆一摆、说一说、圈一圈等方式理解平均分,既重视平均分的过程,也注重对平均分结果的认识和表述。例1呈现了3种不同的分物情况,使学生在对比中获得对"平均分"的直观认识,理解平均分的含义。例2呈现了在现实生活中平均分物的一种情况——等分,体现不同分法只要合理都可以,并对平均分的结果进行了语言的描述。例3呈现了在现实生活中平均分物的另一种情况——包含分。例4、例5结合平均分中等分、包含分的情况,用除法算式表示平均分的过程和结果(符号表征),以及介绍除法算式各部分的名称。日常生活中平均分物时,结果包含两种情况:一种是恰好分完,没有剩余,《表内除法》单元学习这部分内容;另一种则是平均分后还有剩余的情况,这在本册第六单元《有余数的除法》中进行学习。

【设计思考】

1. 学生的学习困惑是什么?

我们发现,由于平均分的两种情况是分开教学的,先学"等分",再学"包含分",有的学生就先入为主,认为"等分"是平均分,而"包含分"不是平均分。另外,在学习平均分时,教材上提供的都是"恰好分完"的材料,一直到后面学习"有余数除法"时,才出现了"分而有余"的情况,有的学生就会认为"平均分都是恰好分完"。面对学生的困惑,能否整合教材,让学生一开始就对平均分有整体的认识,更好地为后面的除法学习进行铺垫呢?

2. 围绕意义,重组教材内容

在第一次尝试中,我们想把平均分和除法整合在一起进行教学,让学生经历从动作表征,到图形表征、语言表征,最后到符号表征的过程,从具体到抽象,让学生对"平均分"的认识从生活经验上升到数学概念。我们将教材中的例1、例2和例4整合,

教学环节的安排是：首先出示学生生活中的平均分实例，唤起生活经验，初步感知平均分；然后让学生自己动手分糖，用画图的方法进行表征，用规范的文字描述，明确平均分的意义；最后用除法算式记录平均分的过程和结果，使学生体会除法算式中每一个数的含义与平均分中各个数量的对应关系，为后面的除法学习做好准备。试教下来，我们发现课堂上学生一直在操作、画图、表述、列式，形式上虽然体现了层次，但对平均分的意义没有加深认识。

在第二次尝试中，我们开始思考，围绕平均分的意义"每份同样多"重组教材，让学生对"平均分"有全面的认识。例1、例2、例3整合："等分"和"包含分"一起教学，在对比中发现虽然情况不同，但是因为结果都是"每份同样多"，所以它们都是平均分。让学生体验根据实际情况不同，平均分的分法可以不同，但是要分得"每份同样多"；因为要"每份同样多"，所以平均分的结果可能是恰好分完，也有可能是分而有余。这一次教学下来，学生的操作、画图、表述都是围绕意义展开的，对平均分的意义有了整体的架构。

【课堂实录】

1.经验调动，引入主题

师：同学们，你们分过东西吗？这儿有6颗糖，要分成2份，你们能帮我分一分吗？

生：可以分成1颗和5颗，也可以分成2颗和4颗；还可以分成3颗和3颗。

师：看来，可以有不同的分法。如果老师要把这6颗糖分给两个小朋友，你们认为他们会喜欢哪一种分法呢？

生：喜欢每人3颗，大家一样多，这样比较公平。

师：大家都喜欢每人3颗的分法，因为"每份分得同样多"，像这种分法叫作平均分。（板书课题）今天这节课，我们一起来学习平均分。

2.结合实际，感悟分法

师（将一把糖放在实物投影仪上）：我们继续来分。老师这儿有一些糖，数一数有几颗？

生：12颗。

师：你们能把这些糖平均分给两个小朋友吗？谁想上来试一试？

一生上来直接将12颗糖分成6颗和6颗。

师：他在平均分吗？为什么？

生：是平均分，因为每份都是6颗。

师（摇一摇袋子）：好的，我还有一些糖放在袋子里了，不能看，你们还能把它们平均分给两个小朋友吗？

另一生上来从袋子里先摸出两颗糖,每份放 1 颗;接着再摸出糖,每份放一颗……这样操作,直到袋子里的糖被全部分完为止。

师:他在平均分吗?

生:每份都是 6 颗,他在平均分。

师:他们都在平均分,为什么分法不一样呢?

生:因为第一次分的时候颗数知道,所以可以直接分出来;第二次糖放在袋子里,不知道要分几颗,所以需要试着 1 颗 1 颗的分。

师:看来根据实际情况的不同,平均分的分法可以不同,但是每份都要分得怎么样?

生齐答:同样多。

3. 动手操作,明确意义

师:虽然两次分的分法不同,但是结果都一样。我们把 12 颗糖请到黑板上。

教师边圈,边引导学生说:(板书)把 12 颗糖平均分成 2 份,每份 6 颗。(图 3-1)

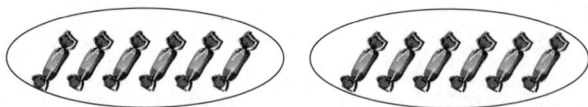

图 3-1

师:12 颗糖还能怎么平均分? 你能在纸上分一分、圈一圈,再写一写、说一说吗?

学生动手尝试。

师:好了吗? (出示学生的不同分法)让我们一起看一看! (图 3-2)

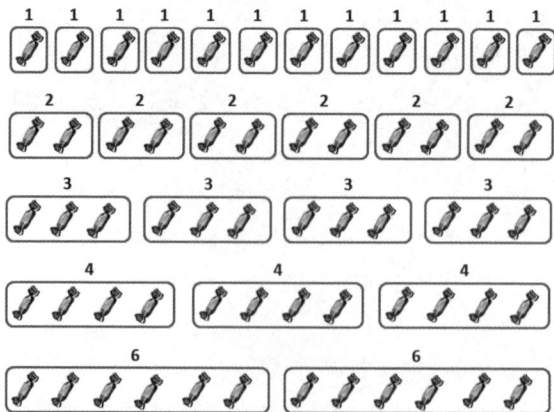

图 3-2

师：想一想，他们都是平均分吗？他们分得不一样，为什么都是平均分呢？

生：因为每份都是同样多。

4.对比沟通，加深理解

师：同学们学得真不错！看，谁来啦？兔妈妈来啦！瞧，她带来了一些胡萝卜，准备分给兔宝宝。有几根呢？一起来数一数吧！

生：1，2，3，4，…，16，一共有16根胡萝卜。

师：兔宝宝来啦，仔细看兔妈妈是怎么分胡萝卜的？

生看动画演示：来了8只小兔，每只小兔分到2根胡萝卜。（图3-3）

师：分完啦，你们知道兔妈妈是怎么分的吗？

生：兔妈妈把16根胡萝卜平均分给8只小兔，每只小兔2根。

师：第二天，妈妈又来分胡萝卜了。数一数，有几根胡萝卜呢？

生：有10根胡萝卜。

师：仔细看，兔妈妈是怎么分胡萝卜的？

生看动画演示：来一只小兔，分到2根胡萝卜；再来一只小兔，分到2根胡萝卜……分了5只小兔。第6只小兔来时，胡萝卜没有了。

师：呀，胡萝卜分完了，这该怎么办呢？别急别急，兔爸爸还有些胡萝卜。继续分吧！

生看动画演示：继续分胡萝卜，来一只小兔，分到2根胡萝卜；再来一只小兔，分到2根胡萝卜……一共分了8只小兔。

师：分完啦，你们看明白了吗，现在又是怎么分的呢？

生：16根胡萝卜，每只小兔2根，可以平均分给8只小兔。（图3-4）

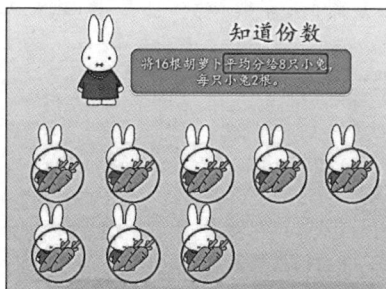
图 3-3

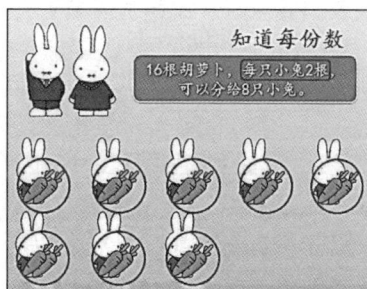
图 3-4

师：比较一下这两种分法，想一想，它们都是平均分吗？

生：都是平均分，因为每份都是同样多。

师：这两次平均分有什么不同呢？

生:第一次知道要平均分给 8 只小兔,不知道每只小兔可以分几根。

生:第二次知道每只小兔分 2 根,不知道要分给几只小兔。

师:是的,第一次知道平均分成几份,不知道每份是多少;第二次知道每份是多少,但不知道可以平均分成几份。看来,平均分有两种不同的情况。

5.巩固拓展,提前铺垫

师:接下来,我们就来独立完成一些练习吧!下面哪些分法是平均分?在括号里打钩。(图 3-5)

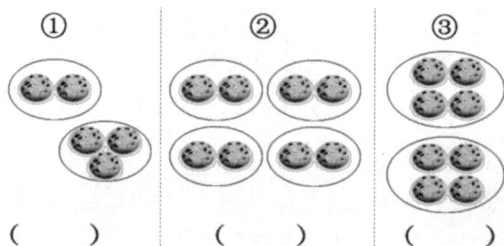

图 3-5

生:②和③是平均分。

生:①不是平均分,因为一份是 2 块,一份是 3 块,每份不是同样多。

师:如果把 8 块饼干平均分给 4 个小朋友,每人 2 块。是哪一种分法呢?

生:是第 2 种。

师:如果是第三种,他是怎么平均分的呢?

生:把 8 块饼干平均分给 2 个小朋友,每人 4 块。

师:我们再来试一试!这里有一些小立方体,请你数一数、圈一圈、填一填。(图 3-6)

上面一共有( )个小正方体,用它们摆长方体:

(1)如果摆这样的长方体 ,可以摆( )个。

(2)如果正好可以摆出 3 个一样的长方体,猜猜可能是下面的哪个图形?

A   B   C

图 3-6

生：一共有18个小正方体。1个长方体用了2个小正方体，可以每份2个圈一圈，圈了9份，所以可以摆9个。

生：我想到了一个乘法算式，2×9=18，所以可以摆9个。

师：平均分的过程可以用算式来表示呢，后面我们会继续学习。

生：第2题是把18个小正方体平均分成3份，每份是6个，所以A和C是对的。

生：如果是B，就要24块啦！

师：如果是B，每份8个，一起来圈一圈，你发现了什么？

生：还多出了2个小正方体。

师：看来平均分的结果，有时正好分完，有时分而有余。如果要再分一份，至少还需要几块小正方体？

生：还需要6块。

师：通过今天的学习，你对平均分有了哪些认识？

生：平均分有两种不同的情况：一种是知道每份是多少，另一种是知道平均分成几份。

生：当分的总量知道时，可以直接分；当总量不知道时，可以2个2个、1个1个地试着分。

生：平均分的结果可能正好分完，也可能有剩余。

……

【磨课背后】

这节课在俞正强特级教师（以下简称俞特）的指导下，在浙派名师活动中进行展示。本课教学设计围绕"平均分"的意义，对教材进行了结构化的重组，更好地对接学生的认知结构，为后续的除法学习奠定了基础。课堂上，二年级的学生思维活跃，积极参与，在沟通分享中对平均分的认识从生活经验上升到了数学概念。在磨课过程中，怎样的学习材料既能凸显平均分的意义，又符合低段学生的年龄特征，我们一直在实践和思考。下面分享几个磨课过程中的小片段。

1. 让糖藏起来：体验平均分的不同分法

镜头回放：教师出示一些糖，学生先数出数量，然后直接就平均分了。教师追问，还能怎么平均分？学生不明白，2颗2颗、1颗1颗分的方法始终出不来。

怎么呈现材料，才能让学生体验到平均分的不同分法呢？

俞特支招：可以有两个情境，一个是知道糖的数量，学生可以直接平均分；另一个是拿一个袋子把糖放进去，学生看不到糖的数量，2颗2颗、1颗1颗分的方法自然就出来了。

课堂实践：教师先出示12颗糖，顺应孩子们的思考，直接就分出每份是6颗。教师不追问不同的方法,接着拿出一个袋子,故作神秘地摇一摇,提出新的挑战:现在不知道糖的颗数,你还能平均分吗? 学生一下子活跃起来,可以先试着 2 颗 2 颗、1 颗 1 颗地分。在对比沟通中,学生很自然地得出结论:根据不同的实际情况,平均分可以有不同的分法,但是必须每份同样多。

2. 小兔子来了:对比平均分的不同情况

镜头回放:教师提供一些糖,请学生分一分、圈一圈、说一说。12 颗糖平均分成 3 份,每份有 4 颗;12 颗糖,每份有 4 颗,可以平均分成 3 份。教师提问,这两种平均分有什么不同? 学生说不到点子上,教师在讲解时比较理性,学生也不太感兴趣。

怎样的材料符合低段儿童特征,能让学生感悟到平均分有两种不同的情况呢?

俞特支招:根据小朋友的特点,可以放一个分东西的动画片,让学生观看动画片,动画片里面有平均分的两种情况,看了以后对比一下,就有感悟了。

课堂实践:用学生喜欢的"小兔米菲"为主人公,制作了兔妈妈两次分萝卜的动画片。学生们在观看时非常感兴趣,通过交流两次分萝卜的"同和不同",感悟到:第一次分萝卜时知道小兔的只数,但是不知道每只小兔分到的萝卜根数;第二次分萝卜时知道每只小兔分到的萝卜根数,但是不知道分给几只小兔。学生对平均分的两种情况有了直观的感受。

3. 改造正方体:感悟平均分的不同结果

镜头回放:教材上有一道分小正方体的习题,里面包含平均分的两种情况。教师在课堂上让学生完成,学生没有任何问题。能否将这个材料进行改编,把平均分"有时恰好分完,有时分而有余"也蕴含在里面呢?

俞特支招:可以增加一个选择项,将不能恰好分完的也放进去,引导学生展开一些讨论。

课堂实践:学生都认为 18 个小正方体不能搭出 3 个由 8 个小正方体组成的长方体。教师引导学生圈一圈验证,每份 8 个,能平均分成 2 份,还多 2 个;如果要平均分成 3 份,还需要 6 个小正方体。通过讨论,学生感悟到平均分的结果有时候"恰好分完",有时候"分而有余",为表内除法和有余数除法的学习做好铺垫。

《真分数和假分数》/扎根质疑,体验产生过程

【内容简析】

《真分数和假分数》是人教版数学教材五年级下册第四单元的内容。在三年级学生已经借助操作、直观的方式认识了"比 1 小""和 1 相等"的分数;通过学习真分数、

假分数(带分数是假分数的一种书写形式)，学生可以全面理解分数概念，有利于培养关于分数的数感。从内容呈现上，教材依次呈现直观涂色、比较辨析、归纳抽象的过程，帮助学生理解真分数、假分数的概念；接着用涂色的直观图对假分数进行拆分，引出带分数的概念。

【设计思考】

1. 学生的学习困惑是什么？

"假分数是分数吗？"课前访谈显示不少学生对此存在疑惑。由于之前学习的认知局限，学生容易产生负迁移，认为：如 $\frac{5}{4}$，平均分成 4 份，怎么可能取出 5 份呢？这一认知冲突是教学中的一个难点，也是学生本节课学习的真实起点。此外，教材将《真分数和假分数》的学习安排在《分数与除法的关系》学习之后。学生学习《分数与除法的关系》时，涉及的分数都是分子小于或等于分母的分数；而学习《真分数和假分数》时，又不再对《分数与除法关系》继续往下研究。这两个部分的内容被人为割裂。事实上，分数的产生和"平均分"有关，除法算式表示了平均分的过程，分数可以表示平均分的结果。这一结果根据所取份数的不同，可能是真分数，也有可能是假分数。要让学生理解这两部分内容的联系，加深对分数意义的理解。

2. 扎根质疑，体验产生过程

从学生的"质疑"出发，教学中要解决的核心问题应该是：让学生充分体验假分数的产生过程，从而深入理解假分数的意义。这样的意义建构，仅靠教材上呈现的静态图显然是不够的，必须借助直观的动态生成，让学生体验分数单位不断累加的过程。一开始累加的结果是真分数，累加到一定的程度就形成了假分数。

教师在教学中，创设具体的"分饼"情境，使学生暴露内在思维，在思辨中不断加深对假分数意义的理解：利用图形直观理解假分数的产生，分 1 个饼、2 个饼、3 个饼、4 个饼，当到分 5 个饼时，5 个 $\frac{1}{4}$ 就产生了假分数 $\frac{5}{4}$，继续往下分，n 个 $\frac{1}{4}$ 就是 $\frac{n}{4}$，会产生更多的假分数；在练习时，再次回到"分饼"情境，通过数形结合，让学生理解假分数用图怎么表示；在拓展时，可以借助"饼图"渗透假分数还可以写成带分数的形式。这样的设计，将"真分数和假分数的认识"与"分数与除法关系"有机融合在一起，借助"平均分"沟通"分数与除法关系"；同时，在用分数表示结果的过程中，使学生加深对真分数、假分数意义的理解。

【课堂实录】

1. 认知冲突，把握起点

师：同学们，今天我们继续来认识分数(板书 $\frac{1}{4}$)，一起读，它表示什么意义呢？

生：把单位"1"平均分成 4 份，这样的 1 份是 $\frac{1}{4}$。

师：$\frac{2}{4}$，$\frac{3}{4}$，$\frac{4}{4}$又表示什么呢？

生回答。

师：对分数我们已经有一些认识了。再看它(板书$\frac{5}{4}$)，你认为它是分数吗？为什么？

生：我认为它是分数，我看到过这样的分数。

生：我认为它不是分数，因为平均分成 4 份，怎么可能取 5 份呢？

生：我也觉得不是，分数最大是 $\frac{4}{4}$，都取完了。

师：看来同学们各有想法，那它究竟是不是分数呢？老师告诉你们，其实它是一个分数，就读作四分之五。那 $\frac{5}{4}$ 表示什么意思呢？请你拿出白纸，在纸上尝试着用图画一画 $\frac{5}{4}$ 表示的意思。来，一起试试看。

生自主表征，师巡视收集典型作品。

师：同学们表示起来有没有困难？看来要表示出 $\frac{5}{4}$ 还是有一定挑战的。不过不要紧，我们还是有一些同学用图表示出了他们心目中的 $\frac{5}{4}$。下面我们来看看(展示学生典型作品，一幅一幅浏览)，这些图表示的究竟对不对呢？等我们学完这节课再来判断，好吗？接下来，我们要进行一个分饼的活动，通过活动了解 $\frac{5}{4}$ 到底是怎么产生的。

2.单位叠加，体验产生

师：把 1 个圆饼平均分给 4 个小朋友，每人分到几个？用算式怎么表示？

生：每人分到 $\frac{1}{4}$ 个，$1\div 4=\frac{1}{4}$(个)。

课件演示：

师：2 个饼呢？怎么想的？还能用算式表示吗？

生：每人分到 $\frac{2}{4}$ 个，2 个 $\frac{1}{4}$ 是 $\frac{2}{4}$，$2\div 4=\frac{2}{4}$(个)。

师接着提问：那么 3 个饼呢？ 4 个，5 个，6 个，…9 个呢？

生回答，课件依次出示：

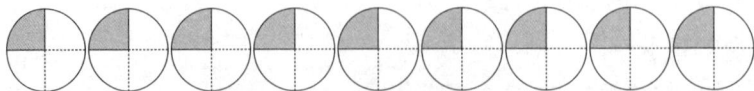

师引导学生观察黑板上的板书：

$1 \div 4 = \dfrac{1}{4}$

$2 \div 4 = \dfrac{2}{4}$

$3 \div 4 = \dfrac{3}{4}$

$4 \div 4 = \dfrac{4}{4} = 1$

$5 \div 4 = \dfrac{5}{4}$

$6 \div 4 = \dfrac{6}{4}$

$7 \div 4 = \dfrac{7}{4}$

$8 \div 4 = \dfrac{8}{4} = 2$

$9 \div 4 = \dfrac{9}{4}$

师：你有什么发现？

生：横着看，我发现被除数就是分子，除数就是分母。

师：分数和除法存在一定关系（板书 被除数 $\div$ 除数 $= \dfrac{\text{被除数}}{\text{除数}}$）。

生：竖着看，分得的结果每次多一个 $\dfrac{1}{4}$。

师：分数单位在不断累加，1 个 $\dfrac{1}{4}$ 是 $\dfrac{1}{4}$，2 个 $\dfrac{1}{4}$ 是 $\dfrac{2}{4}$……累加到几个 $\dfrac{1}{4}$ 时，就出现了 $\dfrac{5}{4}$ 了？

生：5 个 $\dfrac{1}{4}$ 是 $\dfrac{5}{4}$。

师：看来，$\dfrac{5}{4}$ 这样的分数是存在的，它是怎样产生的，你现在明白了吗？再继续累加下去呢？

生：会产生更多这样的分数。

师：如果请你在这些分数中划分界线，能把它们分分类吗？

生：在 $\dfrac{4}{4}$ 这里分开，上面是以前学过的"分子比分母小或分子和分母相等的分数"，下面是今天学的"分子比分母大的分数"。

师：我们关注到了"$\dfrac{4}{4}$"。在数学上规定，分子比分母小的分数叫作真分数，我们以前认识的大多数分数都是真分数。而像 $\dfrac{4}{4}$，$\dfrac{5}{4}$，$\dfrac{6}{4}$ 这样分子与分母相等或者分子比分母大的分数，我们称为假分数。假分数、真分数都是分数单位累加产生的，所以假分数也是分数。只是为了区分，分数单位累加到一定程度的时候，我们把分数分成了真分数和假分数。

3. 比较辨析，加深理解

师：好，认识了假分数，你会写吗？请你自己写 3 个真分数，3 个假分数，和同桌交流一下，你写对了吗？

师：老师写了一个分数 $\dfrac{(\ )}{6}$，猜猜，老师写的是真分数还是假分数？如果是真分数可能是六分之几？最大到六分之几？再大呢？如果写的是假分数，括号里可能是几？填得完吗？最大的假分数写得出来吗？最小是几？再小呢？

生口答。

师：看来真分数我们能找到最大的，假分数我们只能找到最小的。我们能根据要求写假分数了，那能不能根据图写出准确的分数呢？请用分数表示下面各图的涂色部分，并判断是真分数还是假分数，在假分数后面打上"$\checkmark$"。

①
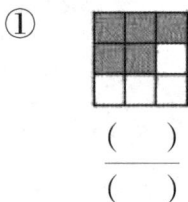

$$\frac{(\quad)}{(\quad)}$$

②
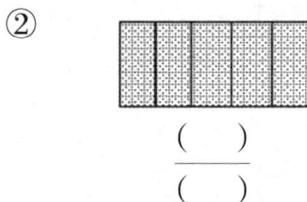

$$\frac{(\quad)}{(\quad)}$$

③
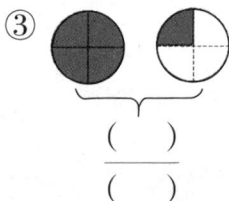

$$\frac{(\quad)}{(\quad)}$$

④
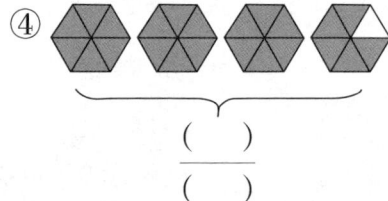

$$\frac{(\quad)}{(\quad)}$$

师:看来,大家对于第3张图有不同的意见。让我们再回到前面的分饼图上看看。

师(边用课件演示,边讲解):我们刚才一共分了9个饼,当分到5个饼的时候,我们一共分得5个$\frac{1}{4}$,它们分在5个圆里。现在我们把它们合起来,挪到一个单位"1"里,我们一边挪,一边数。挪到4个$\frac{1}{4}$正好是满一个饼,也就是满了一个单位"1",挪完了吗? 所以要表示5个$\frac{1}{4}$,1个单位"1"不够,我们需要再来一个单位"1",增加1个$\frac{1}{4}$,整幅图就表示5个$\frac{1}{4}$,也就是$\frac{5}{4}$。你看,$\frac{5}{4}$其实就是比1还多$\frac{1}{4}$,我们也可以写成这种形式(板书$1\frac{1}{4}$),读作一又四分之一,这种分数我们叫带分数,其实就是假分数的另一种形式。

师:6个饼呢? 7个饼呢? 8个、9个饼呢? 你能跟着课件和同桌说一说吗?

生和同桌交流。

师:所以第3张图应该表示$\frac{5}{4}$。刚才有同学说用$\frac{5}{8}$表示,是把什么看作单位"1"了?

生:把两个圆看成"1"了。

师:同学们,现在你对假分数有什么认识了? 还记得课开始的时候,大家用图表示$\frac{5}{4}$吗? 我们回过头来看看谁的表示方法是正确的?

生交流。

师:同学们,想过吗? 刚开始的时候,为什么大部分同学表示不出$\frac{5}{4}$? 只有怎样思考才能表示出来?

4.数轴直观,构建体系

师:同学们,学到这儿还有问题吗? 有一位同学学习后,提出了这样一个疑问"假分数大于真分数吗?"你们认为呢?

生讨论。

师:让我们请出数轴,帮助我们思考。

师(边进行课件演示,边带领学生思考):把 0 到 1 的长度表示 1 个饼,$\frac{1}{4}$ 在哪个位置? $\frac{2}{4}$,$\frac{3}{4}$ 呢? 如果是你们举例的真分数呢? 真分数在数轴上如何表示? 你发现了什么? 那么,$\frac{5}{4}$ 在哪个位置呢? 怎么想的? $\frac{9}{4}$ 的位置又在哪儿? 假分数在数轴上如何表示? 你发现了什么?

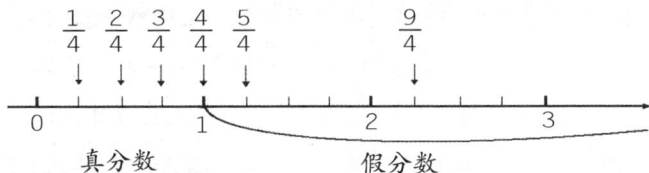

师:现在,你觉得"假分数大于真分数"这句话对吗?

生讨论。

【磨课背后】

非常幸运的是,在浙江省数学教研员斯苗儿老师的引领下,我参加了这节课的磨课团队,亲身经历了疑问、思考、实践、碰撞的过程,最大的收获是对数学课堂教学的有效性有了更深层次的领悟……什么是真实的数学课堂? 什么是有效的数学课堂? 一节课的研磨过程,让我的心中有了答案:真实的数学课堂不是教师仅凭教材搭建的"空中楼阁",更应该关注学习起点,牢牢扎根于学生的质疑;有效的数学课堂,不急于告诉学生"是什么",更愿意花时间去等待,在不断的思辨过程中,让知识在儿童心中自然地生长。

1. 激"疑":埋下知识的"新种子"

面对新知,学生到底在想些什么? 如何让知识真正生发在学生的需求中。在课的引入环节,教师就直接抛出了问题:$\frac{5}{4}$ 是分数吗? 好像和我们以前认识的分数不太一样。点燃了学生心中的疑问。可以看到:认为"是"的孩子,曾经看到过这样的分数,但是并不知道分数表示的意义;认为"不是"的孩子,大胆表达了自己的观点"平均分成 4 份,怎么可能取出 5 份呢"。了解学生对知识的真实反应,就能在他们心中埋下知识生长的"新种子",在后继的学习中,使种子不断生根发芽。

2. 辩"疑":等待知识的"慢生长"

知识建构的"慢",是为了知识内化的"快"。在"假分数是如何产生的"的思辨过程中,丰富知识生长内涵:教师通过"分饼活动",从 1 个饼,2 个饼,一直到 9 个饼,充分展示了分数单位不断累加的过程,学生在观察、分类中理解了真分数和假分数的本质意义;接着,教师创设了开放情境,放手让学生自己找找真分数和假分数,拓展了真分数和假分数的意义范畴。在"如何正确用图表示假分数的意义"思辨过程中,拓宽知识生长外延,再次回到"饼图",借助直观做出判断,并明白假分数还能化成带分数的形式。

3. 设"疑",催发知识的"强后劲"

"疑问"是思考的动力。让学生带着问题走进课堂,在课堂中讨论解决后,又能带着新问题走出课堂,进入下一个学习环节,赋予知识生长"强有力"的后劲。在本节课的最后,教师引导学生提出新的问题"假分数一定比真分数大吗",通过在数轴上标出"$\frac{(\ )}{4}$",让学生有了初步的感知。将数轴放在最后,从知识体系的角度来看,它首先是对所学知识的再提炼,完成了真分数、假分数的意义建构,在数轴上标出真分数和假分数,利用数轴的连续性丰富和完善分数的概念体系;它也是对后续新知学习的孕伏,在数轴上能直观地比较出真分数和假分数的大小,渗透假分数转化成带分数的方法。从能力培养的角度来看,"数轴"成为发展"数感"的载体,"找找$\frac{5}{4}$在哪里?""$\frac{9}{4}$呢?就是$\frac{8}{4}$多$\frac{1}{4}$,因此在 2 和 3 之间",巧妙渗透了"区间"的思想。

《平行四边形和梯形的认识》/ 单元视角,凸显知识结构

【内容简析】

《平行四边形和梯形的认识》是人教版数学教材四年级上册第五单元的内容。教材在编排时先认识"平行和垂直",再认识平行四边形和梯形的特征。"平行和垂直"是研究平行四边形、梯形特征的基础。平行四边形和梯形的特征和"平行"有关:"两组对边分别平行"的四边形是平行四边形;"只有一组对边平行"的四边形是梯形。画平行四边形和梯形的高与"垂直"有关:在一组平行线之间能画无数条垂线段,因此平行四边形两组对边之间能画无数条高,梯形只有在上下底(平行的那组对边)之间能画无数条高。

【设计思考】

1. 学生有什么学习困惑?

从平行四边形和梯形"形"的直观表象要上升到对图形本质特征的认识,对学生而言是一个思维飞跃。从"对边之间的关系"来"刻画"平行四边形和梯形的特征,学生如果理解不深刻,就只能停留在文字的记忆,对于一些特殊的平行四边形和梯形不能依据本质特征做出正确的判断。此外,因为教材是将平行四边形和梯形的特征

分开编排的,学生在学习时容易人为割裂,不能从联系和区别来看待平行四边形和梯形之间的关系,在比较中加深对特征的理解。

2. 单元视角,凸显知识结构

从单元整体视角对教材内容进行整合,先学习"平行和垂直",再学习"平行和四边形(平行四边形和梯形的认识)",接着学习"垂直和高(平行四边形和梯形的高)",凸显知识的结构性,让学生更好地厘清知识脉络。将平行四边形和梯形的认识放在一起进行教学,从"边"和"角"的维度进行研究,认识它们本质特征上的"同"与"不同":边,两组对边分别平行的四边形是平行四边形,只有一组对边平行的四边形是梯形;角,根据本质特征进行判断,发现有一些特殊的平行四边形(长方形、正方形)和梯形(直角梯形、等腰梯形、斜着的梯形)。

【课堂实录】

1. 依据前测,自主研究

师:在今天这节课,我们一起来认识"平行四边形和梯形"。(板书课题)

师:课前请同学们自己画出心中的"平行四边形"和"梯形",老师整理了一下,有这几种情况。课件演示(图 3-7)。

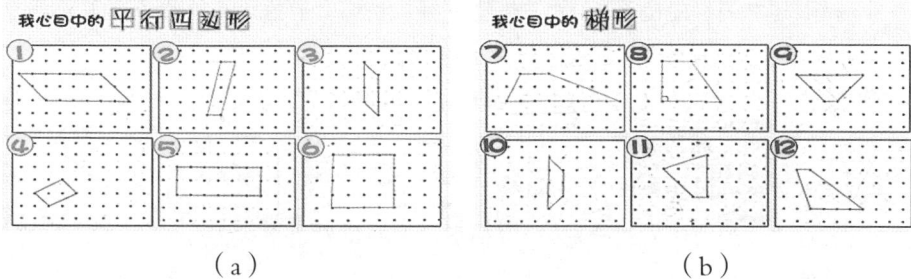

（a）　　　　　　　　　　（b）

图 3-7

师:他们画的是平行四边形或梯形吗? 请你们来判断一下。看来,对于4,5,6,11和12号作品有不同意见。请大家先自学一下小资料,自学完再进行判断,把你们判断的方法通过画一画、写一写等方式表示在图上,让大家都能看明白。

生拿出学习单,自主进行研究。

2. 讨论交流,感知特征

师:通过自学,你们知道什么是平行四边形了吗?

生:两组对边分别平行的四边形是平行四边形。(师板书)

师:把刚才有争议的几幅作品拿出来,请你们再做一次判断。

生:4,5,6号作品都是平行四边形。

师:你们是怎么判断的?

生:两组对边分别平行的四边形是平行四边形,我将它们的对边都延长,不会相交,所以它们的对边是分别平行的,因此它们都是平行四边形。

生:我是用平移的方法,发现两组对边都能重合,所以它们互相平行。

生:我量了每组对边之间距离,发现都相等,所以它们互相平行。

师:看来,这些都是平行四边形。你们对平行四边形有了什么新的认识?

生:平行四边形两组对边分别平行。

生:长方形、正方形也是平行四边形。

师:是的,长方形和正方形是特殊的平行四边形。想一想,它们特殊在哪儿?

生:其他平行四边形都是斜的,它们是直直的。

生:它们的四个角都是直角。

生:我还发现,平行四边形的对角也相等。

师:真的吗? 我们量一下,确实对角相等。看来,不仅可以从"边"的维度,还可以从"角"的维度研究平行四边形的特征。

师:研究完平行四边形,我们再来研究梯形。通过自学,你们觉得11,12号作品是不是梯形呢? 你又是怎么判断的?

生:梯形只有一组对边平行,另一组不平行。我把它们的边都延长了,11号两组对边都相交了,它不是梯形;12号一组对边平行,另一组相交,它是梯形。

师:你们同意吗? 看来,12号尽管和我们生活中常见的梯形长得不太一样,但是它符合梯形的特征,也是梯形。

师:梯形和平行四边形有什么不同?

生:平行四边形两组对边分别平行;梯形只有一组对边平行,另一组相交。

师:是的,梯形中平行的这组对边叫作梯形的"上底和下底",不平行的这组对边叫作梯形的"腰"。(板书)

师:你们觉得还有哪些梯形比较特殊?

生:8号梯形有两个直角,是直角梯形。

生:9号梯形上底长,下底短,倒过来了。

生:10号梯形,上底和下底在左右两边了。

生:9号梯形是轴对称图形,腰是一样长的,是等腰梯形。

3.自主构造,理解特征

师:我们认识了平行四边形和图形的特征,接下来,请按要求在下面的点子图中选一个点 D。(图3-8)

(1)使四边形 $ABCD$ 成为一个平行四边形,点 D 有(　　)种选法。

(2)使四边形 $ABCD$ 成为一个梯形,点 D 有(　　)种选法。

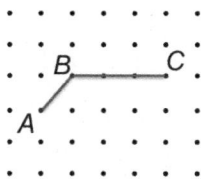

图 3-8

生自主尝试。

师生交流。(图 3-9)

师:平行四边形有几种?

生: 1 种。

师:大家都认为只有一种,怎么想的?

生:平行四边形有两组对边分别平行,所以 D 只能在这儿。如图 3-9(a)所示。

师:梯形有几种?

生: 5 种

生: 4 种

生: 6 种。

师:看来意见不统一了。请 5 种的同学先来说说想法。

生:让 BC 和 AD 平行, D 可以在这条线的 5 个点上。

生:我不同意,应该是 4 种!有一个点是构成平行四边形的!如图 3-9(b)所示。

生:还可以是 AB 平行 CD 啊,这条边上的点也可以,去掉平行四边形这个,还有 2 个,一共是 6 种!如图 3-9(c)所示。

师:大家讨论得很好!我们在构造梯形的时候要关注:梯形只有一组对边平行。

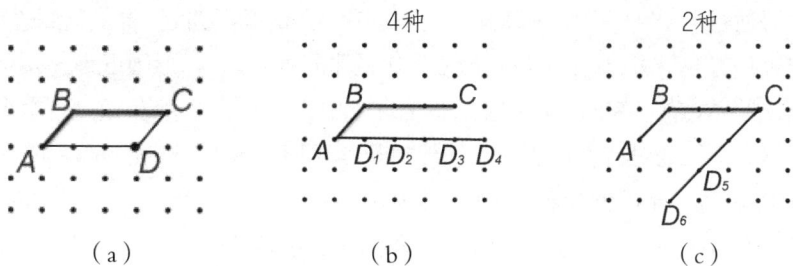

(a)   (b)   (c)

图3-9

4.动态演示,沟通联系

师:今天这节课,我们进一步认识了平行四边形和梯形,它们都是四边形家族的成员。它们为大家带来了一个小视频,想看吗?边看边想,通过怎样的运动,它们之间可以互相转化?

课件播放微课。

生:把平行四边形的一组对边进行平移,能得到大大小小的平行四边形。

生:平行四边形无论怎么旋转,还是平行四边形。

生:把平行四边形的一组对边旋转,相交成直角,就是长方形了! 四条边相等就是正方形了!

生:把平行四边形的一条边旋转,就只有一组对边平行,就变成梯形了!

生:把梯形的上底和下底进行平移,能得到大大小小的梯形。

生:将梯形的两条腰通过旋转变得一样长,就是等腰梯形!

生:把梯形整个旋转,就出现了倒过来,横着放的梯形。

生:将梯形的一条腰旋转,相交成直角时就是直角梯形!

生:这条腰再旋转过去,就是斜着的那种梯形了!

生:如果没有一组对边平行,就是一般的四边形。

……

师:同为四边形家族的成员,平行四边形和梯形既有区别又有联系。今天我们主要从边的维度研究了它们的特征;从角的维度,我们还发现了一些特殊的平行四边形和梯形。

【磨课背后】

这节课在浙江省数学教研员斯苗儿老师的指导下,在全国成长课堂上进行了展示,同时展示的还有另一种设计思路。我们在讨论和交流的过程中,对如何整合“平行四边形和梯形”的内容有了更多的思考和收获,能在对比中深入理解它们的本质特征,不断感悟图形的“变”和“不变”。

1. 特征:两组对边之间的关系

本课通过“前测—自学—判断—理解—比较”的学习路径,将平行四边形和梯形的内容一起放下去,让学生将自己心目中的平行四边形、梯形画下来,其中有正确的,也有错误的,有一般的,也有变式,作为课堂中丰富的学习素材;通过自学小资料,学生依据定义再度对有争议的图形进行判断,运用不同的方法,在判断中明晰概念,加深理解;在进一步的比较和讨论中,学生从“对边关系”的维度感受到平行四边形和梯形的本质区别。另一种教学思路的学习路径是“分类—比较—构造—讨论—理解”,出示不同的四边形,学生从“对边关系”的角度进行分类,在比较中初步感悟平行四边形和梯形的对边特征;接着学生自主选择用“平行线”和“相交线”构造出不同的平行四边形和梯形,在讨论中加深对特征的理解。两种设计思路的不同点是,前者从学生的前期起点出发展开,后者从“形由线构成”的关系出发展开,但是立意都是为了让学生体验平行四边形和梯形“两组对边之间的关系”是不同的。

2. 变式：特殊的平行四边形和梯形

图形可以从"边"和"角"两个维度展开研究。从"对边关系"的维度，加深了对平行四边形和梯形本质特征的理解。一些看上去不太规则的平行四边形（长方形、正方形）和梯形（斜着、倒着的梯形），根据本质特征，学生摆脱了"形"的局限，能准确做出判断。从"角"的维度，学生丰富了对平行四边形、梯形的认识，例如平行四边形的对角相等，等腰梯形的底角相等，长方形和正方形是四个角都是直角的特殊的平行四边形，直角梯形是两个角是直角的特殊的梯形等。

3. 转化：四边形之间的联系

通过一些运动变化，四边形之间能互相进行转化。在课堂最后，教师播放了一个动态微课，提出思考的问题"通过怎样的运动，图形之间可以互相转化"，让静态的图形动起来，梳理四边形之间的联系。学生直观感受到：通过"平移""旋转"等运动，可以产生不同形状的平行四边形和梯形；通过运动变化，将两组对边分别平行的四边形变成只有一组对边平行的四边形，平行四边形就变成了梯形；如果两组对边都不平行，就变成了一般四边形。

《旋转》/ 运动变化，把握本质特征

【内容简析】

《旋转》是人教版数学教材五年级下册第五单元《图形的运动（三）》学习的内容。小学《图形的运动》单元主要学习三种"图形变换"：平移、轴对称和旋转。学习"图形变换"的价值在于：让静态图形"动"起来，学生将从运动变化视角去认识事物，了解图形之间的联系，发展空间观念和几何直觉；从变换中，学生欣赏图形的美，感受数学与现实世界的联系，体验学习"空间与图形"的乐趣。教材在编排上体现了知识的螺旋上升，每种图形变换都分别安排在两个学段进行学习；第一学段初步感知现象，第二学段认识变换特征。对于学生而言，旋转是一种比较复杂的图形变换，因此教材将它放在《图形的运动》最后进行学习：要求学生在二年级的学习中，结合实例，在观察、操作中直观感受旋转现象，会进行准确判断；在五年级的学习中，在方格纸上自主探索旋转的特征和性质，能在方格纸上画出简单图形旋转 90° 后的图形。

【设计思考】

1. 学生有什么学习困惑？

第二学段旋转的学习，从典型实例到基本图形，从完整图形到元素分解，学生要完成从具体到抽象，从整体到局部的两次思维飞跃。从生活中的现象到数学中的图形,教师引导学生关注到图形旋转的"三要素"——旋转中心、旋转方向和旋转角度;充分感悟"三要素"确定图形旋转后的位置,这是研究旋转特征的前提。通过前测,学生根据"三要素"尝试对三角形进行旋转时,表现存在差异:有的学生根据空间想象就能画出图形;有的学生需要借助三角形实物操作,否则就无从下手;有的学生想到可以根据三角形的两条直角边的旋转确定斜边的位置,画出三角形旋转后的位置。我们发现,学生对于图形的旋转更多地关注整个图形,有的分解成"边",但对于图形上的"点"在图形旋转过程中是如何在运动的,很难主动发现,在旋转特征认识中这是难点。

2. 运动变化,把握本质特征

让静态的图形"动"起来,从运动变化的视角引导学生把握旋转的本质特征。让"线段"旋转起来,初步感悟旋转的"三要素"确定图形旋转后的位置。让"三角形"旋转起来,教师可以准备和图形大小一样的实物,在方格纸上模拟运动过程;用和图形的边长短一样的小棒,利用方格纸上的格点,观察图形运动中边和顶点的位置变化;用课件动态展示运动的轨迹,引导学生观察想象、讨论交流,加深感悟图形旋转时,图形的所有边、图形上的所有点都围绕旋转中心向同一个方向旋转相同的角度。让"图案"旋转起来,在欣赏中拓展感悟,同一个图案可以通过不同的旋转过程得到,旋转中心、旋转方向和旋转角度可以不同。

【课堂实录】

1. 线段旋转,明确三要素

师:同学们,在二年级的时候,我们认识了旋转,今天我们一起继续研究旋转。课前,请同学们画了线段 AB 旋转 90° 后的图形 ,你们都是怎么画的呢? 我们一起来看看。

出示学生典型作品(图 3-10)。

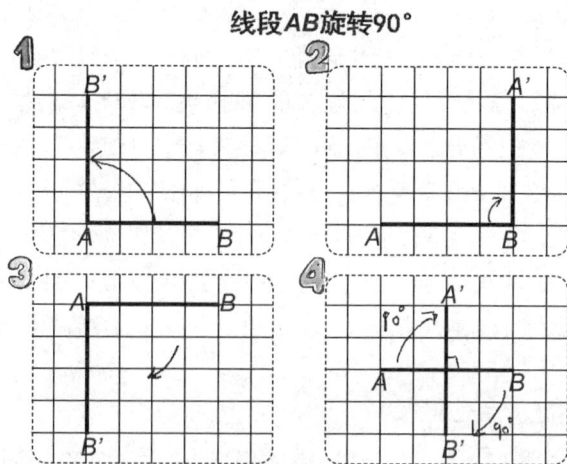

线段AB旋转90°

图 3-10

师：请你们判断一下，线段 AB 都旋转 90° 了吗？

生：是的。

师：奇怪了，都是旋转 90°，为什么画出来的结果却不一样呢？

生：它们是绕着不同的点在旋转，1 号作品和 3 号作品绕着 A 点在旋转，2 号作品绕着 B 点在旋转，4 号作品绕着线段的中点在旋转。

生：它们的旋转方向也不一样，1 号作品是逆时针方向旋转，2 号作品，3 号作品，4 号作品都是顺时针方向旋转。

师：用手比画一下这三幅作品的旋转方向，像钟表指针走的方向就是顺时针的方向，相反的方向就是逆时针方向。

师：通过刚才的研究，我们发现影响一个图形的旋转有哪些要素呢？

生：旋转绕着的点，旋转方向。

生：还有旋转的角度。

师：旋转中心、旋转方向和旋转角度是图形旋转的三要素。

师：我们一起来看看 1 号作品，线段 AB 是怎么旋转的？你能用旋转三要素介绍一下吗？

生：线段 AB 绕 A 点逆时针旋转 90°。

2. 三角形旋转，探索特征

师：刚才我们一起研究了线段的旋转，课前我们还自己尝试画了△ABC 绕点 A 逆时针旋转 90°，同学们画得怎么样呢，一起再来看一看！

课件演示作品（图 3-11）。

师：几号作品是正确的？我们一起来研究一下！请你先想一想可以怎样判断。你可以通过标一标、画一画、写一写等方法把你的想法记录下来，然后把你的理由和你的同桌相互说一说。要是你遇到了困难，老师给你提供了一个小锦囊，里面有一个三角形和两根小棒，你可以用里面的材料来帮你验证。

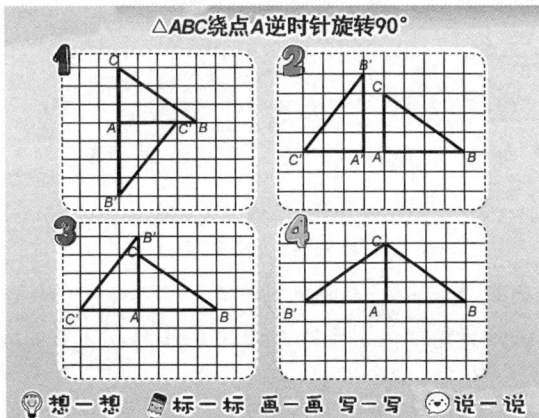

图 3-11

师:你们有研究结果了吗?

生:3号作品正确。

师:1号作品,2号作品,4号作品有什么问题呢? 你能用旋转三要素说说理由吗?

生:1号作品的旋转方向不对,它是绕A点顺时针旋转90°。

生:1号作品也可以说是绕A点逆时针旋转270°。

生:2号作品的旋转中心移动了,应该是不变的。

师:那它可以通过怎样的运动得到这个图形呢?

生:它先向左平移1格,再绕A点逆时针旋转90°。

师:它要通过平移和旋转两种运动才能得到。

生:4号作品绕A点逆时针旋转180°,

师:真的是这样吗? 我们来试一试。你发现了什么?

生:通过旋转不能得到这个图形。

生:可以通过翻转得到这个图形!

师:两个图形是成轴对称的图形。

师:刚才大家都认为3号作品是正确的,我们把它请出来,你们想出了哪些好办法验证它是对的? 请你上来演示给大家看。

生:我用锦囊里的三角形,将它绕A点逆时针旋转90°,就是这个位置,所以3号作品是正确的。

生:我用锦囊里的小棒摆在三角形的直角边上,让两条直角边分别绕A点逆时针旋转90°,连接两条直角边,就得到了三角形,所以3号作品是正确的。

师:两位同学将整个三角形旋转,两条直角边旋转,都能证明3号作品是正确的。看了他们的演示过程,你还有什么疑问吗?

生:两条直角边绕着A点逆时针旋转了90°,还有一条斜边呢? 它也绕着A点逆时针旋转了90°吗?

师:这个问题提得好,你想到了吗? 可以怎么验证呢?

生:我们可以作斜边上的高,让高带着斜边旋转,进行验证。

师:这个想法可行吗? 我们试试看!

师生在三角形实物上画一条高,在斜边上的垂足为D;旋转三角形,得到旋转后对应的点D′;用三角板测量角度,可以看到点D绕着A点逆时针旋转了90°。

师:斜边上其他的点呢? 是不是也绕着A点逆时针旋转了90°? 自己验证一下吧!

生自己动手验证。

师：验证好了吗？谁来介绍一下？

生：我在三角形斜边上找了一个点，三角形绕点 A 逆时针旋转 90°，现在这个点在这儿了，用虚线连接起来是一个 90° 的角，说明这个点也是绕着点 A 逆时针旋转 90°。

……

师：斜边上像这样的点找得完吗？如果把这些点连起来就是斜边 BC，看来斜边也是绕点 A 逆时针旋转了 90°。

师：如果在三角形里面找一个点呢？

生：也是绕点 A 逆时针旋转 90°。

师：这样的点找得完吗？我们把研究过程再来回顾一下。（课件演示）你有什么想说的？

生：三角形的每条边上的所有点都绕点 A 逆时针旋转 90°。

生：我有补充，三角形上的所有点都绕点 A 逆时针旋转 90°。

师：是的，整个图形绕点 A 逆时针旋转了 90°，图形上的所有边和点也都绕点 A 逆时针旋转了 90°。

师：在格子图上画图形旋转后的位置时，所有点都要画吗？

生：不用，只要画一些关键点，再把它们连接起来就可以了。

师：仔细观察，图形在旋转前和旋转后什么变了？什么没有变？

生：图形的位置变了。

生：图形的形状、大小不变。

3. 图案旋转，应用特征

师：同学们对旋转有了新的认识。看，老师这里还有一幅世界名画，是荷兰画家埃舍尔创作的。你能用今天学到的旋转知识来欣赏一下吗？找一找，哪个图形在旋转？画一画，旋转中心在哪里？想一想，它是怎样在旋转的呢？请你拿出学习单，自己来研究一下吧。

生讨论和交流。

师：我们来看看，我们在鱼尾巴上取一个点，将对应点连接，就形成了一个正六边形，这条鱼的旋转就转化成三角形的旋转，三角形绕中心顺时针旋转了 60°。

师：除了这样旋转，还可以怎么旋转？这里有吗？它们又是怎么旋转的？如果把对应点连接起来，又会是什么图形？有兴趣的同学课后还可以继续研究。

【磨课思考】

这节课在杭州市数学教研员平国强老师的指导下，在杭州市主题教研活动中进行了展示。课堂上，基于前测学生的作品，围绕"线段的旋转"和"三角形的旋转"，学生展开了充分的对话,在辨析讨论中明确了旋转的"三要素",在探索交流中理解了旋转的本质特征。在课堂最后,学生主动运用所学的知识,用数学的眼光欣赏名画,进一步感悟到旋转"三要素"不同,旋转的过程也不同,发展了辩证思维和空间观念。接下来,将我们在磨课过程中的思考和大家分享。

1. 操作感悟,模拟运动过程

设计操作活动,既要符合小学生"好动"的年龄特征,又要契合"图形变换"的内容特点。在操作活动中,教师要善于利用各种材料,引导学生从"运动变化"角度,亲身体验运动过程,自主探索变化特征,对图形变换本质不断加深感悟。方格纸是第二学段"图形变换"教学中不可缺少的工具:一方面学会在方格纸上准确画图是必须达成的学习目标,另一方面利用方格纸有助于自主探索图形变换特征。学生自主尝试画出"△ ABC 绕 A 点逆时针旋转 $90°$ "后的图形。学习单上有格子图,教师还提供了和图形大小一样的实物三角形。学生可以将三角形放在图形上,在模拟中帮助想象变换过程。除了实物,教师还提供和图形的边长短一样的小棒,图形的顶点在方格纸的格点上,学生可以借助小棒和格点定位,进一步探索旋转时图形上的边和点如何变化。(图3-12)

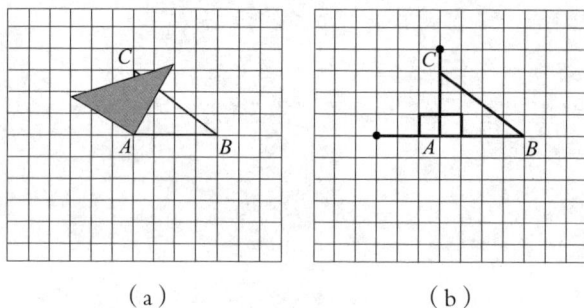

（a）　　　　　　　　　（b）

图 3-12

2. 动态观察,留下运动轨迹

多媒体在图形变换教学中有不可或缺的作用,能让抽象概念直观化,静态图形动态化,有效突破重点、难点。教学时,根据学生需求,教师在关键环节设置媒体,从"运动变化"角度:"放慢步骤",展现探究过程,帮助掌握;"放大过程",留下变换运动轨迹,指导观察。学生在探索旋转特征时,提出"斜边是不是也和两条直角边一样绕 A 点逆时针旋转 $90°$ 呢?"教师运用微课指导,明确研究步骤:"在三角形图片斜边上取一个点 D ,将三角形绕 A 点逆时针旋转 $90°$, D 点旋转到这个位置,标为点 D' 。连接 DA 和 $D'A$,用三角板量一量,斜边上 D 点绕 A 点逆时针旋转了 $90°$ 到 D' 。那么,斜边上的其他点是不是也这样运动呢?像这样自己研究一下吧!"学生研究后,教师设计课件,将图形变换中学生需要想象的运动轨迹放大显现出来,进行直观验证。学生观察后把握特征:旋转中对应点围绕旋转中心,向同一方向旋转相同角度。(图3-13)

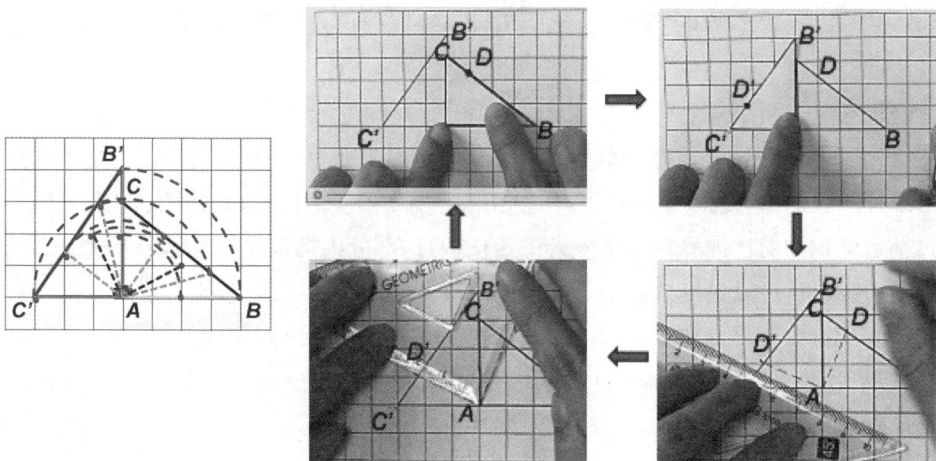

图3-13

3. 静态想象,拓展运动变换

实际应用能加强图形变换知识与生活的联系,激发学生学习几何的兴趣,感受数学的应用价值。教学时,教师提供丰富的生活素材,创设生动的现实情境,从"运动变化"角度引导学生在解决问题过程中迁移拓展,打开认知范围,多样想象,发展空间观念。生活中运用"旋转"能设计美丽图案。教师提供丰富素材,让学生多样想象,思考图案是经过怎样的变换得到的,从"同"和"不同"中感受联系,发展空间观念。第二学段"旋转"学习后,教师提供埃舍尔名画(图3-14),引导学生从旋转变换角度欣赏:想一想,由哪个图形旋转得到? 找一找,旋转中心在哪里? 说一说,它怎么旋转的? 对于同样的基本图形"鱼",学生想象出不同的旋转过程:旋转中心不同,旋转角度不同,旋转方向不同……学生将关键点进行联结,从图案的变换抽取到图形的变换。(图3-15)

图 3-14

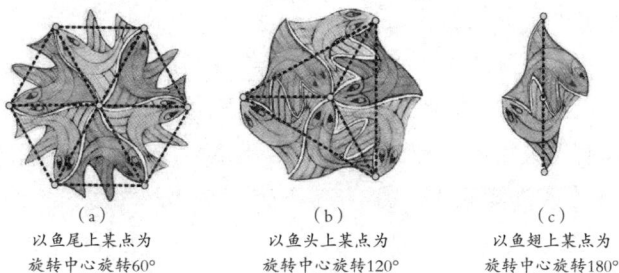

(a)　　　　　　　(b)　　　　　　　(c)
以鱼尾上某点为　　以鱼头上某点为　　以鱼翅上某点为
旋转中心旋转60°　旋转中心旋转120°　旋转中心旋转180°

图 3-15

《条形统计图》/ 对比关联，纳入原有体系

【内容简析】

《条形统计图》是人教版数学教材四年级上册第七单元的内容，学习的是单式条形统计图。这部分内容承上启下，学生在这之前学习了统计表和象形统计图，可以通过前后知识的对比加深对条形统计图的认识；这部分内容也是后继学习复式条形统计图、折线统计图、扇形统计图等知识的基础，其中蕴含的统计思想方法对学生建立初步的数据分析观念有重要作用。统计过程本身也是解决问题的过程，教师结合具体实例，让学生体会用统计解决问题的全过程，提高学生运用数据分析问题、解决问题的能力。

【设计思考】

1. 学生有什么学习困惑？

学生第一次学习统计图时，虽然在生活中见过条形统计图，但对它的特点并不清楚。条形表示什么？横轴表示什么？纵轴表示什么？画图的要求不明确：条形之间要均匀间隔，纵轴上的数据从几开始标，一格表示几比较合适，标题怎么写等。看图获取信息时，学生依据从统计表中读取数据的经验，对于数据本身的读取、数据之间的读取没有问题，但是对于超越数据本身的读取，例如通过数据来进行判断、预测、推理存在困难；同时，读取数据时体会到条形统计图与统计表相比，具有获取信息的优越性，这需要教师引导才能发现。

2. 对比关联，纳入原有体系

新知要纳入学生原有的知识体系，在头脑中不断"搭建房子"。根据学生的生活经验和原有的直观认识，教师通过让学生自主尝试"画图"，在不同作品的对比中，引导学生认识条形统计图的各个部分；在讨论和辨析中逐步明晰各部分表示的意义，并学会规范画图，为后继学习其他统计图打下基础。从统计学习的内容来看，教学时要加强统计图、统计表之间的联系，让学生在对比中感受到两者之间的同和不同，从而掌握条形统计图的特点。从统计学习的意义来看，教师创设实际情境，将读取信息与解决问题相结合，展现不同类型的条形统计图，使学生在对比中感悟统计图的直观性，提升灵活运用统计图分析问题的能力，体会统计的价值。

【课堂实录】

1. 尝试作图，了解结构

师：今天，我们一起学习"条形统计图"，你在哪里见到过条形统计图？

生：报纸上有条形统计图。

生：电视上看到过。

生：班级的评比栏上有。

……

师：看来，我们对条形统计图已经有一些了解了。看，老师给大家带来一份材料。课件演示（表4-1）。

表4-1　四年级11月份"生均读书量"统计表

班级	1班	2班	3班
生均读书量／本	3	5	6

师：这是一份什么材料？你还知道了哪些信息？

生：这是统计表。

生：我知道1班生均读书量是3本，2班生均读书量是5本，3班生均读书量是6本。

师：你能根据统计表中的信息，试着画一画心目中的条形统计图吗？请你拿出格子图试一试！

生自主尝试，师收集典型作品。

师同时出示6份典型作品（图3-16）：

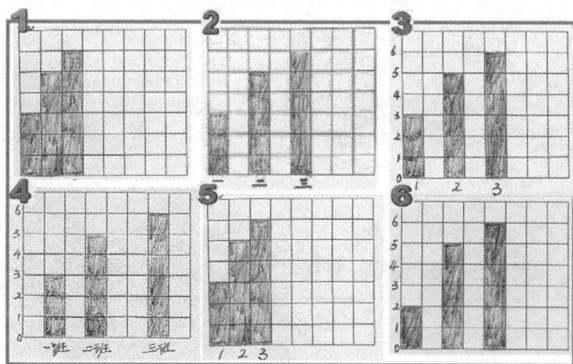

图3-16

师：他们都画了条形，请你来评价画得怎么样？

生：1号作品和5号作品的条形并在一起了，分开更清楚。

师：大家同意吗？看来条形要分开。我们把1号作品和5号作品拿下去修改。

生：4号作品的条形分得不均匀，一个是1格，一个是2格，应该要都一样。

师：那么4号作品也拿下去修改。看来条形统计图中的条形要间隔均匀。还剩下 2,3,6 号作品,除了条形,它们还有什么?

生:还标了班级和数量。

生:竖着的是数量,一格表示 1 本,1 班画 3 格,2 班画 5 格,3 班画 6 格。

生:横着的表示班级。

师边总结,边板书:通过刚才的讨论,我们知道了条形统计图中的"条形"怎么画,而且还要有一些"说明"。横着的叫作横轴,表示班级,一般空一格开始画条形,条形之间间隔均匀;竖着的叫作纵轴,表示数量,从 0 开始标,这里 1 格表示 1。

师:请你拿出另一张格子图,再重新画一画。

生再次画图。

师:画好了吗? 我们把这张条形统计图拿回去给爸爸、妈妈看,你觉得他们能看懂吗?

生:能看懂。

生:他们可能不知道我们在统计什么。

生:我觉得加上标题就可以了!

师:怎样的标题呢?

生(齐):四年级 11 月份"生均读书量"统计表。

生:不对,应该改成统计图!

师:是的,最后还要加上标题,告诉别人我们在统计什么。我们一起来看一看,怎样画出一张条形统计图(播放微课)。

2. 变式沟通,凸显特点

师:根据统计表提供的信息,我们能画出条形统计图。看,统计表中的班级变化了,条形统计图该怎么变呢?

课件演示(表 4-2):

表4-2 四年级11月份"生均读书量"统计表

班级	1班	2班	3班	4班
生均读书量/本	3	5	6	

生:横轴上再加上 4 班,画出条形。

师:再增加一个班级呢?

生:再添下去。

师:横轴和统计表上的栏目有关系。看,统计表又变了! 统计了 10 个月的生均读书量。现在,统计图又该怎么变呢?

课件演示(表 4-3):

表4-3　四年级10个月"生均读书量"统计表

班级	1班	2班	3班
生均读书量/本	30	50	60

生：把纵轴再加高到60。

生：这样条形会很长，让一格表示10本，就可以啦！

生：这样条形就不用变了！

师：好，我们一起来变一变纵轴上的数：0，10，20，30，40，50，60。

师：如果数据再大一些呢？

生：可以一格表示100。

师：看来，纵轴上一格表示几和统计表中的数据有关，需要选择合适的数量。

师：想一想，有了统计表，为什么还要有条形统计图呢？

生：画成图，很直观。

生：条形越长表示数量越多，条形越短表示数量越少。

师：是的，条形统计图和统计表比，能一眼看出数量的多少，更加直观。

3.读图分析，提升能力

师：这里还有一张条形统计图，这是"2020年部分国家的年人均阅读量统计图"（略）。这张图有什么不同？你能看懂吗？

生：它的条形是横着的。

生读图，获取信息。

师：为什么以色列遥遥领先？请看小资料。阅读后，你对提升我国的年人均阅读量有什么好的建议？

生：多建设图书馆，多宣传读书的好处。

生：降低书的价格，让书普及。

生：进行公益活动，对贫困地区捐赠图书。

师：看来，通过读图获取信息，我们还能做出一些判断和分析。

师：再来看一张，这是"四年级5名10岁儿童身高情况统计图"（略）。这张图有什么地方很奇特？

生：纵轴开始的地方折起来了。

师：好像弹簧压缩了一部分。为什么要这样呢？

生：如果不压缩，纵轴会很长。

师：假如不压缩，一格表示几比较合适？

生：20。

生：50。

生:100。

师:这时将 4 个人的身高数据标上去,想象一下会怎么样?

生:很接近。

生:很难标准确,相差太小。

生:很难比较多少。

师:是的,当数据比较大又比较接近时,可以压缩一部分,剩下部分一格表示的数量小一些,就能准确画出条形,比较数量多少。

师:生活中,还有哪些不同的条形统计图呢?同学们课后可以找一找、读一读信息,想一想能得到哪些结论。

师生一起回顾条形统计图的发展过程。

【磨课背后】

这节课在俞正强特级教师的指导下经历了团队研磨过程,在浙派名师汇报活动中进行展示。本课设计凸显联系,促使学生更好地构建知识体系。课堂上,学生在生活经验的支撑下自主尝试画图,认识条形统计图的各部分组成;在与统计表的对比中,逐步掌握条形统计图的特点;通过读图获取信息,在解决问题中感悟统计意义,为后续进一步学习其他统计图做好铺垫。下面谈一谈磨课过程中的一些思考。

1. 画图:经验关联

学生在生活中见到过条形统计图,有一些具体的感知,知道条形统计图中有条形,条形可以表示数量的多少。在课的开始,教师让学生根据提供的信息,尝试自己画出"心目中的条形统计图";借助画图的方式,和学生原有的生活经验关联,自主表征出对条形统计图的不同认识。教师选取学生的典型作品,在评价"条形"、了解"说明"的过程中,明确条形统计图的组成部分,以及各部分之间的联系,并进一步规范画图的方法。

2. 变图:结构关联

学生在学习条形统计图之前学过统计表。课堂从统计表引入,学生根据表中的信息,自己画出条形统计图,感悟图、表可以互相转换;接着,分别变化统计表的栏目和数据区,学生发现条形统计图的横轴和纵轴随着改变,感受到统计表和条形统计图之间的联系;最后,将统计表和条形统计图放在一起,让学生进一步体会到条形统计图的特点,要根据实际情况选择统计图或统计表。在这一过程中,学生借助统计表认识条形统计图,在知识关联中将新知识纳入原有认知结构。

3. 读图:意义关联

这是学生第一次学习统计图。如何画条形统计图(横轴、纵轴、标题等),如何读图(将横轴和纵轴联系起来看),都和统计表不同,这为后继学习其他统计图奠定了基础。无论是统计表还是统计图的学习，教师都要引导学生经历统计过程，根据实际情况选择合适的统计图、统计表进行整理，结合数据分析的过程进行判断、预测、推理，进一步发展统计观念。用统计知识分析问题和解决问题是统计与概率领域的核心，它将统计表和统计图的学习通过意义关联了起来。

《面积和面积单位》/聚焦核心，整体架构单元

【内容简析】

《面积和面积单位》是人教版数学教材三年级下册第五单元《面积》的第一课时。这是单元的起始课，通过学习，学生要理解面积的意义，认识常用的面积单位，形成正确的表象，并会借助表象选择合适的面积单位。教材在这一课时的教学编排上安排了3个例题：例1借助生活实例，明确什么是面积；例2通过比较面积大小，明确面积单位统一的必要性，面积单位可以度量面积的大小；例3介绍了常用的面积单位，通过各种操作活动帮助学生建立正确的表象。

【设计思考】

1. 学生有什么学习困惑?

教师设计前测，了解学生在学习时存在的困惑，让学生表示出平面图形的面积：个别学生对于周长和面积的概念出现了混淆；一部分学生对于"封闭图形"才有面积不清晰。教师选择学生身边的事物，让学生尝试填写合适的单位。少部分学生用了长度单位，不知道有面积单位；大部分学生知道有面积单位，但是由于没有建立准确表象，填写的错误率很高。从前测的情况来看，学生已经初步知道面积就是"面的大小"，如何从生活经验上升到数学概念，是本节课教学的重点。"形成面积单位正确的表象"是本节课的难点，学生需要依据表象才能选择合适的面积单位。在三年级时学生有了周长的学习经验，在学习面积时，如何根据周长和面积的关系促进对面积的理解也是教学需要思考的。

2. 聚焦核心，整体架构单元

作为一节单元起始课，本节课如何聚焦单元的"核心概念"，对整个单元的学习有一个整体的架构? 这是我们在教学设计时的思考。这个单元属于空间与几何领域中的"图形测量"内容，学生将学习"面积和面积单位""长方形、正方形面积的计算""面积单位间的进率"。课程标准中指出："运用适当的度量单位描述现实生活中的简单现象。"图形的测量在小学数学教学中占有重要的地位，度量单位的确定、测

量过程的经历、测量结果的获得,能帮助学生对物体从定性描述发展到定量刻画,发展空间观念。因此,本单元的核心概念是"面积单位",它贯穿单元始终。教师需围绕核心概念,对教学内容进行整体架构。本节课不仅要明确面积意义,形成面积单位准确表象,更要建立"面积"和"面积单位"之间的联系——面积可以用面积单位来度量;有多少个面积单位,面积就有多大。这个认识将贯穿整个单元教学。长方形、正方形的面积计算公式推导,面积单位间进率的理解,解决问题策略的灵活运用,都是建立在这个基础之上的。

【课堂实录】

1. 理解面积的意义

师:今天我们一起来学习面积。看,老师带来了一组信息。

课件演示:

老师家的面积是 90 平方米,一枚邮票的面积是 8 平方厘米,液晶电视屏幕的面积大约是 64 平方分米。

师:这些面积到底指的是什么呢?

生:液晶电视屏幕的面积就是能播放画面的那个面的大小。

生:家的面积就是地面的大小。

生:邮票的面积就是在信封上贴的面的大小。

师:生活中物体的表面大小就是它的面积,数学中的平面图形有面积吗?课前已请大家试一试,现在我们来看看同学们表示得怎么样呢?

课件演示(图 3-17):

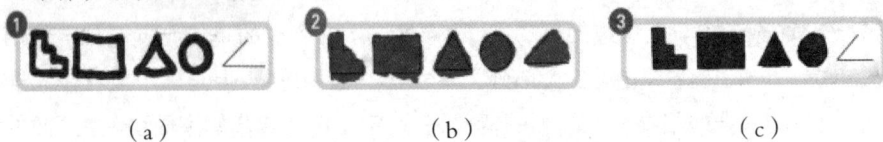

(a) (b) (c)

图 3-17

师:同学们表示的主要有这三种情况,你能用对面积的认识判断一下它们的对错吗?

生:第 1 幅不对,它表示的是周长,不是面积。面积应该是围起来部分的大小。

师:面积和我们学习过的周长不同,周长是绕这些平面图形一周的长度,面积是平面图形面的大小。

生:第 2 幅也不对,最后的角是没有面积的,只有封闭图形才有面积。

师:想象一下,如果要涂角的面的大小,会怎么样?

生:会涂出去,不知道要涂多大,因为它不封闭。

生：第3幅图是对的。

师：怎样的平面图形才有面积？

生：平面封闭图形才有面积。

2.建立面积单位的表象

师：我们找到了这么多有关面积的信息，你有什么发现？

生：它们的面积有大有小。

师：怎么度量面积的大小呢？

生：可以用面积单位。

生：面积单位有平方米、平方厘米、平方分米。

生：不止这些面积单位，还有平方毫米，公顷，平方千米。

生：面积单位之间的进率是100。

师：是的，度量长度用长度单位，度量面积就要用面积单位。老师给大家带来一份资料(图3-18)。同学们先自己读一读资料，划一划什么是面积单位；接着，根据资料，想象一下面积单位有多大？用自己喜欢的方式向大家介绍面积单位。想好了，可以和同桌先交流一下。

常用的面积单位有平方厘米（cm²）、平方分米（dm²）和平方米（m²）

（1）边长1厘米的正方形，面积是1平方厘米。

什么物体表面的大小大约是1cm²？

（2）边长1分米的正方形，面积是1平方分米。

（3）边长1米的正方形，面积是1平方米。

用手比画一下1dm²和1m²。

图3-18

师：通过自学，谁来介绍一下1平方厘米？

生：我找到了红色的这张小纸片，它是边长为1厘米的正方形，面积是1平方厘米，1平方厘米就是这么大(举起来)。

生：我自己画了1个边长是1厘米的正方形，它的面积是1平方厘米。

生：信封上小格子的面积大约是1平方厘米。

师：通过这些同学的介绍，现在你知道1平方厘米有多大了吗？找一找，身边哪些物体表面的大小大约是1平方厘米。

生:手指甲盖表面的面积大约是 1 平方厘米。

生:门牙表面的面积大约是 1 平方厘米。

生:修正贴表面的面积大约是 1 平方厘米。

师:1 平方分米有多大呢? 谁接着来介绍?

生用找一找、画一画、举例的方法介绍 1 平方分米。

生:我还可以用手比画出 1 平方分米的大小。

师:我们用自己喜欢的方式介绍了 1 平方厘米和 1 平方分米,那 1 平方米呢? 还能画出来吗? 你们想到了什么好办法?

生张开双臂比画。

师:是 1 平方米吗?

生:不是的,这是长度,不是面积。

4 生合作一起比画出一个面的大小。

师:这样比画可以吗?

生:手臂张开的长度大约是 1 米,4 个人可以比画出一个边长大约为 1 米的正方形,它的面积大约是 1 平方米。

师:老师把 1 平方米的正方形纸也带来了,有这么大。我把它铺到地上,大概能站多少个同学呢? 我们来站站看。

生上来操作,大约能站 16 个同学。

师:同学们很棒,用不同的方法知道了 1 平方厘米、1 平方分米、1 平方米到底有多大,这些都是我们常用的面积单位。它们如果用字母怎么表示呢?

3. 探索面积单位间的进率

师:你还想知道面积单位的哪些知识?

生:它们之间的进率是多少?

师:猜猜看,进率是多少?

生:100。

生:1000。

师:先来验证平方厘米到平方分米的进率,可以怎么验证呢?

生:用 1 平方厘米在 1 平方分米上面铺一铺,看看有几个 1 平方厘米,就知道进率是多少了!

师:老师为大家准备了 3 种不同的材料(透明),每个格子的面积是 1 平方厘米。(图 3-19)你可以选择喜欢的材料进行验证。验证完后,和同桌说说你是怎么验证的。

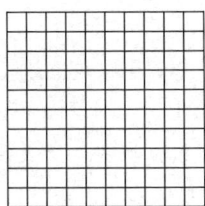 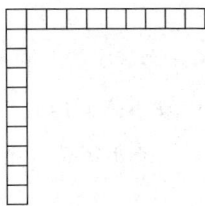 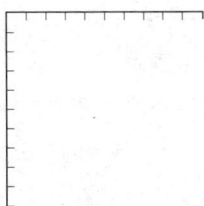

（a）材料1 　　　　（b）材料2 　　　　（c）材料3

图3-19

师：验证好了吗？我们一起来分享。

生：我用了材料1，把它铺在1平方分米上面，正好铺完。数了数，有100个1平方厘米，面积是100平方厘米，所以1平方分米=100平方厘米。

师：材料1铺了几个1平方厘米，面积就是几，可以验证。材料2的格子没有画完，也可以验证吗？

生：可以，把它铺在1平方分米上面。数了数，一行有10个1平方厘米，有这样的10行，10个10是100，所以1平方分米=100平方厘米。

师：材料3呢？连格子都没有了，可以验证吗？

生：我们可以看正方形的这条边，1分米等于10厘米，表示一行可以摆10个1平方厘米的小正方形；另一条边可以看出能摆10行，所以1平方分米=100平方厘米。

师：我们选择了不同的材料，都验证了1平方分米=100平方厘米。

师：平方米到平方分米的进率也可以这样验证吗？一起来看一看过程。

生观看微课。

4. 选择合适的面积单位

师：回到课前完成的任务2，用今天学习的面积单位知识来判断一下，你填的单位合适吗？为什么？

课件演示：

数学书封面的面积是6（　　　　） 　　　橡皮正面的面积是8（　　　　）

课桌面的面积是24（　　　　） 　　　教室的面积是49（　　　　）

生自主评价。

师：怎样才能准确选择合适的面积单位？

生：可以用1平方厘米、1平方分米、1平方米的大小去想象，哪个比较合适。

生：可以用身边1平方厘米、1平方分米、1平方米大小的物体试着铺铺看，估计出它大约有多大。

师:再试一试!

课件演示:

操场一圈是 250(　　　)　　　硬币表面的大小大约是 5(　　　)

练习本封面的面积大约是(　　　)平方分米　报告厅的面积大约是(　　　)平方米

学生独立完成。

5.评价和解决问题

师:同学们,今天我们一起学习了面积和面积单位,你学得怎么样呢? 请你拿出学评单来进行评价。(图 3-20)

《面积和面积单位》学评单

班级:　　　　　姓名:

学习目标	学习表现	我来评	同伴评	老师评
认识面积的含义	★知道什么是面积 ★★能借助生活经验表述自己对面积的理解 ★★★能运用对面积的认识进行准确判断	(　)星	(　)星	(　)星
知道常用的面积单位 1cm²、1dm² 和 1m² 的大小	★知道有哪些常用的面积单位 ★★能用一种方式介绍面积单位 ★★★能用多种方式介绍面积单位	(　)星	(　)星	(　)星
掌握相邻两个面积单位之间的进率	★知道面积单位的进率 ★★能用一种方法验证面积单位之间进率 ★★★能用多种方法验证面积单位之间的进率	(　)星	(　)星	(　)星
能选择面积单位估计和测量面积	★面积单位选择基本准确 ★★面积单位选择完全准确 ★★★能有方法进行选择和估计	(　)星	(　)星	(　)星

学习这节课后,我觉得学到的最重要的内容是:_____

_____

我觉得还可以继续讨论的内容是:_____

_____

图3-20

师:还有一个挑战任务,你能用今天学到的知识和方法估计操场的面积吗? 请你课后试一试,后面我们一起交流! (图 3-21)

《估计操场的面积》任务卡

姓名:

我是这样估的:

(可以图文结合)

我的结论是_____

图 3-21

【磨课背后】

这节课在工作室联合活动中进行了展示。课堂上,学生围绕前测的典型作品展开讨论,借助生活经验和操作活动,对面积的意义有了明确的认识,对面积单位建立了准确表象。本节课的特点是整体架构:承前,将已经认识的周长和新认识的面积放在一起讨论,明晰概念;启后,将单元中的面积单位的认识和进率整合在一起研究,为后继的学习做好铺垫。在学习方式上,前测成为课堂学习的材料,学生充分感知后,再用所学的知识辨析前测中存在的典型问题,加深对知识的理解和方法的运用。接下来将我们在磨课过程中的思考和大家分享。

1. 概念区分:"周长"和"面积"

平面封闭图形有周长和面积,这两个概念之间既有联系,又有区别。通过前测中对典型作品的讨论,学生在对比中明晰了两个概念的区别。周长是平面图形一周的"长度",面积是平面图形面的"大小"。在讨论中,学生对两者的联系也有了一些感悟,认为周长围起来的这部分面的大小就是面积。学生还很自然地产生这样的观点:"周长越长,面积越大。"教师不要急着否定学生,留一个悬念,在后继的学习中可以进一步展开讨论,打破学生的思维定式,使学生对周长和面积之间的联系有更加辩证的认识,从而加深对两个概念的理解。

2. 表象支撑:"面积单位"的合理选择

选择合适的面积单位是学生的难点,需要有准确的表象进行支撑。通过自学小资料,用自己喜欢的方法介绍,学生画图、举例、比画、操作,让面积单位的大小从文字描述变成了"具体的表象",在填写和估计中都有了依据。当学生依据表象判断前测的作品时,有两种思考方式。以橡皮为例,一种是反向思考,1平方分米有那么大,橡皮的正面都不到1平方分米,怎么可能填写8平方分米呢?一种是正向思考,用手指甲度量,大约有8个手指甲大小,手指甲表面的面积大约为1平方厘米,所以应该填写8平方厘米。学生在充分讨论的过程中,不断清晰面积单位的表象。

3. 方法贯穿:"面积"和"面积单位"

认识了"面积单位有多大"后,顺应学生的思考,他们还想了解"面积单位之间的进率"。通过提供3种不同的材料(透明格子),学生在"铺一铺"的过程中,运用材料1感悟到"有几个面积单位,面积就是几";运用材料2感悟到"每行的面积单位个数×能铺几行=铺了几个面积单位";运用材料3一维到二维的转换中,感悟到"长度单位和面积单位进率之间的联系"。这个过程的探究,不仅在知识点上对进率进行了验证,理解了为什么面积单位之间的进率是100;在方法上进行了铺垫,"面积单位可以度量面积"将为后续的"长方形、正方形面积的计算""铺地砖解决问题"等探究奠定基础。

4. 评价促进:"学评单"和"任务卡"

在新课结束后,学生使用学评单进行自评和互评,运用元认知支架,将学生的学习表现与学习目标紧密联系起来,促进自我反思和内化;布置课后挑战性任务,学生需要创造性地解决问题,运用表现性评价加深学生对"面积和面积单位"的理解。

第二节　问题解决典型课例

《不规则物体的体积》/ 开放时空,促进思维碰撞

【内容简析】

《不规则物体的体积》是人教版数学教材五年级下册第三单元《长方体、正方体体积》学习后的问题解决内容。教材上提供了"橡皮泥"和"梨"两种材料,引导学生在长方体、正方体的体积和容积的知识基础上,探索生活中一些不规则物体体积的测量方法,加深对已学知识的理解和深化。学生经历探究测量不规则物体体积的过程,体验"等积变形"的转化思想,获得综合运用所学知识测量不规则物体体积的活动经验和具体方法。

【设计思考】

1. 学生的学习困惑是什么?

教师往往比较关注问题解决的结果,希望在较短的时间内引出测量不规则物体的方法,并通过练习加以巩固应用;因此课堂上更倾向于采用多媒体(教师)演示的间接经验,代替学生对学习对象进行操作活动的直接体验。在这样的教学组织下,学生没有充足的时间对不规则物体的体积测量进行独立的自主探索,无法获得活动经验;也没有充足的空间在学习中与同伴交往,无法在相互的合作、讨论中不断对知识进行调整和完善。因此,学生不可能在问题解决过程中获得不同的学习经验和方法策略,并主动迁移到新的问题情境中。此外,教材提供的典型性的学习材料不够丰富,没有体现层次性,也容易让学生获得的知识是片面的、局限的。

2. 开放时空,促进思维碰撞

教师应将结论式的教材内容整合拓展为可探究的"主题中心",选取典型的学习材料,形成不规则物体的主题菜单,让不同水平的学生都能找到自己可以研究的主

题,也有不断挑战更高级别的弹性空间,可以和学习对象能动对话。教师还应将学习时间和空间还给学生,让学生可以和学习同伴差异对话,加强组内作探究、组间汇报交流,在相互的沟通、辨析、补充中,逐步完善对不规则物体体积测量的认识。通过学习单自主表征、评价表自我反思、新任务自主迁移,获得积极体验,促进知识内化和自身内省对话。

【课堂实录】

1.谈话导入,激发思考

师:同学们,老师今天带来了一些生活中的物体,哪些物体的体积你已经会计算了?

生:魔方是正方体,可以用 $V_{正}=a^3$ 计算。包装盒是长方体,可以用 $V_{长}=abh$ 计算。

师:剩下的橡皮泥、鹅卵石、铁钉都是不规则的物体。还有乒乓球,我们也没有学过球的体积的计算方法。它们的体积我们不能直接用公式计算,那该怎么办呢? 今天我们就一起来研究"不规则物体的体积"。

2.合作探究,动手操作

师:这次研究我们以六人小组合作的方式进行。研究的物体、测量的工具都放在旁边的操作台上,你们可以选择需要的使用。请组长组织组员先商量一下,你们打算用什么方法测量出它们的体积呢?

生讨论测量方案。

师:有想法了吗? 请你们将研究过程记录在任务卡上(图 3-22),等会儿进行交流。可以开始了!

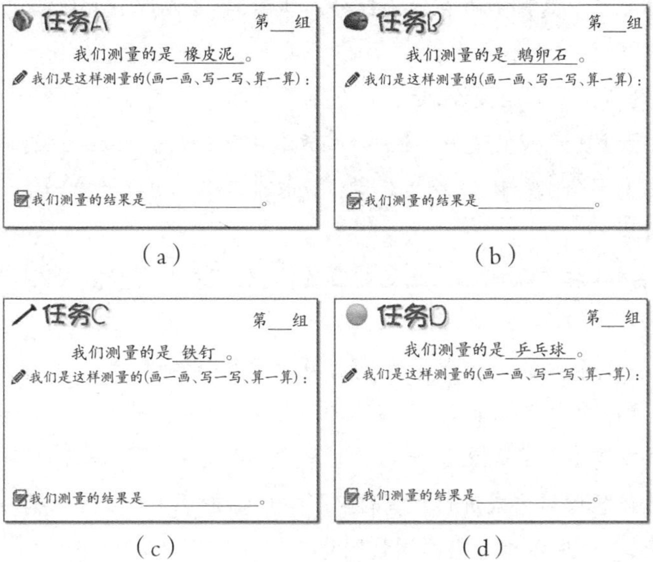

（a）

（b）

（c）

（d）

图 3-22

学生开始尝试,教师用 iPad 拍照和视频,记录研究过程,收集学习素材。

(1)测量橡皮泥体积

师:测量好了吗? 哪个组先来汇报橡皮泥的体积?

组1(将任务卡放在展台上):我们组把橡皮泥捏成了正方体,测量出边长为2厘米,橡皮泥的体积大约是 2×2×2=8(立方厘米)。大家有补充吗?

组2(也将任务卡放在展台上):我们组是把橡皮泥捏成了长方体,计算出来的体积大约也是 8 立方厘米。

师:听了两个组的汇报,他们在测量橡皮泥的体积上有什么共同点?

生:他们都是先将不规则物体变成规则物体,再运用公式计算出体积。

师:是的,这种方法叫作等积变形。哪个组接着汇报鹅卵石的体积?

(2)测量鹅卵石体积

组1(将任务卡放在展台上):我们组将鹅卵石放入水中,量杯中水的体积从300毫升上升到350毫升,鹅卵石的体积大约是 350−300=50(立方厘米)。

生边介绍,师边播放这个组的操作视频。

师:这种方法能测量出鹅卵石的体积吗?

生:可以的,因为鹅卵石占据了水的空间,所以上升部分水的体积就是鹅卵石的体积。

师:用量杯测量鹅卵石体积时,有没有特殊情况?

组2(拿着量杯上来):我们组拿的鹅卵石比较大,水没有完全浸没。这时候上升部分水的体积应该是鹅卵石在水下部分的体积,不是鹅卵石的体积。大家同意吗?

生表示赞同。

师:看来鹅卵石要完全浸没,上升部分水的体积才是鹅卵石的体积。

组3:我们组放得水比较多,当鹅卵石放进去时,水满出来了。这时鹅卵石的体积应该等于上升部分水的体积加上溢出来的水的体积。大家同意吗?

生表示赞同。

师:看来,用这种方法能测量出鹅卵石的体积,我们称为"排水法"。还有其他小组想要补充吗?

组4(将任务卡放在讲台上):我们组没有用量杯测量,我们用的是水槽。水槽是长方体,在开始的水面标上记号,将鹅卵石放入,水面上升的地方再标上记号。测量出上升部分的高度是 0.4 厘米,水槽底面长是 14 厘米,宽是 8 厘米,鹅卵石体积就可以用长方体体积计算公式进行计算:14×8×0.4=44.8(立方厘米)。

生边介绍,师边展示这个组的测量照片。

师:水槽没有刻度时,我们可以测量所需数据。

（3）测量铁钉体积

师：铁钉的体积可以用排水法测量吗？

组1：我们组测量不出来，因为它的体积太小了，上升部分不明显。

组2：我们组想了一个办法，放100颗铁钉下去，这样水面上升就能看出来了，测量出体积大约是20立方厘米，再除以100，一个铁钉的体积大约是0.2立方厘米。

组3：我们组和他们不一样，我们是一颗一颗放入铁钉，观察到水面上升到10毫升时，刚好放了42颗铁钉，所以铁钉的体积大约是 $10 \div 42 \approx 0.24$（立方厘米），这样计算比较方便！

师：铁钉的体积可以用排水法测量吗？可以怎么做？

生：增加数量！

（4）测量乒乓球体积

师：用排水法测量乒乓球体积有没有碰到困难？

生：乒乓球会浮起来，不能完全浸没。

师：看看大家都想了哪些办法。你们能看懂吗？（图3-23）

生：第1幅图是用橡皮泥将乒乓球固定在底面，将上升部分水的体积去掉橡皮泥体积就是乒乓球的体积。

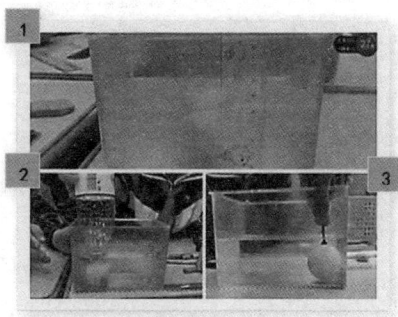

图3-23

生：第2幅图和第3幅图都是用一个物体将乒乓球压下去，让它完全浸没。物体尽量不要碰到水面，会有误差。

生：我有一种不同想法。如果把水换成细沙，将乒乓球完全埋没在沙子中，上升部分的沙子的体积就是乒乓球的体积。这样就能解决问题了！

师：回顾研究过程，我们在测量时有什么共同点？

生：把不规则物体转化为规则物体来测量体积。

师：是的，有的可以直接变形，有的需要用排水法将物体体积转化为上升部分水的体积，还有的同学从"排水法"想到了"排沙法"。

3.拓展延伸，微课学习

师：你们用学到的测量方法还想测量哪些不规则物体的体积？

生：我想测量橡皮体积，可以用到铁钉测量时增加数量的方法。

生：我想测量自己体积，可以用鹅卵石测量的方法，把自己泡在浴缸里！

……

师：老师这儿还有一块冰糖，它的体积用排水法测量合适吗？

生:它会融化,不合适。

师:那有什么好方法呢? 我们一起来看一看。

播放微课,用物理上的方法解决问题:油代替水,冰糖就不会融化,将排水法变成"排油法"(图 3-24);称质量,用密度进行计算得到冰糖体积(图 3-25)。

图 3-24

图 3-25

师:课后,请你选择感兴趣的一个物体进行研究。拍下研究过程,并按下面的格式撰写一份报告,和我们一起分享!

> 我还想研究……
>
> 我这样研究……
>
> 我已经知道……
>
> 我需要讨论……

【磨课背后】

这节课是"一师一优课"的省级优课。课堂上,教师将空间、时间都还给了学生,学生可以自主选择学习对象、学习材料,在长达 60 分钟的课堂上,学生充分体验尝试、交流、共享、完善的过程,积累丰富的活动经验。老师在课堂上是合作者、引领者,与学生一起徜徉在探索的过程中,在学生需要时及时给予支撑。接下来,将我们在磨课过程中的思考和大家分享。

1. "菜单式"内容能选择:丰富学习对象

内容菜单式,呈现多样性、层习性,为学生面对丰富的学习对象创造可能性。学生可以根据自身需求进行选择,获得更多不一样的活动体验。用鹅卵石代替梨,鹅卵石相比梨,特性相同,但操作起来不易损坏。同时,鹅卵石大小显著,可以利用它让学生理解用排水法测量不规则物体体积的基本原理。补充铁钉和乒乓球。乒乓球不能完全浸没,铁钉体积太小,学生通过研究,能增强对排水法测量物体体积的体验。用冰糖代替冰块,冰糖比冰块更具有稳定性,同样可以说明排水法不是万能的,还可以打破学科框架,适当渗透物理上的方法。上述学习材料按照难易程度排列,将原有的 2 个层次拓展到 5 个层次,形成一份涵盖基础、变式和拓展的主题菜单。不同水平的学生都能找到自己可以研究的主题，也有不断挑战更高级别的弹性空间。

2. "学习圈"设置促互动：组建学习同伴

组建伙伴关系需要创设良好的氛围，让不同风格的学生围坐在一起，可以形成有向心力的学习圈，大家都是平等合作的同伴关系。学生解放身心，让学习圈内真正互动起来，组建学习同伴。开放一片"区域"，操作台上面放了各种不规则物体：数量不止一个，同一个物体可以反复研究；大小也有不同，例如鹅卵石。学生通过研究，可以从"变"中寻求"不变"。操作台上还提供了各种测量工具：量杯能直接读取刻度；无刻度长方体水槽，需先测量数据，再进行计算；当厘米尺长度太短时，长尺可以进行测量。打破一个"界线"，打破40分钟的标准时间，将两节课连在一起，形成60分钟长课时，学生可以尽情研究，充足的时间保证了同伴合作顺利开展。

3. "发布会"组织促碰撞：促进自主反省

尊重每个学习个体的认识与表达的差异性，组织发布会，调动交流的欲望，让学生通过自主探究积累的经验以及获得的结论都有机会发布。发布会中，同伴范围从组内扩大到组间，促进不同观点碰撞。展现一个"过程"，小组将研究的过程记录下来，让他组理解想法是碰撞的前提；提供一些"支撑"，教师穿针引线，适时提问和及时诱发，使碰撞更加深入有效。发布会结束后，每个组都要在组长的带领下，及时对研究过程进行总结，通过组内分享，总结方法策略的同与不同，在内省中促进自身知识建构；通过组员互评，总结组内合作得怎么样，每位组员的表现如何？促进自身合作力的内省。跟进一个"任务"，布置一个长作业，课后完成，将解决一个问题的方法策略迁移到一类问题中，促进自身应用力内化；记录一段"心得"，任务完成后，撰写一篇小日记，获得积极情感体验，促进自身反思力内化。

《观察物体》/丰富表象，提升空间想象

【内容简析】

《观察物体》是人教版数学教材五年级下册第一单元的内容，主要学习的是根据从一个或多个方向观察到的图形拼搭出相应的几何组合体，促进学生空间观念的发展，提升学生空间想象能力。在小学阶段，关于观察物体有三次编排，这是最后一个层次。在二年级时，学生从不同角度观察实物和单个的立体图形；四年级时，学生从三个不同的位置观察同一个几何组合体，从同一位置观察三个不同的几何组合体；这些体验和感悟都为本节课的学习做好了准备。在学习活动中，学生多种感官协调活动，在相互交流中不断丰富活动经验。

【设计思考】

1. 学生有什么学习困惑?

学生根据一个或多个方向观察到的图形还原立体图形时,头脑中需要先建立表象,再根据建立的几何直观进行空间想象和逆向推理,在这一过程中发展空间观念。在以往的课堂中,教师没有重视让学生先建立起丰富的表象,在根据多个方向观察到的图形拼搭出相应的几何组合体时,学生在"调整"的过程中缺少直观支撑,个体差异比较明显。另外,在解决搭建符合条件的几何组合体"最少需要几块,最多需要几块"的问题时,学生光靠空间想象普遍感到困难,教学中需要给出帮助进行想象的"抓手"。

2. 丰富表象,提升空间想象

创设学生感兴趣的问题情境,激发学生在学习活动中自主探索。教师提供学具"小正方体",学生通过动手操作、动眼观察、动口交流、动脑想象,积累丰富的直观表象,在沟通交流中,逐步加深感悟。提升空间想象力有支撑:操作,从根据一个方向观察到的图形拼搭出几何组合体,有多种可能;观察,根据从两个方向观察到的图形拼搭出几何组合体,深入讨论"最多和最少块数"的情况;想象,借助"在方格纸上标个数"的方法帮助学生进行空间想象,根据从三个方向观察到的图形拼搭,基本能确定几何组合体的形状。在练习中,提供变式,打破思维,学生进一步感悟到:根据三个方向观察到的图形,有时候也不能确定几何组合体的形状。

【课堂实录】

1. 情境创设,唤醒旧知

师:同学们,今天我们要来认识一些新朋友,它们是正方体家族,看,它们在聚会呢! 虽然它们长得不一样,但都是由相同的小正方体搭成的。它们有个特殊的爱好,喜欢穿墙而过。有一天,有一个家族成员在自己家玩穿墙。想象一下,它这样穿墙而过留下的形状会是怎么样的呢?

生想象。

师进行课件演示:从不同方向观察立体图形,看到的形状是不一样的。(图3-26)

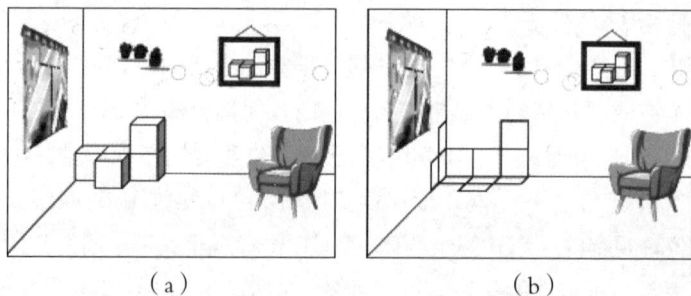

(a)   (b)

图 3-26

2.任务驱动,自主探索

（1）根据从一个方向观察到的图形,感悟搭法多样

师:有一天,有一个正方体家族成员跑到别人家里去搞破坏了。大侦探赶到了现场,到底谁是破坏王? 大侦探想请同学们一起来抓住破坏王。我们先听一听大侦探发现了什么线索。

师:是谁呢? 看,大侦探给我们拍来了现场的照片。这个破坏王从正面看,形状是这样的(图 3-27)。仔细观察,你知道了什么信息?

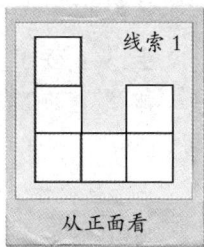

图 3-27

生:正面看有 3 列。

生:第一列有 3 层,第二列有 1 层,第三列有 2 层。

师:根据信息想象一下,这个破坏王可能长什么样子呢? 你能用手中的小正方体,试着把它的样子还原一下吗?

生自主尝试。

师:谁愿意上来展示一下?

生:我是这样搭的:第一列有 3 层,搭 3 个;第二列搭 1 个;第三列搭 2 个。大家觉得我搭的对吗?

生:我还有不同的搭法:可以把正方体往后移动,从正面看到的形状也是一样的。

师:我们一起检查一下,通过移一移,让小正方体前后错开,它的正面还是这个形状吗? （图 3-28）

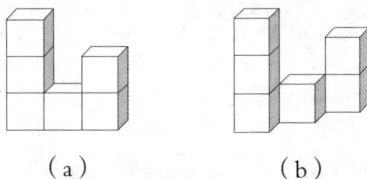

（a）   （b）

图 3-28

生(齐):是的!

师:看来用 6 块可以摆出不同的立体图形。

师:只能用 6 块吗? 如果我再加一块,可以加在哪呢? 谁来加一加?

生:可以加在前面,也可以加在后面。

生:不能加在左边或右边,形状就变了!

生:上面也不能加,形状也会改变。

生:其实前面和后面可以加无数块,第一列最高加 3 层,第二列最高加 1 层,第

三列最高加 2 层,从正面看形状也不会改变。

师:知道一个方向看到的形状,能抓到这个破坏王吗?

生:不能!

(2)根据从两个方向观察到的图形,感悟搭法范围

师:我们再回到现场找一找线索。看,大侦探发来了第二张现场照片(图 3-29)。观察一下,你又知道了什么信息?

生:从右看,有 2 列,第一列有 3 层,第二列有 2 层。

师:现在知道两个方向看到的形状图,再想象一下这个破坏王的样子,快用手中的小正方体还原一下吧!

生尝试操作。

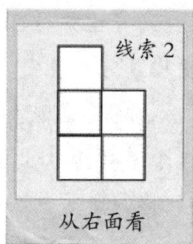

图 3-29

师:可以怎么搭呢? 谁愿意上来展示一下。

生将作品拿上来。

师:我们一起来检验一下。右面的形状对吗? 正面呢? 将掌声送给他! 还有不同的搭法吗?

生尝试操作。(图 3-30)

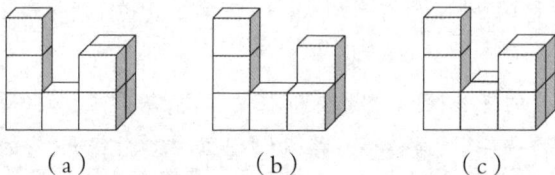

图 3-30

师:非常好。下面再想一想,最多可以用几块小正方体? 最少可以用几块呢?

生讨论,上来操作。

师:看来,通过讨论,要符合条件,最多可以用 11 块小正方体;最少用 6 块小正方体。(图 3-31)

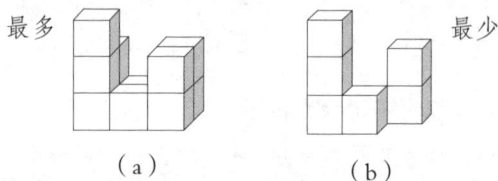

图 3-31

师:大侦探非常感谢你们。他把块数最多的搭法记录到探案笔记上(图 3-32)。你能看明白他是怎么记录的吗?

课件演示:组合图形上的小正方体个数和格子上的数字对应。

师:你能用这种方法记录块数最少的情况吗?

生回答。

师:你有什么发现?

生:留在笔记上的形状就是组合图形从上面看到的形状。

生:每个格子上的数字就是这格上面搭了几个小正方体。

师:根据从两个方向看到的图形,现在能抓住破坏王了吗?

生:还不能!

生:还要一个从上面看到的形状,就可以抓住破坏王了!

（3）根据从三个方向观察到的图形,感悟搭法确定

师:大侦探又发来了现场的照片(图3-33)。你能像大侦探一样写一写,把三个方向看到的信息整理到方格纸上,再依据方格纸,想象出这个立体图形的形状吗? 赶快拿出学习单开始整理吧。

生自主尝试。

师:谁上来介绍一下,你是怎么想的?

生:我先看正面,在格子上写上"3,1,2";再看上面和右面,进行调整。

生:我有不同想法,我是先看上面的,这样底部的形状就能确定了,再看右面和正面调整起来就比较快!

师:看来,根据从三个方向看到的形状,我们就能确定组合图形的形状了! 请你根据格子图上的记录,我们一起来想象一下这个立体图形的样子。想好了吗?

课件演示:每个格子上搭起相应数量的小正方体。(图3-34)

图 3-32

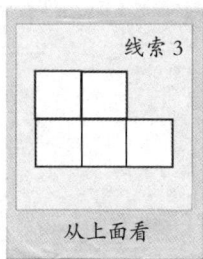

图 3-33

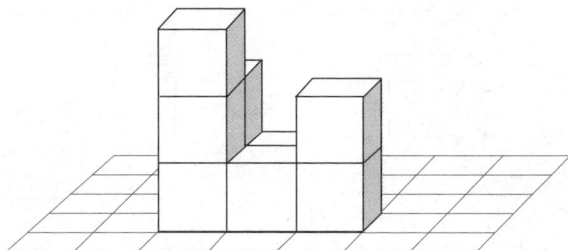

图 3-34

师:终于抓住了这个破坏王! 回顾一下抓住破坏王的过程,你有什么收获?

生:知道从一个方向看到的图形搭法有无数种,知道从两个方向看到的图形可以找出搭法的范围,知道从三个方向看到的图形就能搭出立体图形了!

生:我们可以用在格子图上记录数量的方法,想象出立体图形的形状。

生:搭的时候要符合从每个方向看到的形状图,要检验一下!

3. 变式练习,打破定势

师:某天,侦探又接到一个报案,正方体家族又有人在搞破坏了。侦探从现场找到了一个线索,从三个方向观察到的图形是这样的。根据线索,侦探抓到了三个"嫌疑犯"。它们当中谁是破坏王呢? 请你来判断一下。

课件演示(图3-35):

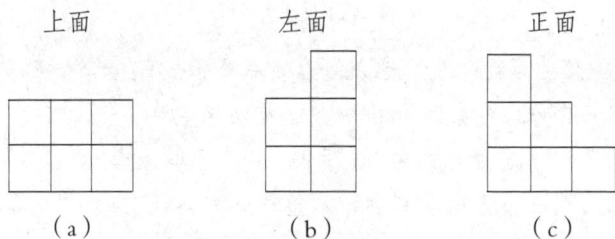

图 3-35

生:破坏王是第2幅图。

师:为什么它在喊冤枉? (图3-36)它有可能被冤枉吗?

生讨论。

生:我觉得是有可能的! 这个立体图形拿掉几块,也是符合三个方向看到的形状图的。

师:真的吗? 哪几块可以去掉? (课件演示)还要提供什么线索,才能抓住破坏王?

生:我知道了! 可以将格子图拿出来!

师出示格子图,生进行拼搭。(图3-37)

图 3-36

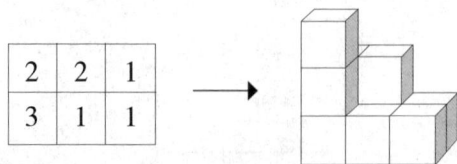

图 3-37

师:现在你能确定了吗?

生:能确定了。

师:这个破坏王太狡猾了!你有什么想说的?

生:有时候知道从三个方向看到的形状图,也不一定能确定组合图形的形状。

生:知道格子图可以确定组合图形的形状,因为上面有数量。

师:从今天这节课你学到了什么?帮助大侦探记录一下探案秘籍吧!

【磨课背后】

这节课在杭州市数学教研员平国强老师的指导下,在杭州市数学主题教研活动中进行了展示。主要目标是借助观察物体,帮助学生发展空间观念。在课堂上,教师创设了学生感兴趣的"破案"情境,设计任务层层递进,逐步增强挑战性。学生不断经历"操作、沟通、感悟"的过程,积累了丰富的表象,从一开始的完全借助实物动手拼搭,过渡到观察实物进行局部想象,到最终脱离实物运用格子图完全依靠想象;在二维和三维的空间转换中,逐步发展空间观念,取得了很好的课堂效果。

1. 在操作交流中丰富空间表象

学生在小正方体的拼搭中获得了直接经验,从和同伴的交流中获得了间接经验,感悟到通过"添加""去掉""移动"小正方体,当知道一个方向的形状图时,能够搭出不同的组合图形;当知道两个方向的形状图时,因为都要符合,拼搭就有了限制,搭组合图形时出现了块数最多和最少的情况;当知道三个方向的形状图时,就基本能确定组合图形的形状了。学生不断积累活动经验,丰富了头脑中的空间表象,为接下来发展空间想象奠定了基础。

2. 借助直观表象支撑空间想象

根据从一个方向看到的形状图,学生操作交流后,教师请学生想象"如果增加一块,可以放在哪里?可以增加多少块?"。根据从两个方向看到的形状图,教师请学生想象"还能再增加吗?最多有几块?还能再减少吗?最少有几块?"。根据从三个方向看到的形状图,教师请学生想象"这个立体图形的形状是怎么样的"。在三次想象的过程中,学生都需要借助操作交流中积累的直观表象,支撑头脑中开展"添加小正方体""去掉小正方体""移动小正方体"的空间想象;从一开始的边操作边想象,到边观察边想象,到最后的脱离实物想象。

3. 提升空间想象发展空间观念

学生的空间想象力存在差异,提升空间想象力才能发展空间观念。"标有数字的格子图"是空间想象力提升的一种很好的工具。教师通过课件演示,将组合体与格子图建立关联。学生发现格子图的形状就是组合体从上面看到的形状,格子图上的数字就是组合体每一列上的小正方体个数。学生尝试运用发现解决问题,借助格子图提升空间想象力,实现二维空间和三维空间的互相转换,发展空间观念。在变式练习中,学生运用"格子图"开展想象,打破了"根据从三个方向看到的形状图能确定组合体形状"的思维定式,进一步发展空间观念。

《涂色问题》/ 动手操作，主动探索规律

【内容简析】

《涂色问题》是人教版数学教材五年级下册第三单元《长方体和正方体》最后的"探索图形"内容。从教材编排来看,这部分内容是综合实践活动,目的是让学生运用所学的正方体特征等知识,探索小正方体拼成的大正方体中各种涂色小正方体的数量,发现其中蕴含的数量上的规律,以及每种涂色小正方体的位置特征,培养学生的空间想象力和推理能力,让学生体会分类计数的思想。

【设计思考】

1. 学生有什么学习困惑?

在教学中我们发现,由于规律和图形的本身特征、位置分布有关,需要观察、推理、想象,是一个数学建模的过程,因此学生在课堂上的差异就比较明显:个别学生能马上发现规律,并主动进行研究和归纳;大部分学生需要通过讲解才能逐步理解规律,并尝试应用到 n 阶正方体中;还有一些学生无法发现规律,理解起来有困难。在这个单元评价时,出现了一个类似的新问题情境——长方体表面涂色。通过统计发现,绝大部分学生还不能将在正方体中得到的规律主动迁移到长方体上,运用长方体的特征等知识解决问题。看来,如何让学生经历探索规律的过程,积累数学活动经验,主动发现和真正理解规律是本节课的难点。

2. 动手操作,主动探索规律

创设怎样的学习环境,才能让学生主动参与到探索规律的过程中来,并促进规律的发现和理解呢? 我们思考,规律不能仅仅是"看"出来、"想"出来的,而是首先要让学生动手"做"出来,这样才能加深体验。

我们准备了小正方体的学具,小正方体上有的一面涂色,有的两面涂色,有的三面涂色,有的没有涂色,用它们搭成要研究的三阶、四阶、五阶表面涂色的正方体模型,让学生直接面对研究的对象,能直接动手拆分、构造。同时,我们设计了研究单,引导学生观察涂色面数和正方体特征的关系,方便学生把研究的发现表示在图上,及时记录下来,作为交流的材料。最后,我们还制作了课件,能配合学生的交流进行直观演示,帮助学生更好地观察,并通过归纳、推理建立数学模型。在这个过程中,"做"

是前提，"看""说""想"共同合力，多感官协调活动，学生在头脑中建立表象，理解规律，发展空间想象力。

【课堂实录】

1. 提出问题

师：同学们，用棱长为 1 厘米的小正方体搭一个大正方体，至少需要几块？

生：4 块。

生：每条棱长是一样长的，应该是 2×2×2=8 块。

师进行课件演示。

师：搭再大一点的正方体，需要几块？

生：3×3×3=27 块。

师：再往下搭呢？

生：4×4×4=64 块。

师：我们可以将棱长为 2，3，4 的正方体分别称为二阶正方体、三阶正方体、四阶正方体。（板书）

师：看，我们把这些正方体的表面涂上颜色（课件演示）。会发生什么情况呢？

生：有一些小正方体是三面涂色，还有两面涂色，一面涂色的。

生：在里面的小正方体是没有涂色的。

师：有四面涂色的吗？

生：没有，最多只有三面涂色的。

师：看来，给大正方体的表面涂上颜色，这些小正方体会出现不同的涂色情况。不同情况的小正方体分别有多少个呢？它们和大正方体有什么关系呢？这是我们今天要研究的"涂色问题"。（板书）

2. 解决问题

（1）观察＋拆分＋发现

师：桌面上已经摆好了二阶正方体、三阶正方体、四阶正方体。请四人小组合作，一起进行研究，完成任务单（图 3-38）。你们可以先观察，再动手操作，把研究的发现在图上画一画，用文字写一写，最后一起讨论，看看有什么发现。

生四人小组合作探究。

师：完成了吗？哪个组先上来汇报你们的发现？

生（边说边指图）：我们组发现三面涂色的在正方体的顶点上，两面涂色的在正方体的棱上，一面涂色的在正方体的面上，没有涂色的在正方体的里面。我们通过观察发现：三面涂色的块数都是 8 块；两面涂色的块数分别是 0，12，24 块；一面涂色的分别是 0，6，24 块；没有涂色的是 0，1，8 块。

师:这个组已经找到不同涂色情况分别分布在正方体的什么位置。(板书:位置分布)

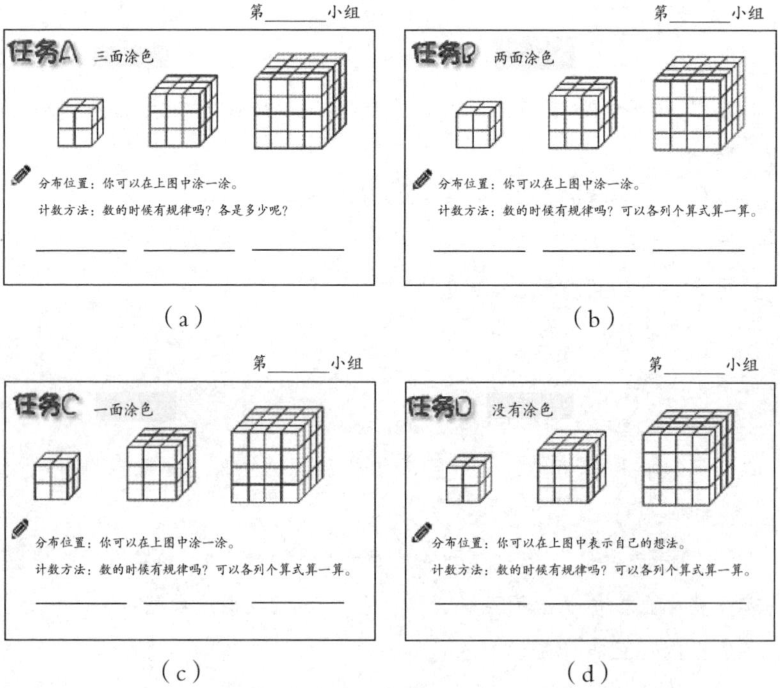

（a）

（b）

（c）

（d）

图 3-38

生(展示任务卡):我们组不是数出来的,可以计算。正方体有 12 条棱,所以两面涂色 3 阶正方体是 1×12=12 块,4 阶正方体的就是 2×12=24 块。正方体有 6 个面,所以一面涂色 3 阶正方体是 1×6=6 块,4 阶正方体的就是 4×6=24 块。

生:没有涂色,就是要将正方体表面削掉一层,3 阶正方体就只剩中间 1 块,4 阶正方体就剩 $(4-2)×(4-2)×(4-2)=8$ 块。

师:这两个组认为都能通过计算得到不同涂色情况的块数。想一想,为什么两面涂色要乘 12? 一面涂色要乘 6?

生:因为正方体有 12 条棱,6 个面。

师:没有涂色的,剥去正方体的表层,计算时为什么要减 2?

生:因为两边都各少了 1 块。

师:看来知道了不同涂色情况的位置分布,就能通过计算得到小正方体的块数,这种方法叫作分类计数。(板书:分类计数)

（2）猜想＋构造＋验证

师:如果照这样摆下去,下面是几阶正方体了? 按照我们发现的规律,请你猜想一下,每种情况各有几块? 你是怎么知道的?

生:5 阶正方体,三面涂色还是 8 块。

生:两面涂色是 3×12=36 块,一面涂色是 3×3×6=54 块。

生:没有涂色是 3×3×3=27 块。

师:真的和我们猜想的一样吗? 四人小组合作,一起数出 8 块三面涂色的、36 块两面涂色的、54 块一面涂色的和 27 块没有涂色的小正方体,放在桌上。准备好了吗? 请你们合作,一起动手搭出表面涂色的五阶正方体,验证你们的猜想。

师:你们都搭成功了吗? 看来 5 阶正方体也有这样的规律。仔细观察,三个算式中都出现了"3",这是怎么得来的?

生:一行有 5 个小正方体,去掉左、右 2 个,一条棱上就是(5−2)=3 块。

生:每个面中间就是(5−2)×(5−2)=9 块。

生:中间没有涂色部分就是一个棱长为 3 的正方体,(5−2)×(5−2)×(5−2)=27块。

师:继续搭下去,如果是 10 阶正方体呢? 还需要实物吗? 想象一下是怎样一个正方体? 每种情况分别几块呢?

生回答,师进行课件演示。

师:再继续往下搭,如果是 n 阶正方体,你能把规律表示出来吗? (板书)

生:三面涂色都是 8 块,两面涂色是(n−2)×12,一面涂色是(n−2)×(n−2)×6,没有涂色是(n−2)×(n−2)×(n−2)。(教师板书)

3.反思问题

师:回顾解决过程,我们是怎么研究正方体表面涂色的规律的?

生:我们一起观察和操作,发现了不同涂色情况在正方体上的位置分布,还用算式计算分别有多少块。

师:是的,通过观察、操作、推理,我们知道了每种涂色情况在正方体上的位置分布,还归纳出能计算它们分别有几块的方法。

师:正方体表面的涂色问题解决了,想一想,如果换成是在长方体表面涂色,这样的规律还能适用吗?

生:可以的。但是长方体的棱长不一样了,长、宽、高要区分开。

生:长方体是对面相等,也要分开计算。

生:但是顶点还是 8 个,这个是不会变的。

师:好的。看来我们发现的规律根据长方体特征变一变就行了。这里有一个 5×4×3 的长方体,感兴趣的同学可以试试看! (图 3−39)

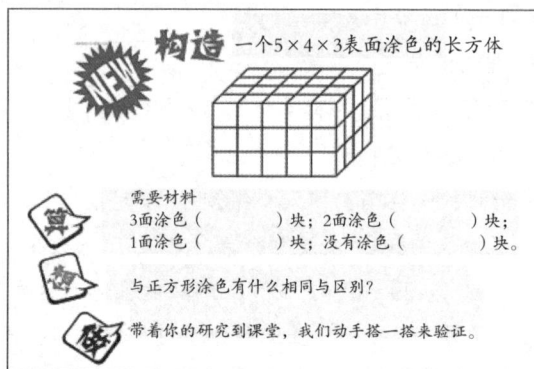

图 3-39

【磨课背后】

这节课在"江浙沪"联谊活动上进行展示。在课堂上,五年级的学生主动探究、思维活跃、讨论热烈,得到了听课教师的好评。如何让学生更好地探索、理解和应用规律,改变"生搬硬套"的现象?本课在教学设计时,为了让学生更好地"动手做"数学,对于学习材料的设计有一些突破和思考:怎样的学习材料才能让学生积极参与进来?怎样的学习材料能蕴含更多的数学思考?怎样的学习材料能促进学生的真正理解?接下来分享磨课过程中的几个小片段。

1. 两个学具:"魔方"VS"小正方体"

怎样的学具能帮助学生获得直观体验,更好地探究规律?第一次我们考虑使用魔方。因为魔方是学生常见的正方体,上面分割成了一个个小正方体,学生可以借助手中的魔方进行观察和想象。但是魔方也存在不足,对于一些同学来说很难想象"没有涂色"的小正方体块数,这是一个难点,而且魔方只能观察,不能拆开,不能给这些学生直观支撑。不能让学生动手操作的学具不是"好"学具,我们需要2阶、3阶、4阶,甚至更大的正方体模型,既能整体观察,又能动手操作。最终,我们购买了一些大小一样的原木色的小正方体,以及红色的贴纸。我们将红色的贴纸贴在正方体的表面,有些三面贴色,有些两面贴色,有些一面贴色。学生在研究时,可以自己还原搭建的过程,像小数学家一样开展研究。

2. 两种思考:"破坏"and"构造"

学生在建模的过程中,既要有顺向思考,也需要逆向思考。在这节课的课堂上,我们用小正方体搭建了大正方体的模型,一开始就引导学生可以将模型上的小正方体拿下来观察、研究,在对模型的"破坏"中了解各种涂色情况的分布位置,以及块数的计算规律。在学生初步发现规律后,再引导学生根据发现的规律,猜想出各种涂色的块数,自己拿出小正方体搭建表面涂色的5阶正方体,在"构造"的过程中,进一步感知各种涂色情况的分布位置。从整体到部分，从部分再到整体，学生正是在"破坏"和"构造"中感知、理解规律，符合儿童认识事物的特点。

3. 两种迁移："其他组合体" or "长方体"

真正的理解是学生在新的问题情境中能主动进行知识迁移。在探索完正方体表面涂色的规律后，教材呈现了一组新的由小正方体拼成的几何组合体，主要是让学生能够运用"分类计数"的思考来解决问题。在教学的过程中，我们发现这类拓展应用和本节课研究的规律没有存在密切联系，对图形的特征也不能进一步增进理解。本单元学习了正方体和长方体的特征，学生自然联想到长方体表面的涂色问题。顺应学生的思考，我们设计了课后任务"探索 $5 \times 4 \times 3$ 的长方体的表面涂色规律"，根据正方体表面涂色规律进行猜想，结合长方体特征思考，促进学生自主迁移，用规律解决新的问题。从学生的完成情况看，他们能积极主动地思考问题，成效显著。

第三节　数学广角典型课例

《植树问题》/ 追本溯源，回归基本模型

【内容简析】

《植树问题》是人教版数学教材五年级上册第七单元数学广角的内容。教材编排了三个例题，渗透有关植树问题的一些思想方法，创设实际问题情境，让学生从中发现一些规律，抽取出其中的数学模型；运用模型解决生活中的一些简单实际问题。教材在编排上，注重引导学生进行观察、猜测、验证、推理等数学活动，在解决问题的分析、思考过程中，逐步发现隐含的规律，经历建立数学模型的过程，帮助学生积累数学活动经验，提高解决实际问题的能力。

【设计思考】

1. 学生的学习困惑是什么？

教材将植树问题安排在数学广角，目的是渗透数学思想方法，教学的重点是建立"植树问题"的模型。但是，由于这部分内容原来是思维专项内容，要让"植树问题"从"小众教学"走向"大众教学"，学生普遍感到难度较大。通过课堂观察，我们发现学生在应用模型解决实际问题时最苦恼的就是识别植树问题的类型。这是因为，学

生在建立植树问题模型时,要掌握"两端都种""只种一端""两端都不种"三种不同类型,记忆负担较重;且"间隔数""棵数""间隔距离"这些词语比较抽象,学生难以理解。怎样让学生已有的生活经验和学习经验成为学习"植树问题"的有力支撑呢?这是教学要思考的关键问题。

2. 追本溯源,回归基本模型

如何有效落实教材的意图呢?我们发现,教师在课堂中走不出"植树问题"的经典教学框架,大致可以分为两类:一类是植树问题的三种类型都一起教学,再在练习课中进行变式练习;一类是重点教学植树问题的一种类型,将变式也一起教学,再在练习课中拓展到另外两种类型。但是,无论哪种框架,教师们都普遍觉得教学难度大。"植树问题"教学还有新的突破口吗?在浙江省数学教研员斯苗儿老师的引领下,我们深入思考:能否将"植树问题"模型回归为一种更具有普遍意义的数学模型呢?通过讨论,我们发现:植树问题在解决过程中,要用到数量关系"道路长度 ÷ 间隔长度 = 间隔数",基本的数量关系式就是"总数 ÷ 每份数 = 份数",也就是学生已有的学习经验"用除法解决问题";植树问题的三种类型可以看成根据实际情况对"商"进行处理,有时棵数是"商 +1",有时棵数是"商 −1",有时棵数就是"商",这可以借助学生已有的生活经验。这为植树问题的教学带来新的启示:"植树问题"模型能否回归到学生熟悉的的"除法解决问题"模型呢?这样是不是更有利于学生建构和应用模型呢?

【课堂实录】

1. 回忆旧知

师:今天这节课,我们一起来学习"用除法解决问题"。课前,请同学们用"8÷2=4"编了一些用除法解决的问题,我们一起来看一看。

课件演示:

(1)一个小队有8人,每2人一组,能分几组?

(2)一支笔2元,孟小红带了8元,可以买几支笔?

师:这两位同学编的问题,都能用"8÷2=4"来解决吗?

生表示赞同。

师:为什么讲的事情不一样,却都行?

生:因为总数都是8,每份数都是2,都在平均分。

生:因为都要解决8里面有几个2,所以用除法。

师:是的,我们用线段图来表示。总量都是8,每份都是2,要求8里面有几个2,用除法解决。

课件动态出现线段图。(图 3-40)

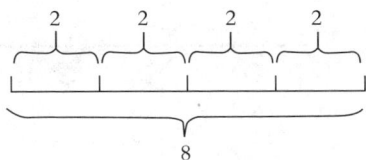

图 3-40

师：你们还编了哪些问题，和同桌交流一下。

生互相交流。

师：像这样的用除法解决问题，我们以前就学习过了。

2.感知模型

师：老师也编了两个问题，想一想能用除法解决吗？结果还是 4 吗？

板贴出示：

（1）小朋友排成 8 米长的一列横队，每隔 2 米站一人，共有几人？

（2）一根木头长 8 米，每 2 米锯一段，需要锯几次？

生：可以用除法解决，但是锯木头只要 3 刀，头上不用锯的。

生：排队伍可以排 5 人。

生：我觉得排队伍可以排 6 人。

师：看来，大家有不同的猜测了。我们一起来验证一下。先看第一题，我们现场排一排，看看能排几人。

生现场排队，验证需要 5 人。（图 3-41）

图 3-41

师：通过验证，我们发现结果要比商多 1 人。

板书：4+1=5（人）。

师：现场没有木头，又该怎么验证呢？

生：可以用线段代替木头。

师请生上来操作。

生边说，边用学具操作：开头不用锯，隔 2 米锯一下，隔 2 米锯一下，再隔 2 米锯一下，尾部也不用锯，只要锯 3 下就可以了。（图 3-42）

图 3-42

师:通过验证,我们发现结果比商要少 1。

板书: 4−1=3(次)。

师:老师编的两个问题,和你们编的都是除法解决问题,有什么地方不一样?

生讨论:今天学习的除法解决问题,商要"+1"或"−1"。

师:是的,以前学习的除法解决问题,商就是结果;今天研究的除法解决问题,商还要根据实际情况进行处理。今天我们就来研究这些特殊的用除法解决的问题。

3.建立模型

师:还有一个问题,你们会解决吗?

课件演示:

20 米的小路的一边,每隔 5 米栽一棵树,共栽几棵?

师:猜猜能栽几棵?

生猜测:3 棵、4 棵、5 棵、6 棵……

师:把你们的想法画下来,试着在旁边列出算式。

生自己画图,列式。

师:谁想上来和我们一起交流?

生(指着图):先在头上种一棵,隔 5 米再种一棵,隔 5 米再种一棵,隔 5 米再种一棵,隔 5 米再种一棵,一共种了 5 棵,算式是 20÷5+1=5(棵)

生(指着图):头上不种,隔 5 米种一棵,隔 5 米再种一棵,隔 5 米再种一棵,隔 5 米再种一棵,一共种了 4 棵,算式是 20÷5=4(棵)。

师:想一想,他为什么这端不种? 可能是怎么回事? 生活中有这样的情况吗?

生:可能有一堵墙挡住了。

生:可能有障碍物不能种。

师:那还能怎么种呢?

生(指着图):头上、末尾都有障碍物,都不能种,隔 5 米种一棵,隔 5 米再种一棵,隔 5 米再种一棵,一共种了 3 棵,算式是 20÷5−1=3(棵)。

师:看来,3 棵、4 棵、5 棵都是有可能的。

课件依次出示三种不同的种法。(图 3-43)

师:这和黑板上的哪种情况类似? 给它取个名称,都是怎么解决的?

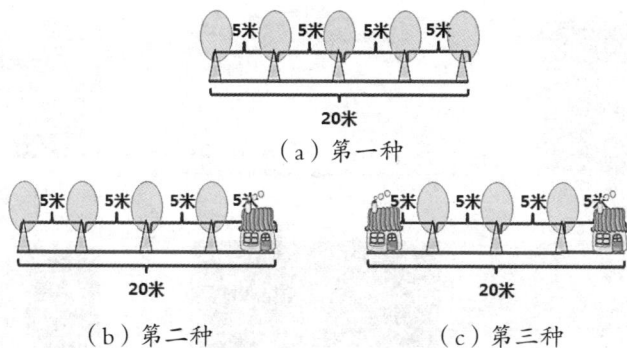

（a）第一种

（b）第二种　　　　　　　　（c）第三种

图 3-43

生：第一种种法和排队问题一样，都是两端都有，商 +1。

生：第三种种法和锯木头问题一样，都是两端都没有，商 −1。

生：第二种种法和原来学习的用除法解决问题一样，只有一端：商不变。

师生在讨论中形成整节课的板书。（图 3-44）

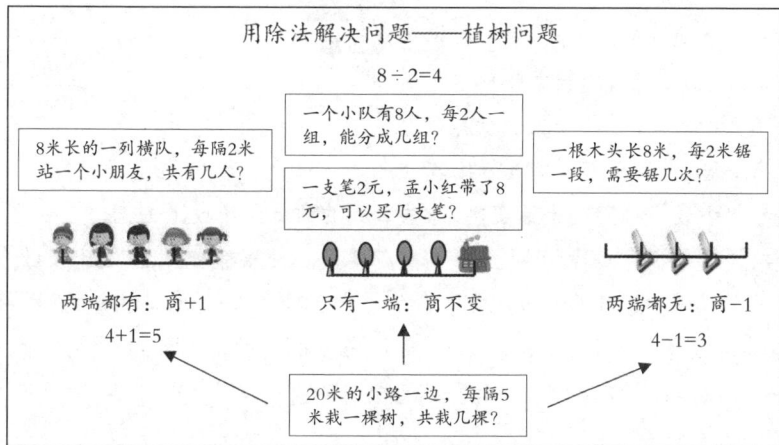

图 3-44

4. 应用模型

师：我们研究了排队、锯木头、植树，在生活中，你们还看到过像这样的问题吗？属于哪种类型？

生举例：路灯安装、课桌摆放、插彩旗……

师：老师也找了一些，请你们来判断。

课件演示（随着学生判断，附上线段图）。（图 3-45）

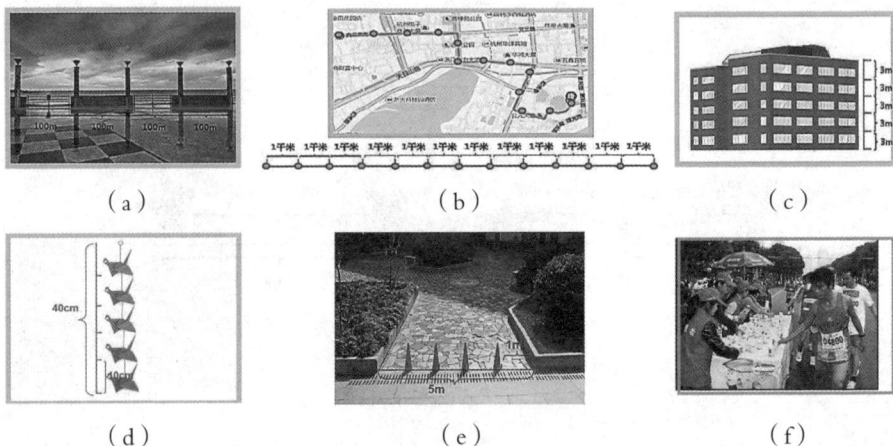

（a）　　　　　（b）　　　　　（c）

（d）　　　　　（e）　　　　　（f）

图 3-45

师:你们觉得马拉松比赛的饮水台设置应该是哪种情况呢?

生:两端都有。

生:我觉得两端都没有,只要中间设置就可以了。

生:终点也要设吧,跑完需要补水。

生:起点不用设,喝了一肚子水怎么跑呀。

师:有道理,看来只有一端设置比较合理。

师:一起看我们判断的生活实例,除法算式的商就是线段上的"段数"。路灯、人、公交站台、楼层等都在线段的点上,每个点都要放。两端都有时,点数比段数多1,所以"商+1"。千纸鹤、服务站等也放在线段的点上,但有一个端点不用放,只有一端时,点数和段数一样多,所以"商不变"。锯木头、植树这种情况则两端都不放,这时点数比段数要少1,所以"商-1"。现在你明白为什么有这样的规律了吗?

课件动态演示:

两端都有:商+1　　　　只有一端:商不变　　　　两端都无:商-1

生独立完成两个问题。

(1)5路公共汽车从A站发车,终点站为B站。行驶路线全长12千米,相邻两站之间相距1千米。一共设有多少个车站?

(2)马拉松比赛全程约42千米。平均每3千米设置一处饮水服务点(起点不设,终点设),全程一共有多少处这样的服务点?

师:今天我们学习了特殊的用除法解决的问题,数学上把这类问题叫作"植树问题"，你有哪些收获？

生：植树问题可以用除法解决，就是商要根据实际情况处理。

生：植树问题有三种类型，两端都有"商 +1"，只有一端"商不变"，两端都没有"商 −1"。

师：关于植树问题，你还想研究什么？

生：在一条道路的两边植树，怎么解决？

生：生活中的花坛都是圆形的，这样的植树问题怎么解决？

生：西湖边一棵桃树，一棵柳树，种两种树怎么解决？

……

【磨课背后】

为了更好地将理念落实于课堂，我们在斯苗儿老师的带领下，对《植树问题》进行了深入研究。在团队智慧共享的基础上，这节课在全国小学数学(人教版)示范课观摩交流会上进行了展示，对教学环节进一步改进和完善。纵观研究过程，我们的讨论聚焦以下三个方面。

1. 怎么凸显新旧知识的"联"？

如何将《植树问题》和《用除法解决问题》顺利衔接？本节课开始直接从"用除法解决问题"切入，通过"对比"新旧问题的"同"和"不同"来凸显知识之间的关联。在引入环节，学生通过对比自己编的问题和老师编的问题，发现：这些问题的数量关系相同，都是"总数 ÷ 每份数 = 份数"，所以归根结底还是用除法解决问题；但问题的结果不同，原来的用除法解决问题商就是结果，而新的用除法解决问题，结果要根据实际情况"商 +1"或"商 −1"。就这样，在开始的引入环节中，成功唤起学生原有的学习经验，为新知的学习埋下伏笔。

2. 怎么呈现学习材料的"序"？

在展开环节，教师按照教材呈现的顺序，先研究"植树问题"，再研究生活中的"排队问题""锯木头问题"等。但在课堂实施中，我们发现由于"植树问题"是一个经过数学提炼的问题，学生认为生活中植树一般都是两端都种，想不到"只种一端"和"两端都不种"的情况，一开始就容易引起争议，不利于模型的建构。如何更好地让学习材料的"序"遵循学生学习的"序"？在正式上课时，我们调换了学习材料呈现的顺序，将"排队问题"和"锯木头问题"先进行了讨论，这样学生借助原有的生活经验，很快就能得出锯木头的结果要"商 −1"，排队伍的结果要"商 +1"。然后我们再讨论教材上的"植树问题"。学生有了前面的学习经验，很自然就联想到"植树问题"可能有三种不同的情况，在沟通中逐步建构模型，教学过程显得更加自然而流畅。

3. 怎么把握巩固应用的"度"?

《植树问题》第一课时的教学在巩固应用环节要安排哪些内容呢? 显然难以面面俱到。我们针对学生应用模型时的难点"无法正确识别模型",在练习中拓展知识的广度,通过学生举例、教师举例,围绕"讲了什么事? 属于哪种类型?"展开讨论,丰富体验,从而为正确解决"植树问题"奠定坚实的基础。同时,我们还汲取名师的智慧,在练习中拓展知识的深度,让学生不仅发现规律,还能理解规律,落实教学重点。我们借助线段图渗透:以"点数 = 段数 +1"解释"植树问题"两端都种的类型,再拓展到"植树问题"的其他两种类型。

《填数游戏》/ 配备"学习包",支撑推理过程

【内容简析】

《填数游戏》是人教版数学教材二年级下册第九单元《数学广角——推理》的例2。推理是数学的基本思维方式,逻辑推理是进一步学习数学的基础,同时也是发展学生思维能力的良好素材。教材通过创设游戏情境,让学生进行观察、分析、尝试、调整等活动,利用推理解决按要求在方格内填数的问题,从而经历稍复杂的推理过程,学会按一定的方法进行推理,进一步体验推理的作用,培养学生有序、全面地思考问题的意识。

【设计思考】

1. 学生有什么学习困惑?

在教学中,我们发现这部分内容有一定的难度。首先,学生要明确解决什么问题。填数的规则是"每行、每列都有 1~4 这四个数,并且每个数在每行、每列都只出现一次。"这样的表述比较抽象,对于二年级学生来说难以理解。其次,在解决问题的过程中,填数时既要横着观察,这个数所在的行已经有了哪些数;又要竖着观察,这个数所在的列已经有了哪些数;然后需要结合起来进行推理和判断。这个有序思考的过程步骤较多,对于二年级学生来说比较复杂。尤其是碰到不能直接填写的数,需要先将其他数填写出来,才能进行推理,思考能力弱的孩子更是有困难。最后,在对推理过程的描述中,学生也不太能表达清楚。

2. 配备"学习包",支撑推理过程

我们思考,当学生在推理过程中碰到困难时,可以如何搭建"脚手架",支撑学生有序、全面地进行思考。通过多次讨论,针对学生的学习困惑,我们为每个孩子配备了一个"学习包",帮助学生疑难攻坚。"学习包"中有:1~4 的数字卡片,学生可以在

格子图中动手摆一摆，帮助理解题意；两个不同颜色的长方形框架，学生在推理过程中，可以框住所需的行和列，以便更好地观察；一张任务卡，学生可以将推理的过程用写一写、划一划记录下来，帮助有条理地表达；一个iPad，里面有填数游戏的界面，激发学生挑战更有难度的问题，同时可以浏览同伴设计的作品，进行点赞和评价，进一步促进推理能力的提升。

【课堂实录】

1. 拼图引入，唤起经验

师：同学们玩过拼图吗？我们先来玩一个拼图游戏吧！你会拼吗？是怎么拼的呢？

一生上来操作拼图。

师：哇，这么快就拼完了。我们拼出了一个小女孩，采访一下这位同学，拼的时候你有什么好方法吗？

生：我先看哪一块可以先拼上去，这块有小女孩的帽子，所以拼在这个位置；接下来看哪块可以把小女孩的脸拼完整；哪块有半条裙子，可以连上去把身子拼好；最后看用哪块把小女孩的手拼起来。

师：是呀，玩拼图游戏的时候，需要仔细观察哪一块可以先拼，然后再根据它们之间的联系一块接一块地往下拼。

2. 情境创设，理解规则

师：同学们非常棒！想不想再继续玩个小游戏？看，这里有一张格子图，要玩游戏就要知道什么呀？

生（齐声）：游戏规则。

师：仔细看，游戏规则是什么？一起读一读。（板书：知道了什么？）

课件演示：每行、每列都有1~4这四个数，并且每个数在每行、每列都只出现一次。

师：看来填数的时候和"行"与"列"有关，那格子图中有几行呀？让我们一起数一数。1行、2行、3行、4行，横向的称为"行"。那么又有几列呢？1列、2列、3列、4列，竖着的称为"列"。这些行和列就组成了这样一幅格子图。我们要在格子图里填什么呀？

生：要填1，2，3，4。

生：不能填其他的数，比如5，6，7，…

师：哦，明白了，只能填1，2，3，4。老师先来填填看，这里填3，这里再填一个3，这样可以吗？

生：不行，刚才填过3了，这里就不能再填3了。

师：你们同意吗？看来同一行里每个数字只能出现1次，那么列呢？同一列里每个数字也只能出现1次。

3. 问题呈现,初步感悟

师:看来你们都已经明确规则了,那格子图开始变喽(课件演示),看,现在里面已经填了一些数字宝宝了,你能根据这个游戏规则把它填完吗?（图3-46）

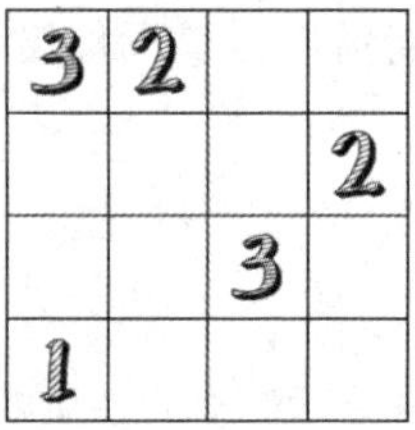

图3-46

生跃跃欲试。

师:接下来让我们一起来研究一下吧。同学们还记得刚才玩过的拼图游戏吗?要完成拼图,必须先找到哪块能先拼,然后才能一块块拼下去。那么填数游戏中是不是也有这样的小诀窍呢? 你觉得第一格能先填哪里?

生上来指,老师用不同形状做上记号。

师:同学们的意见不太一样,那究竟哪个是可以先填的呢? 请你和你的同桌讨论一下。现在,认为星星先填的请举手,认为太阳的呢? 认为月亮的呢?

师:有许多同学认为星星这格可以先填,为什么呢? 谁能说说看。

生:竖着看有1和3,横着看有2,那就不可能是1,2,3了,只剩下4了。(生边说,师边在1,2,3,4上划去已有的数字。)

师:他是怎么想的你们听明白了吗? 谁能再来说一说。

生复述推理过程。

师:同学们听明白了吗? 刚才两位同学都是怎么观察的?

生:他们都是先横着看,再竖着看的。

师(将长方形框架放在格子图上):是的,我们看这个数所在的行、所在的列,已经出现了哪些数字,然后用排除法把这些出现过的数字都排除掉,那么剩下的那一个就能确定是方格里填的数字了。(图3-47)

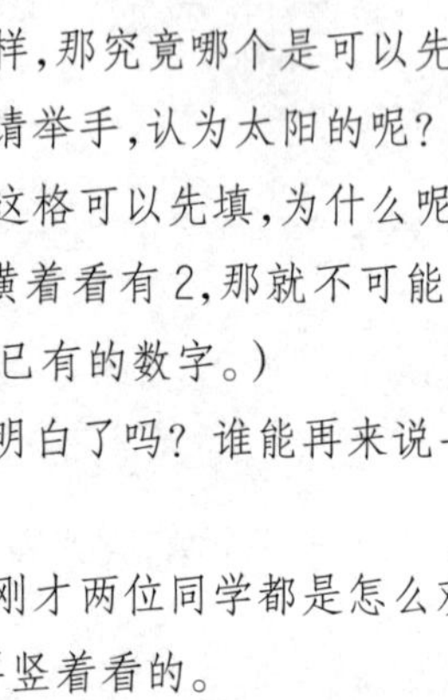

图3-47

师：那么太阳、月亮的格子能先填吗？哪位小老师愿意选一个来介绍一下？

生（边说，边在1,2,3,4上面划去已有的数字）：月亮格子横着看有数字3，竖着看有数字2，剩下还有1和4，不能确定。

生（边说，边在1,2,3,4上面划去已有的数字）：太阳格子横着看有数字3和2，竖着看有数字3，3已经划去了，剩下还有1和4，也不能确定。

师：哇，同学们都很会思考，还发现了填数游戏的小秘诀。这个小秘诀是什么呢？

生：横着和竖着结合在一起看。

生：可以把有的数划去，剩下的数就可以确定了。

生：可以确定的格子先填，有的格子不能马上确定。

师板书：横看加竖看；先填确定的。

4. 自主探究，加深体验

师：剩下的可以先填哪一个呢？你能将这张格子图填完整吗？用我们发现的游戏秘籍自己试一试吧！老师为每位同学都准备了一个学习包，里面有：与黑板上一样的格子图，一些数字宝宝和两个框架。你可以用它们来摆一摆、框一框；边操作边将思考的过程，用划一划数字的方法记录在记录卡（图3-48）上；全部填完了，可以和同桌交流一下，你是怎么填出来的。听明白了吗？开始吧！

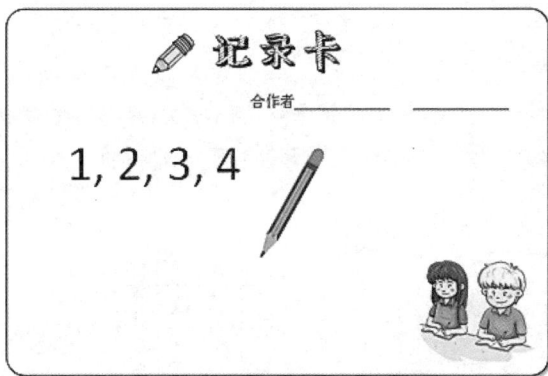

图 3-48

师：同学们都成功了吗？接下来有哪位小老师愿意拿着记录卡上来给大家看一看？

一生上来展示。

师：他填对了吗？我们帮他检查一下，每行每列是不是都只有1~4？符合我们的填数规则吗？

师：那他是怎么填的呢？你能用"我先填什么？因为……所以……我再填什么？

因为……所以……"来给我们介绍一下吗?

生介绍。

师:这位小老师已经介绍完了,他介绍得怎么样? 他在尝试中不断调整,最后成功啦! 让我们把掌声送给他! 其他同学想补充吗?

5.巩固拓展,理解应用

师:现在同学们会玩这个游戏了吗? 那你敢不敢来接受挑战? 格子图要变喽! 看! (图3-49)

A应该是几?　　　　　B应该是几?

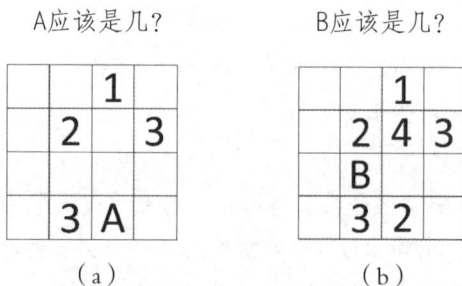

（a）　　　　　　　（b）

图3-49

生口答。

师(课件演示):有一个同学完成了一张填数游戏(图3-50)。想一想:这是一个怎样的填数游戏呢? 你能把它还原吗? 这幅作品已经放在 iPad 里,可以怎么操作呢? 请大家先来看一个小视频。(视频介绍操作方法:可以将数字移走,放入回收桶,也可以从材料站中拿出数字重新放入。作品完成后进行提交。)

图3-50

生在 iPad 上进行操作。

师(打开资源库):我们来看,同学们还原的填数游戏各不相同。老师找了一幅同学的作品,他究竟设计得怎样? 我们是有评价标准的哦!

要能填出来的哦! (能填出来给1 ☆)

要有一定挑战性哦! (根据难度给1 ☆或2 ☆)

生根据评价标准进行评价。

师：请你在资源库中再找一幅作品，边欣赏边评价吧！

生自己选择作品并评价。

师(课件演示，图 3-51)：同学们，今天我们一起研究了填数游戏，其实这个游戏有个特别的名字，叫"数独"，它最早起源于 18 世纪的瑞士，后来又传到美国与日本，直到风靡全球！感兴趣的同学可以再试一试！

图 3-51

【磨课背后】

这节课在"浙派名师"活动上进行展示。我们惊喜地发现在"学习包"的支撑下，二年级的孩子年龄虽小，讨论得却很热烈，在课堂上充分经历了推理的过程，逐步学会按一定的方法进行推理，能有序、全面地思考，并对推理的过程进行有条理的表达。接下来和大家分享磨课过程中的几个小片段。

1. 明晰推理步骤：图案 + 框架 + 划数字

在推理过程中，怎样才能让学生逐步清晰先做什么，再做什么？如果只是靠课件演示或教师讲解，低段学生会觉得非常枯燥，理解困难。既然是游戏情境，可不可以设计一些小道具来激发学生的兴趣呢？一拿到填数游戏，学生就会思考"先从哪一格开始填"。从课堂观察，大部分学生一开始都会凭着感觉认为要先填数字"密集"的地方，因为这里信息多。用不同形状的图案让学生先自己摆一摆，这是推理开始的第一步。接下来，再讨论"到底哪一格可以先填"。用长方形框架框住需要观察的行和列，让学生聚焦，这是推理的关键步骤。最后，结合"划数字"的动作，引导学生有条理地对推理的过程进行表达。图案对应"先填能填出的"，方框对应"同时观察行和列"，划数字对应"排除法"，学习包中的这些材料，让学生逐步明晰在格子图中填数的步骤。

2. 经历推理过程：小卡片 + 小数字

怎样才能让学生充分经历推理的过程？学习包中的"小卡片"和"小数字"来帮

忙。通过共同讨论,学生对推理的步骤已经明确,在接下来的自主探索中,要主动对方法进行应用,填出格子图中的其他数字。在推理过程中,学生边观察行和列,边借助"小卡片",在上面记录数字1,2,3,4,划去行和列中已有的数字,推理出格子图中的数字,将"小数字"摆在格子图上,最终将格子图填完整。在完成"填数游戏"的过程中,学生充分经历了推理过程,逐步掌握了推理的方法。

3. 提升推理能力:iPad 助力迁移

在新的问题情境中,学生能否将已有的方法进行灵活应用? 学习包中的 iPad 提供了技术支撑。我们请技术人员设计了游戏界面,上面有各种功能按钮,学生在解决"能否帮助这个小朋友还原"的问题情境,自主设计出各种各样的"填数游戏"。学生设计完后,在游戏界面上进行上传,形成资源库,能同时看到其他同学的作品;打开后,根据评价标准,进行点赞。同时,iPad 上还有"数独游戏"的介绍,提供了更大的挑战,学生可以在课后继续学习和解决。在将推理方法应用到新情境的过程中,学生进行了知识的迁移,逐步形成推理能力。

第四节　拓展活动典型课例

《汉诺塔游戏》/借游戏之"形",蕴思维之"神"

【内容简析】

人教版数学教材四年级上册有一道思考题,内容来源于著名的汉诺塔问题。汉诺塔(又称河内塔)问题源于印度的一个古老传说:在一座圣庙里,一块黄铜板上插着三根宝石针,其中一根针从下到上穿好了由大到小的 64 片金片,这就是所谓的汉诺塔。不论白天黑夜,总有一个僧侣在按照下面的法则移动这些金片:一次只移动一片,不管在哪根针上,小片必须在大片上面。根据预言,当所有的金片都从一根针上移到另外一根针上时,世界就将毁灭。

【设计思考】

1. 学生的学习困惑是什么?

教材上需要将三个圆盘从一根杆移动到另一根杆上,已经具备一定的思维难度。仅仅把它当作一道习题在完成,呈现的是汉诺塔问题的一个"片段",学生没有经历完整的研究过程，缺乏学习体验，因此出现了各种问题：有的学生不清楚游戏规则，移动时将大圆盘放在了小圆盘的上面；有的学生随意移动圆盘，无从下手；有的学生在移动时对规律有所感悟，但是没有机会继续展开研究……

2. 借游戏之"形"，蕴思维之"神"

我们思考，能否依托丰富的背景资源，将一道题拓展成一节课，让它承载更多的教育价值呢？我们将内容进行拓展延伸，设计了《汉诺塔游戏》一课，借助学生感兴趣的游戏形式，不仅仅是解决一个问题，更重要的是让学生经历完整的研究过程，在实践操作中感悟其中蕴含的数学思想方法和解决问题策略，获得积极的情感体验。

【课堂实录】

1. 创设情境，激发需求

师：同学们，今天我们的学习从游戏开始，这个游戏和印度的一个古老传说有关，叫作汉诺塔游戏。让我们一起来了解一下。（播放微课）

师：这个传说是真的吗？你怎么看？

生：我觉得不可能，因为这只是一个传说啊！（引来同学的笑声）

生：我觉得也不可能，搬完这些圆盘几十年就够了吧！世界怎么可能毁灭呢？（部分同学点头附和）

师：搬完这些圆盘到底需要多少时间呢？是不是像同学们所说的那样呢？让我们今天一起来揭开汉诺塔游戏的神秘面纱！（板书课题）

2. 自主探索，发现规律

（1）化繁为简：1个圆盘的移动

师：玩游戏前先要明确游戏规则，你能看懂吗？

课件演示（图3-52）：盒内有1号、2号、3号三根杆，你能借助2号杆把1号杆上的圆盘移到3号杆上，而不改变圆盘的上下顺序吗？最少移动多少次呢？

移动规则：（1）每次只能移动一个圆盘。（2）大圆盘不能放到小圆盘的上面。

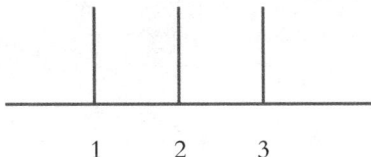

图 3-52

师：如果按照传说中，应该有64个圆盘放在1号杆上？怎么样，我们试试？

生：太多了，可以从少一点的数量尝试，再看看有没有规律。

师：1个圆盘要不要试？至少移动几次？

生口答,师课件动态演示:直接将圆盘从 1 号杆移动到 3 号杆上,移动 1 次。(图 3-53)

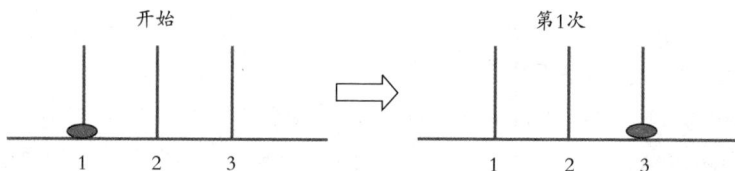

图 3-53

(2)明确规则:2 个圆盘的移动

师:那么,2 个圆盘至少移动 2 次吗?

生:不行! 至少 3 次。

生边说,师边用课件动态演示。(图 3-54)

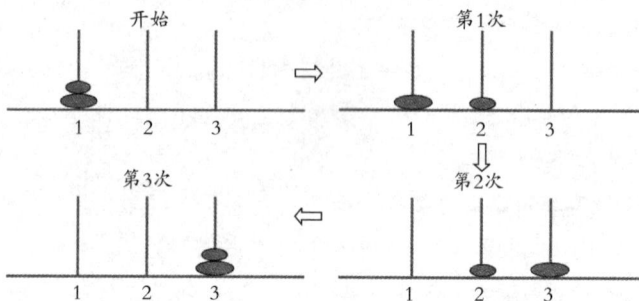

图 3-54

师:两次为什么不行呢?

生:这样大圆盘就要放在小圆盘的上面了,违反了游戏规则。所以要将小圆盘先移动到 2 号杆,大圆盘放到 3 号杆上,小圆盘再放过去。

师:也就是说,我们思考的是如何先将大圆盘放到 3 号杆上去,小圆盘就要先移动到其他杆上。我们用图将刚才的操作过程记录下来(板书演示)。

(3)亲身实践:3 个圆盘的移动

师:如果有 3 个圆盘呢? 又至少需要移动几次呢? 拿出学具,同桌合作,边操作边把移动的每一步都记录下来。看哪个组在最短的时间内将最少的移动次数找到。

生进行操作尝试,绝大部分组都移动成功。

师:成功的请举手。最少需要几次? 哪组同桌愿意上来给我们展示?

生上来交流:边指着图,边介绍。(图 3-55)

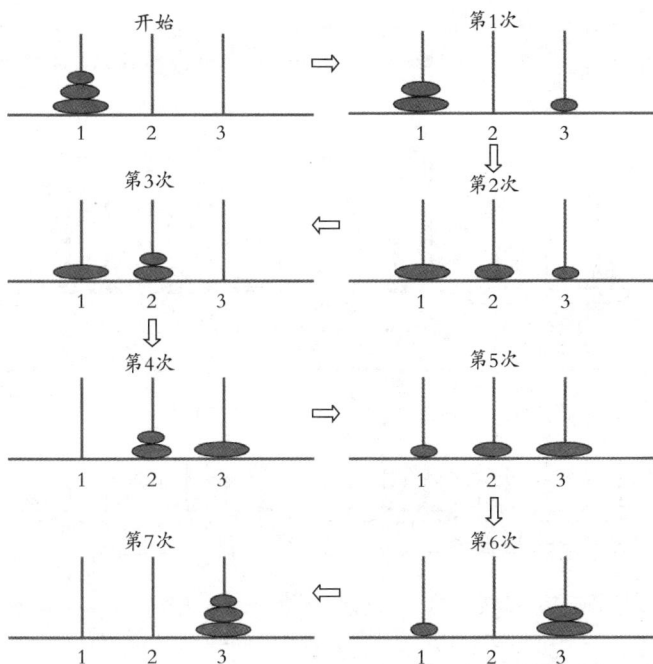

图 3-55

（4）激发疑问：4 个圆盘的移动

师：3 个圆盘的移动看来难不倒大家，如果增加到 4 个圆盘呢？再试一试！

师巡回，发现大部分学生有困难。

师：移动成功的请举手。（只有几组同桌举手）有什么困难吗？

组 1：我们移着移着就不知道该怎么办了！

组 2：我们移对了，但好像是碰运气啊！

组 3：我们觉得要将大圆盘先放到 3 号杆，但还没有完全想明白后面怎么移。

师：看来，需要先梳理一下！再回过头分析一下 3 个圆盘的移动，看看能不能给我们移动 4 个圆盘带来新的启示。

师：仔细观察移动过程，我们的思路是怎么样的？

生：要设法先将大圆盘移到 3 号杆。

师：那么小圆盘和中圆盘就要移到 2 号杆，至少需要几次？你怎么知道？

生：3 次，刚才移动 2 个圆盘时已经尝试过了。

师：这时，大圆盘就能移动到 3 号杆了，又需要 1 次。接下来的思路是什么？

生：将小圆盘和中圆盘想办法移到 3 号杆。

师：2 个圆盘移到同一个杆上，至少需要几次？

生：和刚才一样，还是 3 次。

生：一共是 3+1+3=7 次，移动 3 个圆盘的过程可以借助移动 2 个圆盘的经验。（图3-56）

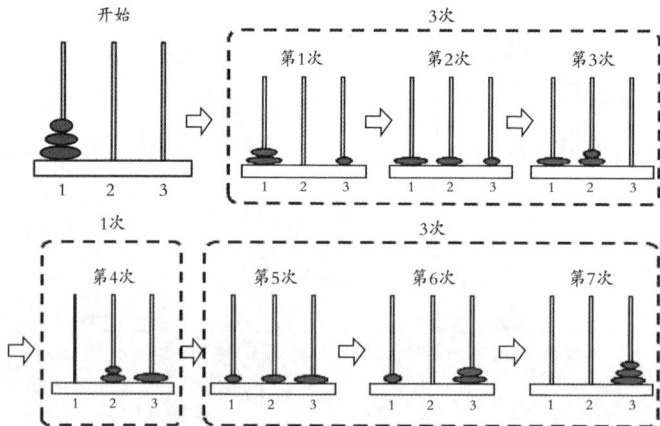

图 3-56

师：想一想，移动 4 个圆盘，你有思路了吗？

生：先将上面 3 个圆盘移动到 2 号杆上，借助前面的经验，至少需要 7 次；最下面的大圆盘就可以移动到 3 号杆上，需要一次；再将 2 号杆上的 3 个圆盘移动到 3 号杆上，又至少需要 7 次，一共是 7+1+7=15 次。

师：有思路了，试试看！

生操作，师巡回，大部分学生都移动成功。

师：成功了吗？我们一起来看看 4 个圆盘移动的过程。（微课演示）

师（顺势追问）：5 个圆盘呢？

生（很快口答）：借助 4 个圆盘的经验，至少需要 15+1+15=31 次。

师（继续追问）：6 个圆盘呢？

生（很快口答）：借助 5 个圆盘的经验，至少需要 31+1+31=63 次。

师：如果有更多的圆盘，还能继续往下推吗？

生（自信）：能！

3. 深入思考，解决问题

师：让我们再回到开头的古印度传说。根据我们发现的规律，现在能知道 64 个圆盘至少移动几次了吗？

生（困惑）：必须先推算出第 63 个圆盘的移动数，要想推算 63 个圆盘，还要推算 62 个圆盘，要一直往前推算呢！

师：看来还是比较麻烦，那么有没有更加方便的规律呢？刚才我们是纵向观察的,横向观察看看,还有其他规律存在吗?

生:圆盘个数 n ,移动次数 2^n-1 。

师:现在可以知道 64 个圆盘要至少移动几次了吗?

生: $2^{64}-1$ 。

师:到底需要移动几次呢?请计算机来帮忙,最少需要"18446744073709551615"次才能完成操作。

生发出惊叹。

师(课件演示):假设搬一个圆盘要用 1 秒钟,就要 18446744073709551615 秒。1 小时有 3600 秒,1 天有 24 小时,1 年我们以 365 天来计算,这样大约是五千多亿年。据现在的科学研究,宇宙从诞生至今大约 137 亿年,地球从诞生到现在,也才只有大约 46 亿年的时间。看来,众僧们耗尽毕生精力也不可能完成金片的移动。

师:现在,你们对这个印度传说怎么看?

生:这么多年才能搬完,这个传说也是有可能的。

生:如果传说是真的,也不必担心,世界末日还远着呢!

生发出会心的笑声。

4.提炼方法,自主建构

师:同学们,今天我们边玩游戏,边探索规律,现在汉诺塔游戏在你心中还神秘吗?你知道了它的哪些秘密?和我们一起分享。

生口答。

师:回顾一下,我们是怎么研究的?

根据生的回答板书:化繁为简—借助经验—探索规律—解决问题。

师:这样的数学探究过程我们曾经运用过吗?

生(恍然大悟):烙饼问题、打电话、图形找规律……

师:是的,数学问题虽然各不相同,但是解决问题的策略是相通的,我们要学会用数学方法解决一类问题。

【磨课背后】

这节课在杭州市数学教研员平国强老师的指导下,在杭州市数学主题教研活动中进行展示。在游戏的情境下,学生的学习积极性很高,可以自己动手玩一玩;碰到问题,与同伴及时分享交流策略,在教师的顺势引领下,思维不断提升;最后首尾呼应,学生不仅感受到了学习的乐趣,而且明晰了解决问题的一般步骤。

1. 游戏背景介绍:激活思维点

数学问题从哪里来? 又要走到哪里去? 我们将一道题拓展成一节课,就是要让知识承载更为丰富的教育价值,驱动学生去自主探索。在课一开始,教师通过播放微课,创设游戏情境:在神秘的音乐声中向学生娓娓道来,汉诺塔游戏源于印度的一个古老传说,课堂被浓浓的人文气息包围,数学学习也变得生动起来。那么,古老传说中的预言真的会实现吗？学生的各种猜测将今天的学习聚焦到一个问题"按照规则移动 64 个圆盘,至少需要多少时间"。在孩子们的欢声笑语中,思维的火花被激活,学生明确了本节课的学习目标。

2. 游戏环境支撑:提升思维力

游戏是"形",思维是"神",如何在玩游戏的过程中,提升学生的思维力？教学环境的有力支撑,让思维层层递进。1 个圆盘、2 个圆盘的移动是基础,教师利用 Flash 动画,随着学生的回答,圆盘可以随意移动,帮助学生直观理解游戏规则"小圆盘必须要在大圆盘的上面",初步感知移动策略"首先要将最下面的圆盘移动到 3 号杆,上面的圆盘必须要先移动到其他杆上,让开位置"。3 个圆盘的移动过程是关键,借助实物,学生进行动手操作,用画图记录移动的过程;当移动 4 个圆盘碰到困难时,教师再顺势引导梳理 3 个圆盘的移动过程,运用微课进行直观演示,进一步感知移动策略"4 个圆盘的移动可以借助 3 个圆盘的经验"。多个圆盘的移动是迁移,脱离多媒体演示和实物操作,运用 1~4 个圆盘的移动经验,进行逻辑推理。在这一过程中,学生的思维逐步从形象上升到抽象,归纳推理能力得到了发展。

3. 游戏方法提炼:营造思维场

数学拓展活动的教学目标更重要的是方法策略的提炼和运用。在教学的最后环节,教师没有止步在解决了"64 个圆盘至少要移动几次"的问题,而是通过回顾,提炼出了解决问题的一般策略,学生对"化繁为简"的策略有了深入的认识。这样的解决问题策略除了解决汉诺塔问题,还能解决哪些问题呢？教师从一道习题拓展成一个问题,从一个问题推广到一类问题,引发学生进一步思考,连点成片,使学生感悟到数学问题虽千变万化,数学方法却贯穿始终,营造了更为广阔的思维场。

《三角形的反转》/ 营造交流氛围，获得积极体验

【内容简析】

《三角形的反转》是人教版数学教材四年级下册第五单元《三角形》学习后的一节拓展活动课,探究的内容是"移动最少的小棒,让三角形反转过来"。学生在活动中积累数学活动经验,在操作、观察、比较中经历探索三角形反转的过程,归纳三角形反转的最优策略;渗透整体思考思维,发展空间观念,培养分析、比较、归纳和动手解决实际问题的能力,感受图形变化的乐趣。

【设计思考】

1. 学生有什么学习困惑?

在教学中,我们发现学生在进行三角形反转时,一方面需要动手操作来帮助思考;另一方面,绝大部分学生是直接动手操作的,当三角形层数越来越多时,就会感到束手无策了。因此,教师应设计合适的学具,让学生在动手操作中积累丰富的活动经验;创设互动交流的氛围,让学生在经验的沟通分享中,逐步提炼策略,发展空间观念,体验数学学习的乐趣。

2. 营造交流氛围,获得积极体验

"三角形反转"的策略需要学生在体验、交流、分享中不断明晰。因此,本节课要重点营造合作交流的氛围。首先,我们为每个小组定做了一块大的磁性白板、一些绿色和红色的磁性小棒;绿色小棒可以在白板上拼出原来的三角形,反转时移动的绿色小棒用红色小棒替换,留下反转过程的痕迹,营造组内合作交流的氛围。接着,小组合作结束后,每个小组可以将白板搬到教室前面,将反转的成果和大家一起分享沟通;小组之间可以互相提出问题,共同讨论,营造组间合作交流的氛围,逐渐感悟三角形反转的方法。最后,教师播放微课,将研究中的发现进行直观演示,进一步提炼出三角形反转的策略。在这样的生生、师生的平等对话氛围中,每个学生都能动手尝试,发表观点,在活动中获得积极的情感体验。

【课堂实录】

1. 一层三角形,直观操作中明确要求

师:同学们,老师摆了一个三角形,你能通过移动其中几根小棒,让这个三角形反转吗?

生1上来移动了三根小棒。(图3-57)生2上来移动了两根小棒。(图3-58)

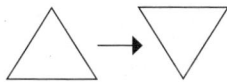

图 3-57

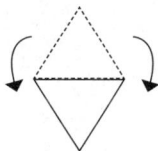

图 3-58

师:这两个同学都将三角形反转了吗?

生(用手指):反转了,本来三角形的尖头朝上,现在朝下了。

师:仔细观察,这两个同学在移动时有什么不同?

生:第一个同学移动了3根小棒,第2个同学移动了2根小棒。

师:看来,还要思考移动几根小棒就能让三角形反转。今天,我们一起来挑战"三角形的反转"。(出示课题)

2.两层三角形,合作探究中初步感悟

师:一层三角形难不倒我们。看,如果再搭一层(课件演示),你还能将这个两层大三角形反转吗？（图3-59）

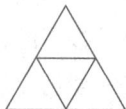

图3-59

师:猜一猜,最少移动几根小棒就能将三角形反转呢？（板书:最少移动？）

生:4根。

生:2根。

师:到底最少移动几根呢？接下来,就请你们自己来试一试！请同桌2人合作,老师给你们准备了这个两层三角形(已经拼在磁板上),原来绿色的小棒移动后,就用红色小棒替换,将反转的过程展现出来。听明白了,赶紧开始吧!

学生合作,在磁板上进行尝试。

师:你们最少移动了几根呢？

生(齐声):4根。

师:你们都是移动了4根,哪个小组上来和大家交流一下,你们是怎么移动的？

生(边操作,边说):我们组是这样移动的,把这根移到这里,这根移动这里……最少移动4根。我介绍完了,你们有什么要和我讨论的吗？

生:我有补充,我们组最少也是移动了4根,但方法和你们不一样。我们把这根移到这里,这根移动这里……（图3-60）

图3-60

生:也是可以的,谢谢你的补充。

师:掌声送给这两个小组。同学们真能干,不仅反转了两层三角形,还找出了不同的方法。仔细观察,这两种方法反转后三角形的位置不一样,但为什么都只需要移动4根呢？它们有什么相同的地方吗？

生:我发现,反转前和反转后的三角形都有两个三角形重叠了！

师用黑色签字笔涂阴影。（图3-61）

图 3-61

师：看来，这两个三角形在反转前后是保留的。进一步观察，这两个三角形保留后，哪几根小棒就不需要移动了？

生上来指一指。

师：那么要移动的小棒在哪里呢？我们一起来数一数。（边数，边用签字笔在三角形上做标记）现在你们知道为什么只要移动 4 根了吗？

生：保留部分的小棒不需要移动，不保留部分的小棒需要移动。

师板书：保留的不移动，不保留的移动。

3. 三层三角形，拓展应用中加深理解

师：通过挑战两层的三角形我们得到了一个反转三角形的秘籍，还想继续挑战吗？再来一层，数一数，小三角形有几个？你还能反转吗？

每个小组有一张任务卡。（图 3-62）

想一想：保留哪些三角形？

试一试：最少需要移动( )根小棒。

画一画：在点子图上把移动方法画下来。

生同桌合作，一起研究。

图 3-62

师：好了吗？请各小组将白板拿到前面来。我们一起来看看大家的成果。（图 3-63）

组 1：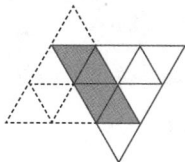　　组 2：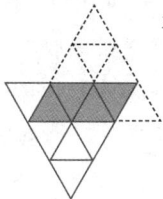　　组 3：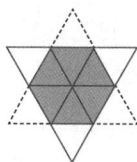

图 3-63

师：还有不一样的吗？好，我们看到有三种不同的移动方法，他们都将三角形反转吗？

生(齐):反转了!

师:请你们来评价一下。

生:第1组、第2组都移动了9根,第3组只移动了6根,第3组移动的根数最少。

师:还有更少的吗? 哪个组想来挑战?

生摇头:没有了。

师:好的,我们来研究一下,为什么第3组会比前面两组少呢?

生上来边画边说:因为第1组、第2组保留了4个三角形,第3组保留了6个三角形,所以移动根数少!

师:你们同意吗? 为什么不能再少了呢?

生:因为最多只能保留6个三角形。

生拿三角形在上面重叠,最多只能重叠6个三角形。

师:你们对刚才的秘籍有什么补充?

生:保留的越多,移动的越少!

生:可以想象两个三角形重叠,让三角形重叠得最多!

师板书:重叠、保留的三角形越多,移动的小棒就越少。

4.四层三角形,空间想象中提升能力

师:同学们真能干,成功反转了三层的三角形! 再增加一层(课件演示四层三角形)你还能再反转吗? 至少需要移动几根呢? 挑战升级了,不动手操作,你能先想象一下反转后的三角形与原来的三角形怎么重叠最多,把它的位置在图上画下来;然后得到至少移动几根小棒吗?

生(展示图形,略):我要让保留的三角形最多,反转后的三角形应该画在这,保留了8个三角形,最少需要移动14根小棒。

生(展示图形,略):我有不同意见,我保留的三角形更多,反转后的三角形在这儿,保留了10个三角形,移动了11根小棒。

生(展示图形,略):我们也是最少移动11根小棒,但是三角形反转后的位置和他们不一样! 但是同样保留了10个三角形。

师:还有更多的吗? 掌声送给这几个小组! 现在我们不动手摆一摆,要知道至少移动几根,我们可以先想象反转后三角形在哪儿,再判断。

师:接下来我们一起观看微课,来梳理一下我们四层三角形的研究过程。

师:我们一起来回顾研究过程,一开始我们在研究一层三角形的时候,我们想的是移动哪几根;挑战两层三角形时,我们把注意点放在保留部分;而在挑战三层三角形的时候,我们发现保留的最多,移动的小棒就最少;最后挑战四层三角形时,要使保留最多,我们可以先想象这个反转后的三角形位置在哪里。我们的思考越来越整体

了！（板贴：整体思考）

师：四层的三角形都难不倒大家，如果我再增加，再增加，再增加呢？图形越来越复杂了，你还会像最开始那样一根根地去移吗？那就需要你怎么样？

生：整体思考！

师：真能干！老师还给你们准备了一张挑战卡，请你用我们今天学习的思考方法挑战一下这些复杂的图形吧。

【磨课背后】

这节课在"浙派名师"活动中进行展示，尽管是一节拓展活动课，但是活动过程展开充分。学生在动手操作中积累了丰富的数学经验，一次次在交流沟通中不断完善"三角形反转"的策略，从操作到想象，加深了对三角形特征的认识，发展了空间观念。本节课一共有三次对三角形反转的沟通，接下来将我们在磨课过程中的一些想法和大家分享。

1. 第一次沟通：阴影，保留部分不用移动

第一次沟通发生在学生对两层三角形反转尝试之后。一层三角形反转明确了什么是三角形的反转，学生对两层三角形的反转跃跃欲试。通过猜测、验证，学生展示了将三角形反转的不同方法，发现最少移动 4 根小棒就能将三角形反转。师生、生生围绕"为什么都只要移动 4 根"展开沟通，通过画阴影，在观察和分享中发现不同方法之间的相同之处——"保留的三角形个数是一样的"；进一步得出反转三角形的第一个秘诀"保留部分的小棒不需要移动，不保留部分的小棒需要移动"，为后续进一步研究三角形的反转奠定基础。

2. 第二次沟通：白板，保留最多三角形

学生在对三层三角形反转尝试之后，紧接着进行了第二次沟通。三层三角形反转更加具有挑战性，学生移动的根数情况不同。利用磁性白板的优势，教师将学生的所有作品进行展示，围绕"怎样才能移动的根数最少"展开沟通。通过生生互评，学生发现"保留三角形的个数越多，需要移动的根数就越少"，对第一个秘诀进行补充，让反转的思考更加有方向。学生顺势进一步讨论"还能保留得更多吗"，将反转后的三角形与反转前的三角形进行重叠，观察图形变化前后的位置关系，发展空间想象力。

3. 第三次沟通：课件，想象反转位置

第三次沟通要求比较高，建立在空间想象的基础上。学生在对两层、三层三角形进行反转时，需要在具体的操作中尝试和验证，帮助思考。当三角形层数不断增加时，再继续用小棒摆一摆的操作会比较麻烦；同时，学生通过前两次沟通，已经对三角形的反转总结出一些具体方法。因此，教师可以借机提出新的挑战，在挑战四层三角形时，让学生不用小棒操作，先想象"要使保留的三角形最多，反转后的三角形和原来

三角形的位置会怎么样",把它画在图上;再根据"保留部分的小棒不需要移动,不保留部分的小棒需要移动",判断得出三角形反转至少需要移动几根小棒。学生通过想象、画图、推理完成任务卡,围绕"最多能保留几个三角形"进行沟通,充分交流自己的思考;教师将学生的思考过程用课件进行梳理,引导学生对更多层三角形反转进行方法的迁移。在这一过程中,学生不断提升能力,发展空间观念。

《有趣的进制》/借助"格子图",有效突破难点

【内容简析】

《有趣的进制》是人教版数学教材四年级上册第一单元《大数的认识》学习后的一节拓展活动课,探究的内容是"二进制计数法"。在这个单元的学习中,学生认识了"十进制计数法",知道了"相邻两个计数单位之间的进率是十",也就是一个计数单位"满十进一"后将产生一个新的计数单位。除了"十进制计数法",还存在其他进制的计数法,例如计算机用的就是"二进制计数法"。通过活动,学生能拓展眼界,通过活动对"二进制计数法"有初步的认识,并进一步在对比中加深对"十进制计数法"特点的认识;同时,还能了解到 n 进制计数法是"满 n 进一",产生一个新的计数单位,发展逻辑思维能力和数感,感受到数学的奇妙之处。

【设计思考】

1. 学生有什么学习困惑?

"十进制计数法"是学生比较熟悉的计数方法,学生对于"满十进一"印象深刻。"二进制计数法"是"满二进一",学生要打破原有的框架,理解起来就有困难。首先,学生要在原有"满十进一"的基础上,了解 10 进制的数可以按照计数单位进行分解,例如 1234 可以分解成 $1234=1 \times 10^3+2 \times 10^2+3 \times 10^1+4 \times 10^0$,这里的 $10^0, 10^1, 10^2, 10^3$ 分别是个位、十位、百位和千位的计数单位。然后,再对"二进制计数法"是怎么计数的进行猜想、验证和类推。这个学习的过程需要学生通过直观观察、动手操作和逻辑推理才能完成。

2. 借助"格子图",有效突破难点

"十进制计数法"是学习"二进制计数法"的基础。教师首先借助"计数器"直观演示"十进制计数法"的"满十进一"。接着引出"格子图",格子图上的"列"和计数器上的"数位"相对应,每列的"格子数"和计数器上的"几个计数单位"相对应。"格子图"是学习"二进制"的直观工具,学生用围棋子在格子图上进行操作,充分感受"二进制计数法"的"满二进一",感悟"二进制计数法"和"十进制计数法"的内在联系。

最后,用微课进行动态演示,让学生了解"二进制计数法"在生活中的应用,激发学生研究其他进制法的兴趣,进行课后拓展。

【课堂实录】

1.回顾十进制,引出格子图

师:今天,老师和大家一起来上一节有意思的数学课。准备好挑战了吗?

师:(出示计数器)看,这是什么? (出示格子图)这又是什么? 这个计数器和格子图有什么关系呢? 让我们来看一看。

师进行课件演示,在计数器的个位上拨一颗珠子,这表示几呢?

生:表示1。

师:这颗珠子表示的是1,我们也可以在格子图的这一格上画一个点表示1。

师进行课件演示,继续在计数器上一颗颗拨珠子,同时在格子图上对应画点,一直拨到9。

师:如果再放一颗该怎么办呢? (课件再出示一颗珠子)

生:个位满十要向十位进1。

生:格子图上没有地方画了。

生:在第二列的格子上画一个点,表示"十"。

师:是这样吗? 那么现在这一格上的点代表几呢?

生:10。

师:那我继续放珠子呢? (在十位上继续拨珠子,20,30,40,…,90)如果再放一颗呢?

生:又要满十进一了,在第三列的格上画一个点表示100。

师:看,原来我们用格子图也能计数。这一列格子上的点表示几? 这格呢? 原来这一列任意一个格上的点都是表示1。

师:那这一列的每一个格上的点表示几呢? 这一列呢? (图3-64)

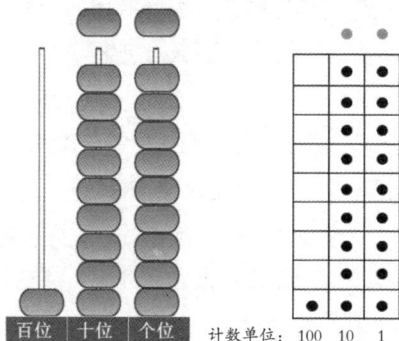

图 3-64

师:刚才我们在计数的时候,规则是怎么样的?

生:满十进一。(板书:规则,满十进一)

师:我们来看看,这样计数的方法和10是有关的。这里有1个10,可以写成 10^1 ,这里是10个10,也就是10乘10,可以写成 10^2 ,1可以表示成 10^0 。

师:我们在这幅格子图上点几个点,你知道它表示多少吗?

生:由7个百、5个十、2个一组成的,表示752。

师:是的,752可以表示成752=7×100+5×10+2×1,也可以写成 $7×10^2+5×10^1+2×10^0$ 。

师:"518"在格子图里怎么表示呢?

生:"518"里有8个一,所以要在第一列画8个点;有1个10,所以要在第二列画1个点;有5个百,所以要在第三列画5个点。

师:在格子图中还可以表示表示哪些数呢?

生:428。

生:754。

生:1到999都可以!

师:想一想在格子图中怎样表示999?

生:格子全部画满。

师:如果比999大,那该怎么办呢?

生:再在左边增加一列。

师(课件增加一列):现在一格表示几?最大能表示几?

生:一格表示"1000",最大表示"9999"。

师:那如果要表示更大的数呢?能表示出所有的数吗?

师小结:像这样,当我们有需要的时候,可以根据"满十进一",不断产生新的计数单位,来表示所有的自然数。今天我们来研究在格子图里计数。

2.借助格子图,探索二进制

师:刚才我们是在一列是9格的格子图中计数的,这种方法我们很熟悉。现在请你们看仔细了,老师要变一变了。现在一列只有几格了?

生:一列只有1格了。

师:和刚才的格子图不一样了,我们还能用它来计数吗?

师在第一列的格子上画一个点:看,这个点表示几?

生:1。

师在第二列的格子上画一个点:这个点表示几呢?

生:10。

师:你们都认为是10,那么1~10之间的数怎么表示出来呢?

生陷入思考。

生：我觉得应该表示2。

师：你有不同的想法了。请你上来摆一摆,边摆,边说一说你的想法。

生上来演示：这个点表示1,这列只有一个格子,再加1颗,放不下了,就要向前一列进一,所以这列的格子表示2。（图3-65）

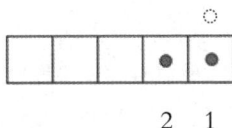

$$2 \quad 1$$

图 3-65

师：你们听明白了吗? 有一个问题想问问大家,为什么这列上不能再放一颗?

生：因为一列只有1格,2格就放不下了,需要向前面进一。

师：那么第三列上的点,你们认为表示几呢?

生：3。

生：4。

生：6。

......

师：大家有了猜想,老师给大家提供了一张格子图,准备了围棋子。你可以动手像刚才那位同学一样摆一摆,来验证一下你猜想的对不对。

生自主操作。

师：通过自己动手摆一摆,你认为第三列的这一格应该表示几?

生（齐）：4。

师请一生做代表,上来具体操作。

生：这一格的点表示1,这一格的点表示2;两个格子合起来可以表示3;再来一颗,格子都满了,放不下了,就要向前一列进一,所以第三列的这一格表示4。

师：猜一猜,第四列的这一格代表几?

生：8。

师：一起来看看我们摆的过程。

微课演示过程：第一列的这个点表示1,再来1颗,2颗就放不下了,就要向前一列进1。所以第2列上的这个点表示2。一个2和一个1合起来可以表示3。1,2,3都可以表示了,4该怎么表示呢? 是的,在3的基础上再来一颗,第一列2颗放不下了,要向前一列进1;第二列上2颗又放不下了,再向前一列进1;所以第四列的这个点表示4。一个4和一个1合起来表示5,一个4和一个2合起来表示6,一个4、一个 2 和一个 1 合起来表示 7。8 该怎么表示呢? 在 7 的基础上再来 1 颗,第一列 2 颗放不下了,要向前一列进 1;第二列上 2 颗又放不下了,再向前一列进 1;第三列上 2 颗又放不下了,再向前一列进 1;所以第四列上的这个点表示 8。同学们,你们想明白了吗?

师:想一想,按照这样的方法计数,接下来第五列上的点表示几呢?

生:16。

师:刚才我们在格子图中计数的时候,规则是怎么样的?

生:满二进一。

师:这样计数的方法是和"2"有关,叫作"二进制计数法"。我们来看看,2 可以写成 2^1,4 就是 $2×2$,可以写成 2^2,8 就是 $2×2×2$,可以写成 2^3。16 就是 $2×2×2×2$,可以简单地写成 2^4,1 就是 2^0。

师:根据刚才的方法,你知道下图(略)表示几吗? 你能在图上用点表示出 19 吗?

生口答。

师生一起写出思考过程:$19=1×2^4+1×2^1+1×2^0$。

师小结:我们用这样新的规则也能计数,想一想,能表示出所有的数吗? "二进制计数法"和我们的熟悉的"十进制计数法"有什么不同?

生:"十进制计数法"是"满十进一","二进制计数法"是"满二进一"。

生:每个格上的点代表的计数单位是不同,"十进制计数法"的计数单位和"10"有关,"二进制计数法"的计数单位和"2"有关。

生:"十进制计数法"用的格子图一列有 9 格,"二进制计数法"的格子图一列只有 1 格。

师:今天,我们就像一个小小数学家一样,自己通过摆一摆,写一写,想一想,用新的规则进行计数。"二进制计数法"在生活中有什么用呢? (课件演示拓展资料)

3. 设计格子图,探索其他进制

师:除了"十进制计数法""二进制计数法",你还想研究什么?

生:三进制计数法。

生:四进制计数法。

……

师:刚才有同学想研究"三进制计数法",那你觉着这个格子图一列要画几格?

生:2 格,因为要"满三进一"。

师:你可以选取你感兴趣的"进制",在课后自己设计格子图;自己借助格子图动手摆一摆,想一想,记一记,研究不同进制的计数规则。可以把你的发现和大家分享。

【磨课背后】

这是一节很有思维含量的拓展活动课，在工作室活动中进行了展示。课堂上，格子图发挥了关键作用。学生借助格子图，通过观察猜想、操作验证、拓展思考，对"二进制计数法"的"满二进一"有了初步的认识；还在对比讨论中进一步加深了对"十进制计数法"的理解，感受到"十进制计数法"和"二进制计数法"的内在联系；凸显了"满几进一"将产生新的计数单位，并能将方法迁移到新的进制计数研究中，促进对进制计数法的深入理解。接下来将我们在磨课过程中的思考和大家分享。

1. 关联：格子图与"满十进一"

学生比较熟悉在计数器上计数。计数器能很好地演示"十进制计数法"的"满十进一"。教师将计数器与格子图进行关联，运用课件直观演示，计数器的数位对应格子图上的"列"；计数器从左边第一位"个位"开始拨珠子，格子图从左边第一"列"开始画点；计数器的每一个数位上都只能拨 9 颗珠子，"满十"向前一位"进一"；格子图的每一列上只有 9 个格子，"满十"向前一列"进一"。通过关联，教师自然引入格子图，学生对用格子图表示"十进制计数法"的"满十进一"有了初步的认识，为接下来研究"二进制计数法"提供了直观的工具。

2. 操作：格子图与"满二进一"

借助格子图，学生用围棋子在上面摆一摆，突破难点"满二进一"。第一列的格子图中的点表示"1"，学生受"十进制计数法"的影响，会认为第二列的格子图中的点表示"10"，在操作观察中初步感受"满二进一"，应该表示"2"。第三列的格子图中的点又表示几呢？在猜想、验证、交流中进一步感受到"满二进一"，应该表示"4"。接着，教师通过微课演示了在格子图中不断"满二进一"产生新的计数单位的过程，使学生理解了"二进制计数法"的计数方法。

3. 变形：格子图与"满几进一"

学生借助格子图对"二进制计数法"有了认识，这种研究方法也能迁移到新的进制计数研究中，加深对进制计数的认识，感受不同进制计数法的内在联系。教师出示了课后任务单，让学生选择想要研究的进制，自己设计所需的格子图；在格子图的变形中，学生对"几进制"就是"满几进一"进行了自主运用，拓展了认识。

后记

时光飞逝,从第一次走上讲台到现在,一转眼我已经成为教龄23年的"老"教师了！少了初出茅庐时的一股"冲劲",却多了一份沉浸教学的静心"思考",我变得格外珍惜和孩子们在课堂上的每一分、每一秒。

作为一名小学数学教师,很多时候,肩上都有一份沉甸甸的"责任感",更有一份希望专业提升的"紧迫感",我总会不断叩问自己:在当前新课程改革的大背景下,数学课堂教学需要如何转型才能促进学生有效学习,从而培养学科素养? 日本教育家佐藤学的著作给了我很大的启发,认识到学习的本质是"三种对话实践",让我找到了前行的方向,在课堂实践中努力转变自己的教学行为,引导学生在积极对话中展开对知识意义的探究,真正享受到数学学习的快乐！

《基于对话的数学课堂教学研究》这部著作是近几年来我实践和探索的梳理和总结。在研究过程中,我深切地感受到,在课堂上展开积极对话能促进学生有效学习。学生是课堂学习的主体,通过自主探索,在与学习对象对话的过程中,不断积累活动经验,认识客观世界;通过合作交流,在与学习同伴对话的过程中,不断完善学习成果,建立人际交往;通过反思内省,在与自我对话的过程中,不断明晰内在价值,获得智慧发展。教师作为课堂教学的组织者、引领者,应在课堂上设计挑战性的任务,让学生明确对话的目的;有效干预问题解决过程,确保学生充分经历对话过程;合理使用媒介支撑,营造民主、和谐的对话氛围;开展持续的过程性评价,有效评估学生的对话效果。

通过行动研究,我积累了一系列带有"对话"特征的课堂教学案例。衷心感谢我的导师俞正强特级教师,正是在他不断的鼓励和耐心的指导下,我才能从一开始的初步构想到最终成书,一路坚持下来,把我对"对话教学"的思考整理成一份阶段性成果。这也将为我后续在小学数学课堂上继续开展对话研究奠定基础。

就像俞特所说,教育是"低头找幸福"。在我看来,作为一名教育工作者,最大的幸福就是看到课堂上一双双被"智慧"点亮的眼睛!专业的成长是无止境的,我刚进入杭州市求是教育集团,就很幸运地遇见了我的启蒙师父马冬娟老师。她以身示范,让我明白了三尺讲坛耕耘的价值所在,那就是要脚踏实地、仰望星空,一切为了孩子的发展!在西溪实验学校支教的 3 年,忘不了的是省教研员斯苗儿老师一直在督促我、引领我,让我在教学专业上不断提升,懂得了农村的孩子更加需要优质教育的灌溉!

感恩求是教育集团这片沃土,为我搭建不断发展的平台;感恩我的导师江萍总校长,给予我大力支持;感恩在成长道路上帮助我、指导我的各位专家,吴卫东教授、杭州市教研员平国强老师、袁晓萍特级教师……感恩工作室的伙伴们、求是教育集团的数学团队、西溪实验学校的数学老师们以及各位同人……在课堂教学研究的道路上,让我们一起幸福前行!

马 珏